Mitarbeiter wirksam motivieren

Florian Becker

Mitarbeiter wirksam motivieren

Mitarbeitermotivation mit der Macht der Psychologie

Florian Becker
Wirtschaftspsychologische Gesellschaft
München, Deutschland

ISBN 978-3-662-57837-7   ISBN 978-3-662-57838-4 (eBook)
https://doi.org/10.1007/978-3-662-57838-4

Die Deutsche Nationalbibliothek verzeichnet diese Publikation in der Deutschen Nationalbibliografie; detaillierte bibliografische Daten sind im Internet über http://dnb.d-nb.de abrufbar.

© Springer-Verlag GmbH Deutschland, ein Teil von Springer Nature 2019
Das Werk einschließlich aller seiner Teile ist urheberrechtlich geschützt. Jede Verwertung, die nicht ausdrücklich vom Urheberrechtsgesetz zugelassen ist, bedarf der vorherigen Zustimmung des Verlags. Das gilt insbesondere für Vervielfältigungen, Bearbeitungen, Übersetzungen, Mikroverfilmungen und die Einspeicherung und Verarbeitung in elektronischen Systemen.
Die Wiedergabe von Gebrauchsnamen, Handelsnamen, Warenbezeichnungen usw. in diesem Werk berechtigt auch ohne besondere Kennzeichnung nicht zu der Annahme, dass solche Namen im Sinne der Warenzeichen- und Markenschutz-Gesetzgebung als frei zu betrachten wären und daher von jedermann benutzt werden dürften.
Der Verlag, die Autoren und die Herausgeber gehen davon aus, dass die Angaben und Informationen in diesem Werk zum Zeitpunkt der Veröffentlichung vollständig und korrekt sind. Weder der Verlag noch die Autoren oder die Herausgeber übernehmen, ausdrücklich oder implizit, Gewähr für den Inhalt des Werkes, etwaige Fehler oder Äußerungen. Der Verlag bleibt im Hinblick auf geografische Zuordnungen und Gebietsbezeichnungen in veröffentlichten Karten und Institutionsadressen neutral.

Fotonachweis Umschlag: © oatawa / stock.adobe.com
Umschlaggestaltung: deblik Berlin

Gedruckt auf säurefreiem und chlorfrei gebleichtem Papier

Springer ist ein Imprint der eingetragenen Gesellschaft Springer-Verlag GmbH, DE und ist ein Teil von Springer Nature.
Die Anschrift der Gesellschaft ist: Heidelberger Platz 3, 14197 Berlin, Germany

Vorwort

Warum dieses Buch?
Die **Herausforderung**: Mitarbeiter verbringen zwischen einem Drittel und der **Hälfte ihrer Arbeitszeit unproduktiv**. Nur bei ca. 15 % von ihnen gibt es entsprechende Maßnahmen, um sie systematisch zu motivieren. Der **Zustand ist alarmierend**, es gibt nach 75 Jahren psychologischer Forschung zur Motivation von Mitarbeitern noch enorm viel Luft nach oben. Das liegt nicht an mangelnden Erkenntnissen, sondern an mangelndem Praxistransfer – Zeit, dass sich das ändert.
Hier setzt dieses Buch an.

Wer sind die Zielgruppen?
Das Buch ist auf folgende Zielgruppen ausgerichtet:

- **Führungskräfte**, die ihre Kompetenz der Mitarbeitermotivation entwickeln wollen. Auch erfahrene Führungskräfte erhalten neue Einblicke und lernen den psychologischen Hintergrund der von ihnen gemachten Beobachtungen kennen.
- **Experten**, die den Kontext für Arbeitsmotivation gestalten (etwa Anreizsysteme, Personalentwicklung oder Personalauswahl).
- **Mitarbeiter**, die erfolgreich arbeiten und zu einer motivierenden Gestaltung von Arbeitsumfeld und Arbeitsaufgabe beitragen wollen.
- **Dozenten und Trainer**, die ein aktuelles, kompaktes, praxisnahes und wissenschaftlich fundiertes Basisbuch zur Motivation von Mitarbeitern suchen.
- **Studierende** (etwa in MBA-Programmen), die sich auf die Praxis fundiert vorbereiten wollen.

Was bekommen Sie?
Das Wichtigste aus **75 Jahren** psychologischer **Forschung** zur Motivation von Mitarbeitern kompakt zusammengefasst – das ist der Anspruch. Den Leser erwartet daher **fokussierte Information** und **viel Abwechslung**. Die Leitgedanken sind:

- **kompakte praxistaugliche Form**,
- **wissenschaftliche Fundierung**,
- Motivation von Mitarbeitern **wirklich verstehen** statt reiner „dos and don'ts",
- zu mehr **Gedanken anregend** statt das Denken abnehmend,
- den **Beitrag der Mitarbeiter** rund um das Thema Motivation betonend,
- **Praxisbezug** und Anregung zur Selbstreflektion durch **zahlreiche Tipps** und **Übungen**.

Was sonst oft in einem ganzen Buch steht, finden Sie hier in einem **Kapitel**. Jedes Kapitel ist **einzigartig** und ein in sich **geschlossener Themenbereich**. Das schont Ihre knappe Zeit. Sie können gezielt einzelne Kapitel lesen (etwa zu Anreizen oder zu motivierender Führung) und sich so schnell wichtige Themengebiete erschließen. In jedem Kapitel erhalten Sie Einblick in den praktischen Kontext, erfahren die wesentlichen wissenschaftlichen Ergebnisse dazu und bekommen – wenn Sie noch tiefer einsteigen wollen – konkrete Tipps sowie Übungen, um Ihre Situation zu optimieren.

Wie ist das Buch entstanden?
Das Buch ist entstanden im intensiven **Dialog mit Führungskräften** in MBA-Programmen sowie Beratungsprojekten und Trainings. Dabei hat sich immer wieder gezeigt, dass diese Zielgruppe **besondere Anforderungen** an ein Buch hat: kompakt und zeitschonend, wissenschaftlich abgesichert, praxisorientiert, zum Denken anregend, die Mitarbeiter integrierend.

In wie weit mir das Buch wie gewünscht gelungen ist, entscheiden **Sie als Leser**. Lassen Sie den Inhalt auf sich wirken, in sich arbeiten. Beschäftigen Sie sich mit den Übungen und Praxistipps zu den einzelnen Themen. Es gibt viel zu entdecken. Vielleicht schlagen Sie auch immer wieder nach und entdecken wieder Neues. Ich freue mich auf Ihre Ideen und Anregungen.

Ihr Florian Becker

Was dieses Buch zeigt

Lernen Sie in diesem kompakten Fachtext die Macht der Motivation kennen und gemeinsam mit Ihren Mitarbeitern wirksam einsetzen. Hinterfragen Sie dabei weit verbreitete aber falsche Annahmen zur Motivation von Mitarbeitern kritisch. Erweitern Sie Ihre Handlungsfähigkeit in folgenden **Inhaltsbereichen**:

- Lernen Sie verschiedene Blickwinkel und Theorien der Motivationsforschung kennen, hinterfragen und praktisch anwenden.
- Schützen Sie sich und Ihre Mitarbeiter vor verbreiteten aber folgenschweren Fehlern und Irrtümern über Mitarbeitermotivation.
- Erfahren Sie, was die wesentlichen, wissenschaftlich belastbaren Einflüsse auf die Motivation Ihrer Mitarbeiter sind.
- Schaffen Sie gemeinsam mit Ihren Mitarbeitern ein motivierendes Arbeitsumfeld, beseitigen Sie Motivationshindernisse.
- Verinnerlichen Sie die Elemente einer Führung, die Ihre Mitarbeiter motiviert statt demotiviert.
- Helfen Sie Ihren Teams dabei, die Motivation der Mitglieder zu maximieren.
- Nutzen Sie Psychologie, um Arbeitsaufgaben motivierend zu gestalten.
- Bauen Sie durch psychologisch optimierte Ziele motivierende Vorstellungswelten bei Ihren Mitarbeitern auf.
- Schaffen Sie mit Ihren Mitarbeitern Anreize, die wirklich motivieren.
- Beherrschen Sie intrinsische und extrinsische Motivation als Quelle für mehr Leistung am Arbeitsplatz.
- Erhöhen Sie Ihre Treffsicherheit bei der Auswahl motivierter Mitarbeiter.
- Schützen Sie Ihre Mitarbeiter vor Burnout.

- Lernen Sie Emotionen und Gefühle als wichtige Triebfeder der Mitarbeitermotivation zu nutzen.
- Steigern Sie die Handlungsfähigkeit Ihrer Mitarbeiter mit Selbstwirksamkeit.
- Fördern Sie gute Gewohnheiten bei Mitarbeitern, beseitigen Sie schlechte.
- Erfahren Sie, wie Sie die Motivation Ihrer Mitarbeiter zuverlässig, effektiv und effizient erheben können.

Und vor allem – profitieren Sie von den zahlreichen **Praxistipps und Übungen** in den Kapiteln!

Der Autor

Prof. Dr. Florian Becker ist Spezialist für Wirtschaftspsychologie.

Mit seinem Team berät er seit mehr als 15 Jahren Unternehmen. Diese Erfahrungen gibt er als Autor, in Vorträgen und Trainings weiter – für mehr Wirkung bei Mitarbeitern.

Der Diplom-Psychologe gilt als eine der ersten Adressen, wenn es um Psychologie bei Mitarbeitern geht. Bekannt ist er als gefragter Experte aus zahlreichen Vorträgen und Medienbeiträgen.

Presse: z. B. Absatzwirtschaft, Die Welt, Die Zeit, Harvard Business Manager, Spiegel Online, Süddeutsche Zeitung und Wirtschaftswoche.

Fernsehen: z. B. Galileo, stern TV, Welt der Wunder für Sender wie ARD, BR, ProSieben, RTL, SAT.1, VOX und ZDF.

Er ist Bereichsvorstand der Wirtschaftspsychologischen Gesellschaft. Als Professor für Kommunikation und Organisationspsychologie leitete er für mehrere Jahre den MBA-Studiengang „Management und Führungskompetenz" an der University of Applied Sciences Rosenheim. Ebenso leitete er viele Jahre das Marktpsychologische Labor der Universität München (LMU), und den Fachbereich „Psychology & Management" an einer international ausgerichteten Business-School.

Inhaltsverzeichnis

1	**Mitarbeitermotivation ist wichtig: Wachsende Bedeutung**	1
	1.1 Ursachen für die wachsende Bedeutung der Motivation von Mitarbeitern	1
	1.2 Widerstandskräfte gegen die Anwendung von Motivationspsychologie in der Praxis	4
2	**Motivation von Verhalten in der Praxis**	9
	2.1 Motivation von Mitarbeitern: Welches Verhalten?	10
	2.2 Motivation und Verhalten: Einflüsse auf Verhalten	11
	2.3 Wirklichkeit und Wahrnehmung: Stellschrauben der Motivation	13
3	**Motivation und Motive: Definitionen und Eigenschaften**	19
	3.1 Definition – Was ist Motivation?	20
	3.2 Eigenschaften von Motiven	22
4	**Inhaltstheorien der Motivation**	27
	4.1 Welche Motive gibt es? – Theorien	28
	4.2 Die Bedürfnispyramide von Maslow	29
	4.3 Bewertung der Motivationstheorie von Maslow	30
5	**Mitarbeitermotivation: Irrtümer und Fehler**	35
	5.1 Warum die beliebten Listen mit Motiven keine Lösung sind	36
	5.2 Warum es nichts bringt, einfach Motive von Mitarbeitern zu befriedigen	38
6	**Motivation beeinflussen: Ein Rahmenmodell der Mitarbeitermotivation**	41
	6.1 Das Rahmenmodell der Mitarbeitermotivation	41
	6.2 Äußere und innere Einflüsse auf die Mitarbeitermotivation	42

	6.3	Verschiedene Entwicklungsstufen bei der Motivation von Mitarbeitern	45
7		**Kultur und Mitarbeitermotivation**	49
	7.1	Wie viel tut man im interkulturellen Vergleich für Mitarbeitermotivation?	50
	7.2	Wie motiviert sind Mitarbeiter aus verschiedenen Kulturen?	51
	7.3	Interkulturelle Unterschiede bei Selbstwirksamkeit	52
	7.4	Interkulturelle Unterschiede bei Optimismus	52
	7.5	Interkulturelle Unterschiede bei der Selbstregulation	53
8		**Herzbergs Zwei-Faktoren-Theorie der Motivation**	57
	8.1	Hygienefaktoren und Motivatoren	58
	8.2	Motivation nach Herzberg	60
	8.3	Kritik an der Zwei-Faktoren-Theorie der Motivation	61
9		**Ein Arbeitsumfeld, das Mitarbeiter motiviert**	67
	9.1	Mitarbeiterentwicklung als Treiber der Arbeitsmotivation	69
	9.2	Mangelnde Ressourcen und Ausrüstung als Motivationshindernis	70
	9.3	Rollenkonflikt am Arbeitsplatz als Motivationshindernis	71
	9.4	Sicherheit des Arbeitsplatzes und Motivation	72
	9.5	Soziales Klima und Arbeitsmotivation	73
	9.6	Führungskultur als Treiber der Arbeitsmotivation	74
10		**Führung, die Mitarbeiter motiviert**	77
	10.1	Führung und Motivation	77
	10.2	Transformationale Führung	78
	10.3	Transaktionale und transformationale Führung im Wechselspiel	81
	10.4	Charismatische Führung	84
11		**Teams, die Mitarbeiter motivieren**	89
	11.1	Motivation durch soziale Normen im Team	89
	11.2	Eigenschaften von sozialen Normen	91
	11.3	Motivation durch Zusammenhalt im Team	94
	11.4	Motivation durch Vorbilder im Team	96
12		**Arbeit, die Mitarbeiter motiviert: Arbeitsgestaltung**	99
	12.1	Arbeit, Aufgaben und Motivation	99
	12.2	Merkmale von Arbeitsaufgaben und Arbeitsmotivation	101
	12.3	Arbeit motivierend gestalten	105

13	**Passende Aufgaben und Flow-Erleben**	109
	13.1 Das Flow-Modell der Motivation: Flow-Erleben	109
	13.2 Arbeitsaufgabe und Mitarbeiter: Passung	112
14	**Mitarbeiter mit Zielen motivieren**	117
	14.1 Motivierende Wirkung von Zielen auf Mitarbeiter	118
	14.2 Ziele richtig formulieren	119
	14.3 Ziele in Organisationen und Motivation	124
	14.4 Explizite Ziele, implizite Ziele und Motivation	126
15	**Anreize, die Mitarbeiter motivieren**	127
	15.1 Anreize in der Praxis	127
	15.2 Belohnung und Bestrafung in der Psychologie	128
	15.3 Formen von Verstärkung und Bestrafung	130
	15.4 Operantes Konditionieren von Mitarbeitern	131
	15.5 Anreize für Mitarbeiter: Positive Reize	132
	15.6 Anreize für Mitarbeiter: Negative Reize	134
	15.7 Schäden in der Praxis durch implizite Anreizsysteme	136
	15.8 Erfolgsfaktoren für Anreize und Konditionierung	137
	15.9 Kritik am Konditionieren von Mitarbeitern mit Anreizsystemen	139
16	**Intrinsische und extrinsische Motivation**	141
	16.1 Nutzen und Grenzen extrinsischer Motivation	142
	16.2 Intrinsische Motivation	143
	16.3 Abgrenzung von extrinsischer Motivation und intrinsischer Motivation	144
	16.4 Intrinsische und extrinsische Motivation: Einfluss auf die Leistung	145
	16.5 Wechselwirkungen zwischen extrinsischer und intrinsischer Motivation: Korrumpierender Effekt	148
17	**Eigenschaften motivierter Mitarbeiter**	153
	17.1 Emotionen und Arbeitsmotivation	156
	17.2 Selbstwirksamkeit bei Mitarbeitern	157
	17.3 Arbeitsmotivation durch Optimismus	158
	17.4 Selbstregulation und Mitarbeitermotivation	159
	17.5 Persönlichkeit und Motivation	160
	17.6 Motive und Arbeitsmotivation	161
	17.7 Keine Motivation ohne Regeneration	162
	17.8 Burnout als Zustand von Mitarbeitern	162
	17.9 Kann man Mitarbeiter etwa gar nicht motivieren?	164

18	**Motivation mit Emotion: Wie Gefühle Mitarbeiter motivieren** . . .	169
	18.1 Emotionen als blinder Fleck der Motivationsforschung	170
	18.2 Negative und positive Emotionen: Wirkungen und Zusammenhänge	170
	18.3 Emotionales Erleben als Gesamtbild	171
	18.4 Mit Emotionen motivieren: Welche emotionale Atmosphäre fördert Motivation?	172
	18.5 Kurzfristige Emotionen als Triebfeder der Arbeitsmotivation . .	174
19	**Selbstwirksamkeit und Motivation**	177
	19.1 Auswirkungen von Selbstwirksamkeit	178
	19.2 Selbstwirksamkeit und Personalauswahl	179
	19.3 Selbstwirksamkeit entwickeln	180
20	**Die Macht der Gewohnheit**	185
	20.1 Bedeutung von Gewohnheiten in Alltag und Arbeitsleben	185
	20.2 Eigenschaften von Gewohnheiten	188
	20.3 Gewohnheiten bei Mitarbeitern aufbauen	191
	20.4 Gewohnheiten bei Mitarbeitern abbauen	193
21	**Mitarbeitermotivation messen**	199
	21.1 Als Führungskraft die Motivation der einzelnen Mitarbeiter verstehen	200
	21.2 Arbeitsmotivation bei Mitarbeitern übergreifend messen	204
22	**Erkenntnisse: Mitarbeiter wirksam motivieren**	209

Literatur 217

Sachverzeichnis 231

Mitarbeitermotivation ist wichtig: Wachsende Bedeutung

1

Warum ist **Mitarbeitermotivation wichtig**? Warum kann kein Unternehmen und keine Führungskraft es sich leisten, die Motivation der Mitarbeiter zu vernachlässigen? Und warum nimmt die Bedeutung von Arbeitsmotivation sogar noch weiter zu? Davon handelt dieses Kapitel.

Das Interesse an Motivation ist alt – und doch nimmt es stetig zu. Dafür gibt es handfeste Gründe.

1.1 Ursachen für die wachsende Bedeutung der Motivation von Mitarbeitern

Was führt zu einem **wachsenden Interesse** an der Motivation von Mitarbeitern?

Eine wichtige Ursache sind **Forschungsdaten**. Diese verdeutlichen zunehmend den großen Einfluss von Motivation auf Erfolg in der Praxis. Positive Wirkungen gibt es dabei sowohl bei den einzelnen Mitarbeitern als auch bei größeren Organisationseinheiten (etwa ganzen Unternehmen), was Abb. 1.1 darstellt.

Bei Mitarbeitern bestehen Zusammenhänge zu Arbeitsleistung (Shantz et al. 2013), Innovationen (Hakanen et al. 2008), reduziertem Fehlverhalten am Arbeitsplatz (Shantz et al. 2013), geringeren Fehlzeiten (Schaufeli et al. 2009), weniger Fehlern (Prins et al. 2009) und verringerten Arbeitsunfällen (Hansez und Chmiel 2010). Selbst die Gesundheit der Mitarbeiter (Schaufeli et al. 2008) hängt positiv mit wirksamer Mitarbeitermotivation zusammen – und wird auf der anderen Seite durch falsche Ansätze gefährdet.

Auch auf der Ebene von ganzen Geschäftseinheiten gibt es Zusammenhänge mit der Arbeitsmotivation der Mitarbeiter. So zeigen sich positive Beziehungen der

Abb. 1.1 Positive Wirkungen von Mitarbeitermotivation

Arbeitsmotivation mit Profitabilität, Produktivität, Fluktuation sowie Kundenzufriedenheit und Kundenbindung (Harter et al. 2002). Dazu kommen ein schnelleres Unternehmenswachstum und eine höhere Wahrscheinlichkeit für das Überleben im Wettbewerb (Stairs und Galpin 2010), wenn die Mitarbeiter motiviert sind. Das hört sich insgesamt nach ein paar ziemlich guten Argumenten an.

Arbeitsstrukturen, die Mitarbeiter steuern, entfallen. Wer am Fließband arbeitet, bekommt vom Fließband und dessen Tempo die Arbeit vorgegeben. Durch den Wandel zur Wissensgesellschaft und die zunehmende Automation (siehe Abb. 1.2) sind derartige gering qualifizierte Tätigkeiten entfallen. Arbeit ist komplexer geworden, Mitarbeiter sind wesentlich freier geworden – Arbeitgeber müssen daher auf innere Steuerung und Motivation bauen. Mit dieser vergrößerten Freiheit von Mitarbeitern nimmt auch eine Alltagsbeobachtung von vielen Führungskräften zu: Mache Mitarbeiter gehen leidenschaftlich in ihrer Tätigkeit auf und leisten viel – andere Mitarbeiter handeln träge und stumpf nach Vorschrift und fallen zurück. Das hat das Interesse an den motivationalen Ursachen weiter gestärkt.

Die **persönliche Kontrolle über die Mitarbeiter ist abgebaut**. Die Anzahl der Mitarbeiter pro Führungskraft ist in den Industrienationen stetig gewachsen (z. B. Guadalupe et al. 2013), man baut auf Teamarbeit und selbständige, handlungsfähige Mitarbeiter (Strozniak 2000). Auch weil die Arbeit komplexer wurde und

1.1 Ursachen für die wachsende Bedeutung der Motivation von Mitarbeitern

Abb. 1.2 Roboter sind zum Sinnbild wachsender Automatisierung geworden. (© Rainer / stock.adobe.com)

Mitarbeiter häufig mehr wissen, als ihre Führungskräfte, ist Kontrolle schwierig geworden. Dazu kommt, dass immer mehr Mitarbeiter räumlich distanziert von ihren Führungskräften arbeiten – sei es zu Hause oder in anderen Ländern. All das führt zu einer Aufwertung von Motivation als Basis für Leistung – wo keine Kontrolle ist, ist die innere Steuerung wichtiger.

Unternehmen machen **Erfahrungen mit neuen Herausforderungen** am Arbeitsplatz wie kontinuierlicher Wandel, technische Umbrüche und (damit verbunden) lebenslanges Lernen. Diese Erfahrungen machen mitunter **schmerzhaft** bewusst, wie erfolgsentscheidend es ist, Mitarbeiter zu motivieren, damit Wandel erfolgreich sein kann.

Neue Generationen und andere Werte stellen Unternehmen vor Herausforderungen (vgl. Schwartz 2007). Eine Arbeitseinstellung, die Leistung als Selbstverständlichkeit in den Mittelpunkt rückt, ist immer seltener. Mitarbeiter werten ihre

Selbstverwirklichung auch in der Freizeit oftmals höher als klassische Leistungsziele. Der Umgang mit anderen **Generationen** und Wertesystemen (nicht zuletzt auch im Zuge von Zuwanderung und Migration) verschärft das Bewusstsein für die Bedeutung von Motivation am Arbeitsplatz.

Der **Wettbewerb um Talente** wirkt sich aus. So hoffen Unternehmen über das Instrument der Motivation die Bindung der Talente an das Unternehmen, die Gesundheit der Mitarbeiter und die Arbeitszufriedenheit zu steigern. Man bemüht sich mit **Motivationsansätzen** die Zielkonflikte zwischen Unternehmen und Mitarbeitern zu reduzieren und eine größtmögliche Deckung aus den Interessen von Mitarbeitern und Unternehmen zu erreichen. Das hilft, bei der Gewinnung neuer Mitarbeiter zu punkten.

Aktuelle Philosophien der Führung breiten sich aus. Moderne Führungsansätze, wie transformationale Führung, bauen klar auf psychologische Wirkungen (vgl. Bass und Riggio 2006; Moss 2009). Die Ziele des Unternehmens sollen zu den Zielen der Mitarbeiter werden. Man versucht Einstellungen, Werte und Motive der Mitarbeiter aktiv umzugestalten. Ein Ansatz ist dabei oft, die Mitarbeiter von egoistischen und individuellen Motiven zu einem Zustand innerer Bindung und starker Identifikation mit dem Unternehmen zu führen. Das verlangt eine hohe Expertise rund um die Motivation der Mitarbeiter.

Diese Trends sorgen für eine immer stärkere Relevanz der Mitarbeitermotivation in der Praxis. Dem stehen aber auch Kräfte entgegen, die eine umfassende und effektive Anwendung der Motivationspsychologie in der Praxis bremsen. Davon handelt der nächste Abschnitt.

1.2 Widerstandskräfte gegen die Anwendung von Motivationspsychologie in der Praxis

Widerstandskräfte gegen die Anwendung von Motivationspsychologie in der Praxis finden sich vor allen in den Überzeugungen von Entscheidern. Im Prinzip können diese in plakativen Aussagen zugespitzt werden, die sich weit verbreitet haben:

- **Motivieren kann man eh nicht!**
  „Entweder jemand ist motiviert oder eben nicht." Diese Überzeugung hat sich einerseits wegen einiger nicht-wissenschaftlicher Publikationen verbreitet. Sie

entspricht andererseits auch der Alltagsbeobachtung vieler Führungskräfte: Einige Mitarbeiter geben Gas und packen an, andere dümpeln träge vor sich hin – und das bei gleichen Bedingungen. Tatsächlich gibt es mittlerweile umfangreiche Forschungsdaten, die zeigen, dass Arbeitsmotivation mit vielen Eigenschaften der Person zusammenhängt. Diese sind später in einem eigenen Kapitel zu den Eigenschaften motivierter Mitarbeiter (Kap. 17) dezidiert dargestellt. Richtig ist daher, dass Menschen sich von Haus aus sehr stark in ihrer Arbeitsmotivation und der Reaktion auf Anreize unterscheiden. Richtig ist auch, dass die Personalauswahl eine wesentliche Rolle spielt, wenn man motivierte Mitarbeiter haben möchte. Falsch ist aber daraus abzuleiten, dass Motivation von außen generell nicht funktioniert. Das wäre genauso, als würde man ableiten, dass Führung nicht funktioniert, weil Mitarbeiter unterschiedlich sind und anders darauf reagieren oder dass Erziehung nicht funktioniert, weil Kinder sich unterscheiden. Tatsächlich gibt es sehr wirksame Ansätze der Motivation von Mitarbeitern, die aber die individuellen Unterschiede berücksichtigen sollten. Zudem kann man auch die Motivation von innen verändern: Man kann viele Eigenschaften von Menschen fördern, die dazu führen, dass diese motiviert sind. Ein Beispiel dafür ist die sogenannte Selbstwirksamkeit, die Überzeugung eines Menschen, dass er kompetent ist.

- **Die Mitarbeiter sind doch gut bezahlt, die haben zu leisten!**
  Menschlich ist diese Haltung natürlich verständlich. Als Eigentümer oder Führungskraft sieht man das Gehalt der Mitarbeiter – und erwartet aus Fairness und Gerechtigkeit Höchstleistung dafür. Dennoch verhindert so eine Haltung eher, dass man bei den teuer bezahlten Mitarbeitern tatsächlich Höchstleistung gewinnt. Wer so denkt, steht seinen eigenen Interessen und dem Unternehmenserfolg letztendlich selbst im Weg, da er von falschen Menschenbildern ausgeht und auf mächtige Instrumente der Motivation verzichtet. Der Wettbewerber, der hier weniger zögert, hat einen klaren Vorteil.
- **Motivation geht über Geld – und das ist zu teuer!**
  Tatsächlich ist das eine Einstellung, die wiedergibt, wie man in der Praxis oft versucht, Mitarbeiter zu motivieren – mit Geld. Nur ist das eine sehr eingeschränkte Perspektive. Alleine, dass in der Praxis oft ein Fokus auf Geld als Motivationsinstrument besteht, bedeutet ja nicht, dass es keine anderen wirksamen Ansätze gibt. Die psychologische Forschung liefert ein wirkungsvolles Portfolio an Ansätzen zur Motivation von Mitarbeitern, mit denen sich die Leistung oft im zweistelligen Prozentbereich steigern lässt – und das ohne große Kosten (z. B. Stajkovic und Luthans 1998). Tatsächlich ist es also eher teuer, die Mitarbeiter nicht zu motivieren. Kurz: Motivation bringt Geld!

Alle diese genannten Einstellungen sind nachvollziehbar. Aber sie sind unzutreffend, veraltet und decken sich nicht mit dem Stand der Forschung. Dieses Denken behindert Unternehmen im Wettbewerb, denn es bremst Maßnahmen zur Motivation der Mitarbeiter.

Und es gibt **weitere Barrieren** für die Anwendung von Motivationspsychologie in der Praxis. Mitarbeitermotivation ist intransparent (im **Inneren** der Mitarbeiter) und **komplex**. Oft gibt es auch einfach **niemanden in Unternehmen**, der im Bereich Mitarbeitermotivation spezialisiert ist – auch wenn sich das eigentlich schon ab relativ geringen Mitarbeiterzahlen lohnen würde. Dazu kommt gelegentlich die eine oder andere Führungskraft, die meint „Ich bin seit 15 Jahren Führungskraft – ich weiß doch wie man Mitarbeiter motiviert!". Erfahrung kann hier tatsächlich eine wichtige Quelle für Kompetenz sein – aber nur, wenn die nötige Selbstreflektion über das eigene Verhalten und seine Wirkungen auf die Mitarbeiter stattfindet. Und das ist nicht immer der Fall. Ansonsten kann man auch sehr lange führen, ohne eine gute Führungskraft zu werden. Wir alle kennen solche traurigen Beispiele. Deshalb bremst so eine **Illusion der Kompetenz** in der Praxis häufig die eigene Entwicklung und behindert die Anwendung wirkungsvoller Ansätze der Motivation.

Was der aktuelle Stand der Wissenschaft tatsächlich zur Motivation von Mitarbeitern beitragen kann – das beinhalten daher die folgenden Kapitel.

> **Übung**
> Wie ist die Situation bei uns im Unternehmen? Ein paar Fragen zum Nachdenken und offenen Diskutieren im Führungsteam und mit den Mitarbeitern:
>
> - Hat sich die **Bedeutung der Mitarbeitermotivation** auch für unser Unternehmen **geändert**? Haben sich die oben im Text genannten Treiber für Motivation verstärkt? Was ist hier für die Zukunft zu erwarten?
> - Gibt es bei uns **Widerstandskräfte** (zum Beispiel in Form von falschen Überzeugungen oder mangelnder Kompetenz in diesem Thema), die einer wirkungsvollen Motivation der Mitarbeiter entgegenstehen? Wie gehen wir mit diesen Widerstandskräften um, damit wir das Leistungspotenzial der Mitarbeiter erschließen können?
> - Wie sieht die **Bereitschaft bei den Mitarbeitern** selbst aus? Sind diese offen, über das Thema Motivation zu sprechen, erkennen sie ihre Vorteile

(z. B. mehr Freude an der Arbeit, bessere Arbeitsbedingungen, optimierte Ziele und Anreize, motivierende Teams ...)? Wie können wir die Mitarbeiter ins Boot holen, um gemeinsam zu mehr Motivation zu kommen?
- **Wie kompetent sind wir** insgesamt im Umgang mit Mitarbeitermotivation? Gibt es bei uns die entsprechende Expertise? Sind unsere Ansätze, Mitarbeiter zu motivieren, aktueller Stand der Forschung – oder verlassen wir uns eher auf Gewohnheit, Intuition, Aberglauben, Erfahrungen und individuelle Überzeugungen und Menschenbilder?

Wer bei Motivation von Mitarbeitern zuerst an Arbeitsleistung denkt, der hat natürlich recht. Der Nutzen und das Einsatzspektrum von Ansätzen zur Motivation ist aber wesentlich breiter. Darum geht es im nächsten Kapitel.

Motivation von Verhalten in der Praxis 2

Wie kann man das gewünschte **Verhalten in der Praxis motivieren**? Wir alle machen uns regelmäßig Gedanken über das Verhalten anderer Menschen: Warum hat der Kollege die Arbeit nicht rechtzeitig abgegeben, warum putzt der Sohn ungenügend seine Zähne oder warum unternimmt jemand ein riskantes Überholmanöver, nur um wieder hinter dem nächsten Auto zu hängen? Beim Versuch, das Verhalten von anderen zu erklären, denken wir schnell an die Motivation.

Abb. 2.1 Verhalten von Mitarbeitern in einem Büro. (© gstockstudio / stock.adobe.com)

Hier geht es um das Verhalten von Mitarbeitern am Arbeitsplatz, wie Abb. 2.1 zeigt. Welche Verhaltensweisen sind es eigentlich, die man in der Praxis motivieren möchte – und ist tatsächlich Motivation der Schlüssel für ein verändertes Verhalten? Damit beschäftigt sich dieses Kapitel.

Der nächste Abschnitt stellt die Frage: Welches Verhalten soll motiviert werden?

2.1 Motivation von Mitarbeitern: Welches Verhalten?

In der Praxis werden unterschiedlichste Bereiche des **Verhaltens aufgebaut** aber – und das ist sehr wichtig – auch gezielt unerwünschtes **Verhalten abgebaut**. Fördern will man typischerweise die Arbeitsleistung, die Beteiligung an Veränderungsprozessen oder die persönliche Weiterentwicklung. Abbauen möchte man aber beispielsweise Mobbing, negative Äußerungen zu dritten über die Organisation, Diebstahl, Fehlzeiten und vieles mehr. Tab. 2.1 gibt einen Überblick über erwünschtes und unerwünschtes Verhalten bei Mitarbeitern.

Neben dem direkten Verhalten möchte man mit Motivation **auch das Erleben** von Mitarbeitern beeinflussen: etwa Stress, Burnout oder Langeweile (Reijseger et al. 2013). Daneben gibt es auch **weitere Aspekte** bei den Mitarbeitern, wie Gesundheit (Schaufeli et al. 2008) oder Schlafqualität (Kubota et al. 2010), die mit Motivation am Arbeitsplatz zusammenhängen.

Tab. 2.1 Erwünschtes und unerwünschtes Verhalten bei Mitarbeitern

Erwünschtes Verhalten	Unerwünschtes Verhalten
– Arbeitsleistung	– Fluktuation und Fehlzeiten
– Selbständigkeit bei der Arbeit	– Negative Kommunikationsstile
– Zusammenarbeit, Kooperation und Teilen von Informationen	– Unerwünschtes, arbeitsfremdes Verhalten
– Beteiligung an Innovationsprozessen	– Austragen von Beziehungskonflikten am Arbeitsplatz
– Flexibilität und Anpassungsbereitschaft	
– Entwicklung der eigenen Kompetenzen	– Mobbing, Beleidigung und sexuelle Belästigung
– Bindung an die Organisation	
– Erscheinen am Arbeitsplatz	– Vandalismus und Diebstahl
– Entscheidungen zu Gunsten der Organisation	– Verbreiten von Gerüchten
– Positives Sprechen über die und Verteidigen der Organisation	– Geheimnisverrat
	– Verschwendung von Ressourcen
– Angemessenes Repräsentieren der Organisation (Erscheinungsbild und Verhalten)	– Diskriminierung
	– Vetternwirtschaft

> **Übung**
> Ein paar Fragen zum Nachdenken und Diskutieren:
>
> - Welches Verhalten soll bei uns im Bereich stattfinden – und welches nicht? Erstellen Sie eine Liste. Bringen Sie die Liste der Verhaltensweisen in eine Rangordnung nach Wichtigkeit.
> - Bei welchen Verhaltensweisen aus der Liste ist die Abweichung zwischen Wunsch und Wirklichkeit bei uns besonders hoch?
> - Was tun wir bei den ausgewählten Verhaltensweisen konkret, um das Verhalten bei Mitarbeitern zu fördern bzw. zu reduzieren? Gibt es wesentliche Themen, bei denen wir uns bisher gar nicht systematisch um die Motivation gekümmert haben?
> - Welche Verhaltensweisen wollen wir auswählen und in den nächsten Monaten fokussiert angehen?

Die Praxis steht beim Thema Motivation stark im Austausch mit der wissenschaftlichen Entwicklung und hat über die Jahre hin die verschiedensten Theorien und Ansätze zur Motivation genutzt. Ziel ist dabei immer, die gewünschten Verhaltensweisen zu fördern und unerwünschte Verhaltensweisen zu reduzieren. Nur – wie eng ist der Zusammenhang zwischen Motivation und Verhalten tatsächlich, welche Wirkung kann man realistisch von einer erhöhten Motivation erwarten? Das zeigt der nächste Abschnitt.

2.2 Motivation und Verhalten: Einflüsse auf Verhalten

Die **Messung der Motivation** ist nach wie vor eine Herausforderung in der Praxis. Nahe liegt natürlich, von Verhaltensergebnissen einfach auf die Motivation zu schließen – zum Beispiel die Arbeitsleistung eines Mitarbeiters als Indikator für dessen Motivation zu nehmen. Doch ist es wirklich gerechtfertigt, so direkt von Verhaltensergebnissen auf Motivation zu schließen? Bei näherer Betrachtung sind Arbeitsergebnisse ebenso wie andere Verhaltensergebnisse für sich alleine genommen als Indikator für Motivation eher ungeeignet. **Verhalten** selbst ist nicht nur von der Motivation, sondern auch von weiteren wichtigen Aspekten abhängig, es ist **multikausal**. Das trifft erst recht auf die Ergebnisse von Verhalten zu. Daher ist ein Rückschluss auf die Motivation ausgehend alleine vom Verhalten oder dessen Ergebnissen zu kurz gegriffen.

Abb. 2.2 Einflüsse auf Verhalten

Die vielfältigen **Einflüsse auf das Verhalten von Menschen** lassen sich in vier große Gruppen unterteilen (vgl. v. Rosenstiel 2007, S. 57), wie Abb. 2.2 zeigt: Neben der **Motivation** (Wollen) beeinflussen das konkrete Verhalten vor allem die **Fähigkeiten** (Können), die **Situation** (Ermöglichen) und das **soziale Umfeld** (Sollen und Dürfen), das mit Zustimmung oder eben mit Sanktionen reagiert.

Diese Aspekte nehmen **direkten Einfluss** auf das Verhalten von Mitarbeitern. So mag ein Mitarbeiter durchaus motiviert sein, einen ganzen Unternehmensbereich zu leiten (Motivation). Es fehlen ihm aber die dazu erforderlichen Erfahrungen und fachlichen Kompetenzen (Können). Zudem reagieren die anderen Mitarbeiter ablehnend auf sein Bestreben, wollen ihn nicht als Führungskraft akzeptieren (Dürfen) und seine familiäre Situation erlaubt nicht die damit verbundenen Arbeitszeiten und Reisetätigkeit (Ermöglichen). Weil ihm das alles bekannt ist, wird er sich nicht auf die Stelle bewerben. Aus diesem Verhalten alleine auf einen Mangel an Motivation zu schließen, wäre dann natürlich nicht zutreffend.

> **Übung**
> Für diese Übung ist die von Ihnen erstellte Liste mit den relevanten Verhaltensweisen aus der ersten Übung in diesem Kapitel eine gute Basis. Es nützt wenig, Mitarbeiter zu motivieren, wenn das gewünschte Verhalten an anderen Einflüssen scheitert. Wenn Sie Verhalten bei Mitarbeitern wirksam ändern wollen, dann stellen Sie sich folgende Fragen:

- Bei welchen Verhaltensweisen besteht die größte Abweichung zum Erwünschten?
- Wie sind bei diesen Verhaltensweisen die einzelnen Einflüsse auf Verhalten ausgeprägt (Motivation, Fähigkeiten, soziale Normen, Situation)? Welche der Einflüsse sind die wahrscheinlichste Ursache für den ausbleibenden Erfolg?
- Mit welchen konkreten Maßnahmen können wir an den betreffenden Einflüssen wirkungsvoll ansetzen?

Zwischen den einzelnen Einflüssen auf Verhalten bestehen natürlich auch **Wechselwirkungen**. Wer beispielsweise etwas gut kann, wird es in der Regel auch gerne zeigen und umsetzen. Umgekehrt wird jemand, der etwas nicht gut kann, das lieber gar nicht versuchen. Der Aufbau von Kompetenz wirkt also oftmals für sich schon motivierend. Es gibt daher eine deutliche Verbindung zwischen Weiterbildung und Training auf der einen Seite und Arbeitsmotivation der Mitarbeiter auf der anderen Seite (Crawford et al. 2010; Rothmann und Joubert 2007; Lisbona et al. 2009; Chambel und Oliveira-Cruz 2010). Auch zwischen anderen Bedingungen sind Wechselwirkungen vorhanden: Wer etwas will (Motivation), der informiert sich und baut Kompetenz auf, seine Fähigkeiten wachsen.

Bei den Einflüssen auf Verhalten zählt natürlich nicht nur, wie diese objektiv gestaltet sind, sondern vor allem, wie die Mitarbeiter diese subjektiv wahrnehmen. Darum geht es im nächsten Abschnitt.

2.3 Wirklichkeit und Wahrnehmung: Stellschrauben der Motivation

Die Einflüsse auf Verhalten nehmen neben dem direkten Einfluss auch **indirekt Einfluss** auf das Verhalten von Mitarbeitern. Diesen haben sie, weil sie alle die konkrete Motivation zu einem Verhalten beeinflussen: Je nachdem wie eine Person die anderen Einflüsse beurteilt, wird sie auch zu einem Verhalten motiviert sein oder eben auch nicht. Es geht also um die **subjektive Bewertung der Wirklichkeit**. Der Spruch: „Wirklich ist, was wirkt!" trifft das ganz gut. Tab. 2.2 stellt diese Zusammenhänge zwischen Wirklichkeit und Wahrnehmung dar.

Tab. 2.2 Direkte und indirekte Einflüsse auf Verhalten

Direkter Einfluss auf Verhalten	Indirekter Einfluss auf Verhalten über die Motivation
– Tatsächliche Fähigkeiten	– Wahrgenommene Fähigkeiten (Hilflosigkeit vs. Selbstwirksamkeit)
– Tatsächliche Soziale Normen	– Wahrgenommene soziale Normen (Gefühl der Abweichung vs. Gefühl der Zugehörigkeit)
– Tatsächliche Situation	– Wahrgenommene Situation (Pessimismus vs. Optimismus)

Wie sehen diese **indirekten Einflüsse** im Einzelnen aus?

Je positiver jemand beispielsweise seine eigenen Fähigkeiten wahrnimmt, desto motivierter ist er in der Regel. Man spricht hier im Extremfall von Personen, die sich hilflos fühlen auf der einen Seite und Personen mit sehr hoher **Selbstwirksamkeit** auf der anderen Seite (Stajkovic und Luthans 1998).

Ähnlich ist es bei sozialen Normen. Wer **Unterstützung im Team wahrnimmt**, leistet mehr (Saks 2006; Gorter et al. 2008; Xanthopoulou et al. 2009). Die meisten Menschen wollen nicht abweichen und von anderen abgelehnt werden. Entscheidender ist dabei weniger, was die Mehrheit tatsächlich denkt, sondern was der betreffende glaubt, dass die Mehrheit denkt. Das steuert dann auch sein Verhalten. In der Praxis wird deshalb häufig eine **Illusion der Mehrheit** erzeugt – etwa eingespieltes Lachen bei Comedy-Sendungen oder Applaus bzw. Buh-Rufe von ausgewählten Gästen bei Polit-Talks.

Auch die **Wahrnehmung der Situation** beeinflusst die Motivation von Menschen, wie Abb. 2.3 verdeutlicht. **Optimisten** haben beispielsweise typischerweise eine höhere Arbeitsmotivation als Pessimisten (z. B. Xanthopoulou et al. 2007; Hakanen und Lindbohm 2008).

Die Wahrnehmung und subjektive Bewertung ist bei vielen Aspekten der Situation entscheidend für die Motivation. Dazu gehören beispielsweise die Arbeitsbedingungen, die Arbeit selbst, Arbeitsziele oder Anreize. Objektiv gute Arbeitsbedingungen motivieren eben nicht, wenn die Mitarbeiter das anders erleben.

2.3 Wirklichkeit und Wahrnehmung: Stellschrauben der Motivation

Abb. 2.3 Wer die Welt positiv und optimistisch sieht, ist motivierter. (© anyaberkut / stock.adobe.com)

> **Praxistipps**
> Für die Praxis gilt es insbesondere folgende Punkte festzuhalten:
>
> - Motivation dient nicht nur dazu, Verhalten aufzubauen, sondern kann auch eingesetzt werden, um **unerwünschtes Verhalten zu reduzieren**. Das ist mindestens genauso entscheidend.
> - Motivation ist nur einer von mehreren Einflüssen auf das tatsächliche Verhalten, **Verhalten ist multikausal**, hat also viele Ursachen. Will man Verhalten maßgeblich optimieren, dann sollte man am Gesamtsystem der Einflüsse ansetzen.
> - Soll Verhalten bei Personen systematisch aufgebaut werden, dann gilt es zusätzlich zur Motivation die entsprechenden **Kompetenzen** zu entwickeln. Entscheidend ist folgende Frage: Welche Kompetenzen brauchen meine Mitarbeiter, um das gewünschte Verhalten auszuführen? Wie sehr sind diese Kompetenzen aktuell ausgeprägt? Ansatzpunkte können hier

sein: Fehlende Kompetenzen entwickeln oder die Anforderungen zu senken, das Verhalten auszuführen. Eine typische Anwendung ist die Usability von Arbeitsmitteln und die Optimierung von Arbeitsabläufen.
- Ebenfalls entscheidend für das Verhalten von Menschen ist das **soziale Umfeld**. Verhalten, das im Team akzeptiert oder gar erwünscht ist, hat eine höhere Wahrscheinlichkeit, als Verhalten, welches das Team ablehnt, bestraft und sanktioniert. Besonders entscheidend sind hierfür die **sozialen Normen**. In der Praxis läuft es auf folgende Fragen zu: Welches Verhalten ist normal und erwünscht, welches Verhalten weicht ab und wird bestraft? Ist das so im Interesse der Führungskraft? Entsprechend gilt es dann, die sozialen Normen gemeinsam mit den Mitarbeitern zu verändern, wo diese den Führungszielen entgegenlaufen und in die gewünschte Richtung anzupassen. So haben beispielsweise Psychologen im Auftrag der amerikanischen Tabakindustrie die soziale Norm „Anständige Frauen rauchen nicht!" gezielt verändert in „Emanzipierte Frauen rauchen!". Unter anderem wurde dafür die Frauenrechtsbewegung instrumentalisiert und Zigaretten als „torches of freedom" positioniert (Amos und Haglund 2000). Seit dem rauchen große Anteile der weiblichen Bevölkerung.
- Motivation läuft auch dann ins Leere, wenn die **Situation** ein Verhalten erschwert oder verhindert. Ein typisches Beispiel sind bürokratische Barrieren und Verwaltungsaufwand. Praktisch sind folgende Fragen hilfreich: Bietet die Situation die erforderlichen Strukturen und Ressourcen (z. B. Zeit oder Räumlichkeiten), um das gewünschte Verhalten optimal ausführen zu können? Gibt es Aspekte in der Situation, die das gewünschte Verhalten sogar aktiv behindern und bestrafen – etwa Bürokratie?
- Es geht nicht nur darum, wie Kompetenzen, soziales Umfeld oder die Situation tatsächlich ausgeprägt sind. Ebenso entscheidend ist die **psychologische Wahrnehmung** dieser Aspekte. Wie kompetent schätzt sich jemand selbst ein, was traut er sich zu? In der Psychologie spricht man hier von Selbstwirksamkeit. Diese **Selbstwirksamkeit** ist ein zentraler Einfluss auf die Motivation einer Person. Wer an sich selbst zweifelt, wird meist nicht motiviert sein, wer sich für den Größten hält, wird entsprechendes versuchen – und sei es Präsident der USA zu werden. Entsprechend ist es häufig Ziel bei Mitarbeitern oder Kunden, die Selbstwirksamkeit der Personen zu steigern, um damit die Motivation

2.3 Wirklichkeit und Wahrnehmung: Stellschrauben der Motivation

zu erhöhen. Dahingehende Maßnahmen finden sich beispielsweise, wenn es darum geht, Frauen für Führungskarrieren zu motivieren. Das Thema Selbstwirksamkeit ist in einem eigenen Kapitel (Kap. 19) gesondert beschrieben.

Das nächste Kapitel befasst sich mit Definitionen von Motivation und den Eigenschaften von Motiven.

Motivation und Motive: Definitionen und Eigenschaften 3

Was ist Motivation, welche **Definitionen** gibt es? Darum geht es in diesem Kapitel.

Motivation ist ein gerne genutztes Schlagwort. Jeder glaubt zu wissen, was Motivation ist, doch lässt sich schnell feststellen, dass Menschen die unterschiedlichsten Dinge mit Motivation verbinden. Besonders verbreitet sind drei **alltagspsychologische Sichtweisen**:

- **Motivation ist gleich einem Verhaltensergebnis.**
  So wird bei schlechten Arbeitsergebnissen der Mitarbeiter beispielsweise gerne von mangelnder Motivation gesprochen.
- **Motivation ist gleich der Beeinflussung von Verhalten.**
  Diese Perspektive betrachtet Motivation als Einflussnahme auf Verhalten. Beispielsweise spricht jemand mit dieser Perspektive von Motivation, wenn mit einem Bonusprogramm die Leistung der Mitarbeiter oder die Loyalität von Kunden gesteigert werden soll.
- **Motivation ist ein inneres Potenzial, das zielgerichtetes Verhalten antreibt.**
  Unter dieser Perspektive wird Motivation als innere Energiequelle betrachtet, die zu Verhaltensweisen antreibt.

Darüber hinaus gibt es eine Menge an sehr verwandten umgangssprachlichen Begriffen wie Leidenschaft, Hingabe, Enthusiasmus, Anstrengung, Willenskraft oder Fleiß. Es ist also erforderlich, den Begriff Motivation wissenschaftlich klar zu definieren. Das geschieht im nächsten Abschnitt.

© Springer-Verlag GmbH Deutschland, ein Teil von Springer Nature 2019
F. Becker, *Mitarbeiter wirksam motivieren*,
https://doi.org/10.1007/978-3-662-57838-4_3

3.1 Definition – Was ist Motivation?

Ein babylonisches Gewirr an umgangssprachlichen Begriffen und verschiedenste Perspektiven auf Motivation machen eine saubere Messung und die gezielte Beeinflussung unmöglich. Deshalb soll hier folgende Frage beantwortet werden: **Was genau ist Motivation?**

Die wissenschaftliche **Definition von Motivation** ist:

> Motivation ist die Richtung, Intensität und Ausdauer einer Verhaltensbereitschaft hin zu oder weg von Zielen.

Damit ist Motivation aus wissenschaftlicher Sicht am ehesten entsprechend der dritten oben angeführten populären Sichtweise auf Motivation. Bei Mitarbeitern sind ebenfalls diese drei Wirkungen auf Verhalten zentral: Richtung, Intensität und Ausdauer (vgl. Kanfer et al. 2008).

Abzugrenzen von Motivation sind **Motive**, die folgendermaßen **definiert** sind:

> Motive sind einzelne, isolierte Beweggründe menschlicher Verhaltensbereitschaft.

Isolierte Motive können zum Beispiel das Motiv nach sozialer Anerkennung oder nach Leistung sein. Unterschiedliche Motive äußern sich in verschiedenen Präferenzen der einzelnen Mitarbeiter für Verhaltensweisen und Ziele mit bestimmten Wirkungen. Wer beispielsweise stark nach sozialer Anerkennung strebt, wird eher Verhalten und Ziele auswählen, die ihm diese Anerkennung einbringen. Wer wiederum ein Leistungserleben sucht, wird eher Verhalten und Ziele auswählen, die ihm dieses Leistungserleben ermöglichen.

Eng mit dem Begriff Motiv verwandt ist der Begriff **Bedürfnis**. Teilweise benutzen auch Wissenschaftler ihn mehr oder weniger als synonym für Motive (z. B. Maslow (1954) oder McClelland (1961) in ihren Motivationstheorien). Bedürfnisse sind als **Mangelempfinden** an etwas (beispielsweise Durst als Mangel an Flüssigkeit) definiert und daher weniger breit als Motive. So ist das Vermeiden von Schmerz ein wichtiges Motiv aber kein Bedürfnis. Bedürfnisse sind also eine Art von Motiven – und zwar die mit Mangelempfinden als Basis. Dieser Text fokussiert sich daher wie fast alle aktuellen Veröffentlichungen auf den Begriff Motiv, da er besser definiert und breiter verwendbar ist.

3.1 Definition – Was ist Motivation?

Abb. 3.1 Werte von einzelnen Mitarbeitern, Teams oder ganzen Unternehmen können stark motivieren – etwa der Wert Leistung. (© Christophe Schmid / stock.adobe.com)

Verwandt mit Motiven sind auch **Werte**. Werte im psychologischen Sinne sind definiert als **erstrebenswerte Zielzustände**. Damit sind sie anders als Bedürfnisse nicht an Defizit oder Mangel orientiert, sondern an Entwicklung und Normierung. Werte, die ein Mensch teilt, sind ebenfalls eine Art von Motiven. Sie können über den einzelnen Mitarbeiter hinaus sozial von mehreren Personen geteilt sein. Werte entfalten einerseits direkt Wirkung, indem sie Menschen motivieren, die diese Werte teilen. Andererseits wirken Werte auch indirekt motivierend, wenn sie als **soziale Normen** wirken. Teams bestrafen dann, wenn einzelne Personen im Verhalten von diesen Werten abweichen und sie belohnen Konformität. Das stellt ein eigenes Kapitel dar, zu Teams, die Mitarbeiter motivieren (Kap. 11; Abb. 3.1).

Motivation ist also auch abhängig von gerade aktiven Motiven bei einem Menschen. So kann etwa die Motivation, eine Arbeitstätigkeit auszuführen, aus den unterschiedlichsten Motiven entspringen – wie etwa Leistung, Macht, sozialer Kontakt, Selbstverwirklichung und so weiter. Dasselbe wie für das Verhalten am Arbeitsplatz gilt natürlich für viele andere Verhaltensweisen etwa im Konsumbereich oder Sozialverhalten. Interessant ist daher in der Praxis herauszufinden, was die zu Grunde liegenden Motive für ein erwünschtes Verhalten sind.

Im nächsten Abschnitt erfolgt ein Blick auf die Eigenschaften von Motiven.

3.2 Eigenschaften von Motiven

Welche Eigenschaften haben einzelne Motive? Bei einzelnen **Motiven** lassen sich verschiedene **Eigenschaften** abgrenzen, die Abb. 3.2 zeigt.

Diese **Eigenschaften von Motiven** sind im Einzelnen (erweitert nach v. Rosenstiel und Neumann 2002):

Herkunft. Zum einen ist die Genese eines Motivs relevant. Wo kommt ein Motiv her? Motive können angeboren (z. B. Durst, Vermeidung von Schmerz) oder erlernt sein (z. B. Wunsch nach Coca-Cola, Angst vor offenen Stromkabeln). So wird man beispielsweise in machen Kulturen lernen, Durst mit Bier zu löschen, in anderen Kulturen nimmt man Tee. Zahlreiche Kapitel in diesem Text befassen sich damit, wie Motive bei Mitarbeitern entstehen: Sei es durch motivierende Führung, die Wirkung von Teams, den Einsatz von Anreizen oder motivierende Ziele. Und es geht auch darum, wie man bestimmte gelernte Motive beseitigt – etwa bei unerwünschten Gewohnheiten von Mitarbeitern.

Stärke. Motive unterscheiden sich zudem auch nach ihrer Stärke. Manche Motive sind sehr stark ausgeprägt, andere schwächer. Je stärker ein Motiv ist, desto einflussreicher ist es natürlich auch auf Verhalten. Starke Motive führen auch zu einem hohen gedanklichen Fokus, kontrollieren das Denken und die Aufmerksamkeit. In

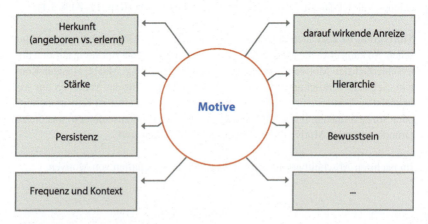

Abb. 3.2 Eigenschaften von Motiven

3.2 Eigenschaften von Motiven

diesem Text befassen sich fast alle Kapitel letztendlich mit der Herausforderung, eine hohe Arbeitsmotivation zu schaffen und aufrecht zu erhalten.

Persistenz. Die Persistenz, mit der ein Motiv besteht, ist sehr unterschiedlich. Manche Motive sind eher langfristig aktiv (z. B. Macht), andere treten kurz auf und verschwinden wieder, wenn sie befriedigt wurden (z. B. Hunger). Naturgemäß geht es im Personalbereich meist darum, langfristigere Motive anzusprechen, um nachhaltig zu motivieren.

Frequenz und Kontext. Manche Motive treten mit eher hoher Frequenz auf (etwa zu atmen), andere mit geringerer Frequenz (etwa zu schlafen). In der Praxis ist es häufig ein Ziel, die Frequenz zu erhöhen, mit der bestimmte Motive auftreten. Das geschieht beispielsweise, indem man Kontexte intensiv mit Motiven verknüpft und diese damit zu auslösenden Kontexten macht, die ein Verhalten automatisch motivieren (Shiffrin und Dumais 1981; Wood und Neal 2007). So verknüpft die Marke Beck's ihr Bier über Werbung mit dem Kontext „Freunde". Sobald Konsumenten dann an Freunde denken oder Freunde da sind, erinnern sie sich an diese Marke und das Motiv, ein Bier zu trinken, wird geweckt. Bei Mitarbeitern geht es ebenfalls darum, bestimmte Kontexte mit Motiven zu verknüpfen – etwa den Anblick des Arbeitsplatzes mit dem Bearbeiten der Arbeitsaufgaben oder eine bestimmte Situation mit dem Beachten von Sicherheitsvorschriften.

Darauf wirkende Anreize. Motive werden auch durch die verschiedensten Anreize geweckt. Sie lassen sich daher entsprechend danach abgrenzen, von welchen Anreizen sie aktiviert werden. So kann etwa der Anblick und Geruch von Essen, das Motiv Hunger verstärkt aktivieren. Dabei spielt auch eine Rolle, welche Motive Menschen gelernt haben. Der Anblick eines guten Käses wird in Europa vielleicht Hunger auslösen, in einigen asiatischen Ländern dagegen sogar Ekel. Umgekehrt gilt das auch für Delikatessen aus asiatischen Ländern: Hühnerfüße oder tausendjährige Eier sind eher ungeeignet, um bei einem typischen Deutschen Hunger zu wecken. Hier zeigt sich, wie wichtig es ist, die Motive einer Zielgruppe oder einzelner Personen tiefgehend zu analysieren, um geeignete Anreize auswählen zu können. Aufgaben, Anreize und Ziele können erst dann maximal motivieren, wenn sie die einzelnen Zielpersonen berücksichtigen. Dazu dann mehr in späteren Kapiteln.

Hierarchie. Motive sind darüber hinaus in eine Hierarchie eingebunden, mit Motiven, die hinter anderen Motiven liegen – ähnlich wie bei einer russischen Puppe mit verschiedenen Hüllen, die immer wieder eine neue Puppe umschließen. So kann bei einer männlichen Führungskraft beispielsweise hinter dem Motiv, Macht zu haben, das Motiv stehen, Status zu bekommen – und hinter dem Motiv Status kann wiederum das Motiv stehen, attraktive Frauen anzuziehen. Häufig sind Menschen diese zu Grunde liegende Motive nicht voll bewusst. Um diesen Bewusstseinsgrad geht es im nächsten Punkt.

Bewusstsein. Es gibt Motive, die voll bewusst sind. Andere Motive hingegen sind noch nicht bewusst geworden oder verbleiben der Person gänzlich unbewusst. So kann es beispielsweise der oben genannten männlichen Führungskraft bewusst sein, dass er Macht anstrebt. Die dahinter liegenden Motive nach Status und besserem Zugang zu attraktiven Frauen sind ihm aber vielleicht nicht ganz oder überhaupt nicht bewusst. Die meisten Motive bleiben erst einmal unbewusst, bis sie eine gewisse Schwelle erreicht haben. Ein gutes Beispiel ist Durst. Man denkt nicht permanent daran, etwas zu trinken. Erst wenn der Durst ein gewisses Niveau erreicht hat, wird er uns bewusst. So bleibt der Kopf frei, sich immer nur um wenige Motive gleichzeitig zu kümmern. Viele Motive werden auch nie bewusst, sondern einfach automatisch in Gewohnheiten umgesetzt. Ungefähr die Hälfte des täglichen Verhaltens von Menschen ist durch derartige Gewohnheiten geprägt (Wood et al. 2005). Am Arbeitsplatz kann das große Herausforderungen verursachen, wenn beispielsweise unbewusste und schlechte Gewohnheiten sinnvolle Veränderungen blockieren oder Mitarbeiter aus Gewohnheit Sicherheitsvorschriften nicht beachten. Mit diesen oft automatisch ablaufenden Gewohnheiten befasst sich daher ein eigenes Kapitel (Kap. 21).

> **Übung**
> Für die Praxis sind insbesondere folgende Fragen entscheidend. Diese können Sie als Führungskraft alleine bearbeiten, besser aber noch mit Kollegen und Mitarbeitern gemeinsam diskutieren.
>
> - Was wissen wir eigentlich über die **Motive unserer Mitarbeiter**? Was treibt sie an und hält sie beim Unternehmen? Motivation hat immer Motive als Grundlage. Diese sind bei verschiedenen Menschen unterschiedlich. Möchte man Mitarbeiter wirksam motivieren, dann sollte man deren Motive kennen. Für Führungskräfte bedeutet das, den einzelnen Mitarbeiter und was ihn antreibt, kennen zu lernen: Sucht er die Herausforderung, motiviert ihn Macht, Prestige, Wachstum (mehr Kompetenz), ein gutes soziales Umfeld und menschlicher Kontakt ...

- Sprechen wir aktuell unsere Mitarbeiter mit **geeigneten Anreizen** an? Gelingt es uns, die Motive der Mitarbeiter sinnvoll mit den Zielen des Unternehmens zu verbinden? Anreize funktionieren nur, wenn die Mitarbeiter entsprechende Motive haben. Dafür ist es erforderlich, erst die Motive der Mitarbeiter zu verstehen und dann geeignete Anreize einzusetzen. Ansonsten besteht die Gefahr, dass man teuer mit wirkungslosen Anreizen an den Motiven der Mitarbeiter vorbei arbeitet.
- Mitarbeiter sind nicht alle gleich. Sind unsere Anreizsysteme und Ansätze der Mitarbeitermotivation auf übergeordneter Ebene **ausreichend differenziert**? Können wir bei uns sinnvoll Gruppen an Mitarbeitern abgrenzen, die unterschiedliche Motive haben? Ähnlich wie man Kunden segmentiert, sollte man Mitarbeiter nach verschiedenen Gruppen mit unterschiedlichen Motiven abgrenzen.
- In wie fern berücksichtigen wir Motivation bereits bei der **Personalauswahl**? Da sich Menschen in ihren Eigenschaften unterscheiden, die mit Motivation zusammenhängen, ist Personalauswahl auch für das Thema Motivation wichtig. Mittlerweile hat man zahlreiche Aspekte entdeckt, die mit der Arbeitsmotivation zusammen hängen und die bei der Personalauswahl einfach berücksichtigt werden können – und auch berücksichtigt werden sollten. Dazu gehören beispielsweise Persönlichkeitsmerkmale und Emotionen. Zu diesem Themengebiet gibt es ein eigenes Kapitel (Kap. 17).

Wir kennen jetzt die Definition von Motivation und die Eigenschaften von Motiven. Aber welche Motive haben Menschen? Darum geht es im nächsten Kapitel zu Inhaltstheorien der Motivation.

Inhaltstheorien der Motivation 4

Welche Motive haben Menschen? Darum geht es bei den **Inhaltstheorien der Motivation**.

Inhaltstheorien der Motivation haben das **Verdienst**, dass sie Arbeitgeber dafür sensibilisiert haben, dass Menschen noch andere Bedürfnisse und Motive außer Geld haben. Sie haben aber auch viel Schaden in der Praxis angerichtet, weil sie meist sehr zweifelhaft zustande kamen und voller falscher Annahmen sind. Als auch gewissermaßen abschreckendes Beispiel, wie Mitarbeitermotivation nicht funktioniert, stellt dieses Kapitel die **Bedürfnispyramide von Maslow** vor (Maslow 1954).

In der Praxis fokussiert man sich gerne auf Geld als dominanten Anreiz und herrschendes Motiv. Aber gibt es tatsächlich keine eleganteren Ansätze und mächtigeren Motive als Geld? In der Psychologie war das Denken von Anfang an etwas differenzierter als in der Ökonomie. So herrschte zu Beginn der psychologischen Motivationsforschung ein **Leitgedanke** vor, den Abb. 4.1 symbolisiert: „Hinter jedem Verhalten muss es wenige zu Grunde liegende Motive geben, die bei allen Menschen vorkommen. Mit diesen allgemein gültigen Motiven sollten dann auch alle Verhaltensweisen und Ziele von Menschen zu erklären sein. Wenn wir diese allgemeingültigen Motive identifizieren, dann können wir jeden Menschen wirksam motivieren."

Ganz nach diesem Denkmuster machte man sich schon früh auf die Suche nach den zentralen Motiven von Menschen. Zunächst rein theoriegeleitet, wie der nächste Abschnitt zeigt.

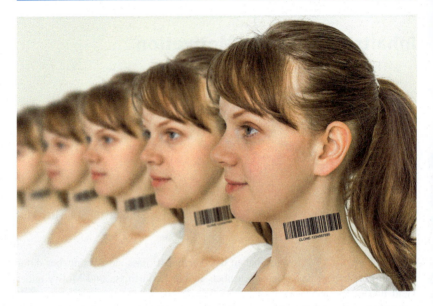

Abb. 4.1 Inhaltstheorien der Motivation gehen davon aus, dass alle Menschen die gleichen Motive haben. (© andriano_cz / stock.adobe.com)

4.1 Welche Motive gibt es? – Theorien

Damals gingen die Psychologen sehr stark theoriegeleitet vor. Sie nutzten noch kaum empirische Forschung, um ihre Theorien zu begründen und zu überprüfen. Diese frühen Psychologen haben die unterschiedlichsten Listen mit (sogenannten) Motiven vorgeschlagen. Nicht selten sprach man zu dieser Zeit auch anstatt von Motiven von Bedürfnissen, Trieben (etwa bei Freud), ja sogar von Instinkten.

Auffällig ist dabei, dass die vorgeschlagenen Listen kaum miteinander übereinstimmen und zudem unterschiedlichste Anzahlen an – angeblich allen Menschen zu Grunde liegenden – Motiven enthalten. Mitunter wurde sogar von hunderten von Motiven ausgegangen (Bernard 1924). Diese Unterschiede sind wohl auch auf die verschiedenen Menschenbilder der jeweiligen Schöpfer der Listen zurückzuführen (vgl. Gebert und v. Rosenstiel 2002, S. 44 ff.). So spiegeln sich in den unterschiedlichen Listen statt Forschungsergebnissen letztendlich vor allem die persönlichen Annahmen der Ersteller über die Motivation von Menschen wieder. Entsprechend findet sich etwa bei Psychologen mit dem rationalen Menschenbild

eines Homo oeconomicus das Motiv „Geld". Beim Menschenbild der Human-Relations Perspektive dominiert das Motiv „sozialer Kontakt" und bei humanistischen Wissenschaftlern das Motiv der „Selbstverwirklichung".
Damit ist schnell sichtbar, dass es sich bei diesen frühen Vertretern und Theorien nicht um Wissenschaftlichkeit im heutigen Sinne handelt.

Der nächste Abschnitt stellt die Bedürfnispyramide von Maslow vor als Beispiel für eine Inhaltstheorie der Motivation.

4.2 Die Bedürfnispyramide von Maslow

Der bekannteste Vertreter einer Inhaltstheorie der Motivation ist sicherlich die **Bedürfnispyramide** des humanistisch geprägten Abraham Maslow (Maslow 1954). Auch in der Praxis ist dieses Modell gut bekannt und weit verbreitet. Es wird daher hier exemplarisch für alle anderen Inhaltstheorien der Motivation diskutiert.

Maslows Theorie geht von einer **hierarchischen Struktur** der Motive aus – daher auch der Begriff Bedürfnispyramide. Statt Motiv verwendet er den Begriff Bedürfnis. Als unterste Ebene der Pyramide nimmt Maslow die physiologischen Grundbedürfnisse (z. B. Hunger, Durst, Atmung, …) an. Erst wenn diese befriedigt sind, so die Theorie, wird die nächsthöhere Motivgruppe aktiviert, die Sicherheitsbedürfnisse (z. B. Schutz, Angstfreiheit, …). Es folgen soziale Bedürfnisse wie Kontakt, Liebe und Zugehörigkeit. Darüber wiederum liegen Bedürfnisse des Selbstwertes wie Anerkennung und Status. An der Spitze der Pyramide steht das Bedürfnis nach Selbstverwirklichung.

Eine wichtige Annahme der Theorie sind die Stufen und der hierarchische Aufbau: Erst wenn die untere Bedürfnisklasse befriedigt ist, kann jeweils die nächste obere Bedürfnisklasse aktiviert werden. Daher kann jemand beispielsweise erst Selbstverwirklichung anstreben, wenn alle darunter liegenden Bedürfnisse zufrieden gestellt sind.

Die Theorie von Maslow scheint vielen Menschen auf den ersten Blick plausibel und hat sich entsprechend erfolgreich in der Praxis verbreitet. In der Tat kann sie als eine Art Checkliste dienen, um zu identifizieren, wo ggf. noch Motivationspotenzial für Mitarbeiter liegt. Nachfolgende Tab. 4.1 liefert dazu ein paar Ideen (vgl. dazu auch Comelli und v. Rosenstiel 2009, S. 14).

Tab. 4.1 Ebenen der Bedürfnisse nach Maslow und Angebote für Mitarbeiter

Ebene der Bedürfnisse nach Maslow	Passende Angebote für Mitarbeiter
Physiologische Bedürfnisse	Gute Luft, Kantine (Essen), Ruhe, schadstoffarme Umgebung, ergonomisches Mobiliar, ...
Sicherheitsbedürfnisse	Langfristige Arbeitsverträge, Versicherungsschutz (Krankheit), Altersvorsorge, ausreichend gute Bezahlung, Erhaltung des Marktwertes der Mitarbeiter, ...
Soziale Bedürfnisse	Gutes Betriebsklima, gute Beziehungen zu den Vorgesetzten und Kollegen, Teamarbeit, gemeinsame Veranstaltungen (Betriebsausflug), Räumlichkeiten zum Austausch (Teeküche), ...
Selbstwert	Öffentliche Anerkennung, Lob durch Vorgesetzte, Titel und Statussymbole (Dienstwagen), ...
Selbstverwirklichung	Freiraum bei der Arbeit, Möglichkeiten mit zu entscheiden, Weiterbildung und Karrierechancen, Möglichkeiten Projekt- oder Führungsverantwortung zu übernehmen, ...

Was ist aber letztendlich bei näherer Betrachtung von den Annahmen der Theorie von Abraham Maslow zu halten? Das zeigt der nächste Abschnitt.

4.3 Bewertung der Motivationstheorie von Maslow

Schon ohne umfangreiche wissenschaftliche Studien lassen einfache **Alltagsbeobachtungen Zweifel entstehen** an der von Maslow angenommene Hierarchie der Motive. Wir finden Personen, die ihre Sicherheit für Status (Selbstwert) beeinträchtigen (z. B. Mutproben), die für Selbstverwirklichung die Gesundheit riskieren (z. B. hungern für eine schlanke Figur oder riskante kosmetische Operationen für ein gewisses Aussehen) und auch Menschen, die sich im Extremfall selbst (Sicherheit) für geliebte Menschen (soziale Bedürfnisse) gefährden. All dies sind Beispiele für eine umgekehrte Reihenfolge, als es die Theorie vorhersagt. Schwankungen in der Bedeutung und sogar der gesamten Hierarchie von Motiven können ganze Gruppen an Mitarbeitern betreffen. So kann die Bedeutung von Aspekten im Bereich Sicherheit oder Selbstverwirklichung je nach Lebensabschnitt und Alter sehr unterschiedlich sein. Auch können soziale Motive interkulturell deutlich unterschiedlich ausgeprägt sein – etwa ist die Zugehörigkeit zu sozialen Gruppen in China wichtiger als in Deutschland (Ma und Becker 2015).

Würden die Annahmen der Theorie von Maslow zutreffen, hätte das natürlich auch gravierende Bedeutung für die **Praxis**. Aber auch hier sind **deutliche Zweifel** angebracht. Beispielsweise würde es gar keinen Sinn machen, einem Konsumenten Produkte anzubieten, die dessen Prestige erhöhen (Selbstwert), wenn das soziale Kontaktbedürfnis (soziale Bedürfnisse) noch nicht zufrieden gestellt ist. Wahrscheinlicher ist aber, dass jemand der sich nach sozialer Zugehörigkeit sehnt, sogar anfälliger für status-bezogene Angebote ist. Er hofft, sich dadurch Zugehörigkeit und Akzeptanz zu kaufen. Ebenso würde es keinen Sinn machen, einem Mitarbeiter Freiraum bei der Arbeit einzuräumen (Selbstverwirklichung), wenn dessen soziales Kontaktbedürfnis noch nicht befriedigt ist (soziale Bedürfnisse) oder er noch keinen hohen Status genießt (Selbstwert). Diese Beispiele zeigen schnell, dass die hierarchische Struktur in der Theorie von Maslow weltfremd ist. Ein stumpfes Beachten der Bedürfnishierarchie führt zu unsinnigen, ja schädlichen, Maßnahmen in der Praxis.

Tatsächlich fallen auch die Ergebnisse von **empirischen Überprüfungen** der Theorie von Maslow entsprechend **negativ** aus (vgl. Gebert und v. Rosenstiel 2002, S. 48). So konnte neben der behaupteten Hierarchie unter anderem auch die von Maslow angenommene Abgrenzung der Motivklassen nicht wissenschaftlich bestätigt werden. Die Motive sind so **abstrakt** formuliert, dass sich fast jedes Verhalten mit allen von ihnen erklären lässt und widersprüchliches Verhalten auf die gleichen Motive zurückführen lässt. Jemand fokussiert sich voll auf die Arbeit und vernachlässigt die Familie – Selbstverwirklichung! Jemand mit dem gegenteiligen Verhalten, vollem Fokus auf die Familie und Vernachlässigung der Arbeit – auch Selbstverwirklichung! Beides kann aber natürlich auch soziales Kontaktbedürfnis sein: Der erste sucht den Kontakt mit den Kollegen, der zweite mit seiner Familie. Oder Sicherheit: Der eine Sucht den Schutz in der Zugehörigkeit der Kollegen, der andere in der Familie. Das führt dazu, dass man mit der Theorie scheinbar jedes Verhalten erklären kann aber nichts vorhersagen und auch kaum praktische Maßnahmen ableiten kann. Was nützt es beispielsweise zu wissen, dass Mitarbeiter einen hohen Wunsch nach Selbstverwirklichung haben? Sehr wenig, denn die individuellen Vorstellungen, wie Selbstverwirklichung konkret aussieht, sind zu unterschiedlich.

Für die Zwecke der Mitarbeitermotivation sind also eher Motive auf einer viel konkreteren Ebene sinnvoll: Etwa wie viel Entscheidungsfreiraum oder Abwechslung sich Mitarbeiter bei ihren Arbeitsaufgaben wünschen. Auf dieser Ebene könnte man dann sehr gut vorhersagen, welche Aufgabe, welchen Mitarbeiter motivieren kann und auch einfach praktische Maßnahmen für mehr Motivation ableiten.

Darüber hinaus **fehlen** im Modell auch inhaltlich ganz **wesentliche Motive** – beispielsweise Leistung oder Macht. Maslow sieht als Humanist nur die „sonnige"

Seite der Motivation von Menschen, wie etwa den Wunsch nach sozialer Zugehörigkeit. Andere Motive, etwa andere auszugrenzen und sich abzugrenzen, Macht über Menschen zu haben, den Wunsch, diese zu unterdrücken oder auch Gier sieht er nicht.

Die Theorie geht davon aus, dass alle Menschen die gleichen Motive haben. Dadurch geht die Aufmerksamkeit für wichtige **Unterschiede** bei der Motivation **zwischen Menschen** (und auch ganzen Menschengruppen) verloren. Tatsächlich reagieren Menschen sehr unterschiedlich auf die gleichen Anreize und haben sehr unterschiedliche Motive, die sie antreiben (z. B. Winter 2002). Auch sonst bestehen große Unterschiede bei Menschen, die sich auf die Motivation auswirken, wie etwa bei Optimismus (Xanthopoulou et al. 2007; Hakanen und Lindbohm 2008), Persönlichkeit (z. B. Judge et al. 2007), Selbstwirksamkeit (Stajkovic und Luthans 1998) oder Selbstregulation (Steel 2007).

Was bleibt also letztendlich von der Bedürfnispyramide für die Praxis der Mitarbeitermotivation?

- Unbestreitbar ist ein **heuristischer Wert** der Theorie für psychologische Laien. Mit der Pyramide können in der Praxis **Ideen für Anreize** entwickelt werden. Sie eignet sich als Vorlage, um für jede Stufe auf der Pyramide zu überlegen: Was bieten wir unseren Mitarbeitern hier an? Können wir etwas davon sinnvoll mit Arbeitsleistung oder anderen Zielen im Verhalten der Mitarbeiter verbinden?
- Aber **Vorsicht**: Gut gemeint ist hier nicht automatisch gut gemacht. Manche Arbeitgeber bieten ihren Mitarbeitern relativ unkritisch Anreize über die verschiedenen Stufen der Pyramide hinweg an. Das führt keineswegs automatisch zu höherer Leistung (Bowling 2007). Ein gutes soziales Umfeld wird vermutlich die Zufriedenheit der Mitarbeiter steigern, vielleicht auch deren Bindung, von der Arbeitsleistung vielleicht aber sogar ablenken – soziale Belange sind dann im Mittelpunkt. Auch kann es sein, dass bestimmte Anreize für manche Mitarbeitergruppen einfach uninteressant sind. Die Kosten dafür laufen dann also wirkungslos ins Leere. Vor einer undifferenzierten und naiven Anwendung der Bedürfnispyramide und anderer Inhaltstheorien ist also zu warnen.
- Für die konkrete Motivation von Mitarbeitern ist die Theorie zudem **zu abstrakt**. Sie gibt keine ausreichenden Antworten darauf, wie motivierende Führung aussehen sollte, wie Aufgaben gestaltet werden sollten, eine Arbeitsumgebung aussehen sollte oder Ziele zu formulieren sind.

4.3 Bewertung der Motivationstheorie von Maslow

Tab. 4.2 Positive und negative Aspekte der Theorie von Maslow

Positive Aspekte der Theorie von Maslow	Kritische Aspekte an der Theorie von Maslow
– Die Bedürfnispyramide verdeutlicht, dass unterschiedliche Motive hinter der Motivation zu einem Verhalten stehen können. – Die Theorie hat in der Praxis dafür sensibilisiert, dass nicht nur Geld relevant ist, wenn man Mitarbeiter motivieren möchte. – Anhand der Pyramide können in der Praxis Ideen für Anreize entwickelt werden. Sie eignet sich als Leitfaden, um für jede Stufe auf der Pyramide zu überlegen: Was bieten wir unseren Mitarbeitern hier?	– Anstatt auf wissenschaftlichen Ergebnissen und Theorien basiert die Theorie auf Ideologie. Sie ist geleitet von der Vorstellung, dass das ultimative Ziel von Menschen deren Selbstverwirklichung ist. – Dass Bedürfnisse wie gefordert hierarchisch sind, hat sich nicht bestätigen lassen. Das betrifft nicht nur Einzelfälle, sondern ganze Gruppen an Mitarbeitern. – Die Pyramide mit den vorgefertigten Motiven verdeckt den Blick auf weitere wichtige Motive. Sie enthält beispielsweise weder Motive im Bereich Leistung oder im Bereich Macht (vgl. McClelland 1961). – Mit der Annahme, dass alle Menschen die gleichen Motive haben, geht der Blick für wichtige Unterschiede zwischen Menschen verloren. – Für den sinnvollen Einsatz bei Mitarbeitern ist die Theorie zudem zu abstrakt. Für praktische Fragen, etwa wie motivierende Führung aussieht, gibt sie kaum Antworten.

Tab. 4.2 fasst diese positiven und kritischen Aspekte der Theorie von Maslow zusammen.

Wenn man wirkungsvoll motivieren möchte, sind Inhaltstheorien also bestenfalls ein erster Einstieg (mit einigen Risiken) aber keine Lösung. Darauf gehen auch die folgenden Tipps ein.

> **Praxistipps**
> Was kann man aus Maslows Bedürfnispyramide für die Praxis lernen und mitnehmen?
>
> - Möchte man Felder identifizieren, um Mitarbeiter zu mehr Arbeitsleistung zu motivieren, kann die Bedürfnispyramide **erste Anhaltspunkte** liefern. In einem Brainstorming kann man sich Gedanken dazu machen,

- welche der enthaltenen Motive ggf. mit einer Arbeitstätigkeit verknüpfbar sind.
- Bei der Anwendung der Bedürfnispyramide ist aber zu bedenken, dass die Pyramide ab einem gewissen Zeitpunkt eher **die Kreativität einengt**, als wirklich bereichert, weil sehr wichtige Aspekte einfach ausgeklammert sind. Für konkrete Fragen ist die Theorie meist einfach **zu grob und zu fehlerhaft**. Man wird aus der Bedürfnispyramide beispielsweise keine brauchbare Antwort darauf erhalten, wie chinesische High-Potentials in deutschen Unternehmen in China zu motivieren sind oder auch nur darauf, wie man eine Arbeitsaufgabe motivierend gestaltet. Es gilt sich also in einem zweiten Schritt von der Pyramide zu lösen und weiter zu denken – nicht bei Maslow in den 50er Jahren stehen zu bleiben.
- Wegen ihrer großen Verbreitung in Lehre und Praxis ist die Bedürfnispyramide auch ein gutes **Beispiel für die oft völlig unkritische Ausbreitung und naive Anwendung** von auf den ersten Blick plausibel wirkenden aber weitgehend **falschen psychologischen Annahmen in der Praxis**. Die Theorie transportiert ein fertiges Menschenbild, dass mehr mit Ideologie als mit Wissenschaft zu tun hat. Aber es hört sich für viele erst einmal plausibel an und lässt sich bequem übernehmen – man muss sich scheinbar nicht mehr mit seinen Mitarbeitern beschäftigen, denn „Die Pyramide zeigt ja alles, was wichtig ist!". Das führt in der Konsequenz bei den Entscheidern, die sich darauf verlassen, zu Fehlern und Wirkungslosigkeit bei der Mitarbeitermotivation. Auf dieses Risiko geht dann im Anschluss Kap. 5 ein.

Insgesamt sind die Inhaltstheorien der Motivation wissenschaftlich also nicht befriedigend, da sie bei näherer Betrachtung meist wenig mit der Realität zu tun haben – dafür umso mehr mit den Menschenbildern und Ideologien ihrer Schöpfer. Sie sind eine der Quellen für Irrtümer und Fehler bei der Motivation von Mitarbeitern in der Praxis. Genau davon, von Irrtümern und Fehlern bei der Motivation von Mitarbeitern, handelt das nächste Kapitel.

Mitarbeitermotivation: Irrtümer und Fehler 5

Irrtümer und Fehler bei der Motivation von Mitarbeitern gibt es viele. Der größte Fehler ist vielleicht, sich überhaupt nicht darum zu kümmern. So verzichtet man auf das Potenzial, die Leistung um 30 % oder mehr zu steigern (Stajkovic und Luthans 1998; 2001; 2003).

Die **Hauptursache für Fehler** bei der Motivation von Mitarbeitern, sobald man sich tatsächlich darum kümmert, sind **unzutreffende Menschenbilder** (vgl. Becker 2015, S. 15 ff.). Führungskräfte haben innere Bilder, wie ihre Mitarbeiter funktionieren. Diese Bilder haben sie aus eigener Erfahrung, Überzeugungen oder ideologischen Vorstellungen gewonnen. Häufig übernehmen Führungskräfte solche Vorstellungen auch einfach von Kollegen oder von Beratern oder aus der Literatur. So glaubt eine Führungskraft, dass Mitarbeiter vor allem auf äußere Anreize, insbesondere Geld reagieren, eine andere ist überzeugt, dass Freiraum und Eigenverantwortung die Motivation fördert und eine dritte sagt sich vielleicht „Glückliche Kühe geben mehr Milch!". Ob Mitarbeitermotivation am Ende erfolgreich gelingt, hängt davon ab, wie sehr das Menschenbild der Führungskraft mit der Realität vor Ort übereinstimmt. In jedem Kapitel dieses Textes geht es im Prinzip darum, unzutreffende Menschenbilder mit wissenschaftlich belastbaren Ergebnissen zu ersetzen. So können Maßnahmen treffsicher und Mitarbeitermotivation wirkungsvoll sein.

In diesem Kapitel liegt der Fokus auf zwei ganz zentralen Gründen für falsche Vorstellungen: Das Vertrauen auf die verbreiteten Fertig-Listen mit Motiven à la Maslows Bedürfnispyramide und den Irrglauben, dass man Mitarbeiter motiviert, indem man ihre Motive zufrieden stellt.

Warum die fertigen Motivlisten keine gute Lösung sind, dazu der nächste Abschnitt.

5.1 Warum die beliebten Listen mit Motiven keine Lösung sind

Fertige Theorien, welche Motive Menschen haben, gibt es viele. Im Prinzip sind diese Theorien fertige Menschenbilder. Ein typisches Beispiele ist die **Bedürfnispyramide** (Maslow 1954). Andere sind die Konzepte von James (James 1890), Freud (Freud 1923), Alderfer (Alderfer 1972) oder Reiss (Reiss und Havercamp 1998). Derartige fertige Sammlungen an Motiven haben sich in der Praxis weit verbreitet, wenn es darum geht, Mitarbeiter zu motivieren. Der **Leitgedanke** ist hier: „Mitarbeiter haben alle die selben Motive, und diese Motive zeigt uns die Theorie. Wenn wir diese Motive der Mitarbeiter berücksichtigen, dann arbeiten die motiviert!". Das ist aus mehreren Gründen falsch. Ein wichtiger Grund ist die mangelnde Gültigkeit der Motiv-Listen selbst.

Welche **Einwände** gibt es konkret?

- **Ideologie statt Empirie.** Die überwiegend theoretisch entwickelten und kaum empirisch abgesicherten Konzepte von James (James 1890), Freud (Freud 1923), Maslow (Maslow 1954), Alderfer (Alderfer 1972) haben bei näherer Betrachtung meist **wenig mit der Realität zu tun** – dafür umso mehr mit den Menschenbildern und Ideologien ihrer Schöpfer (vgl. Gebert und v. Rosenstiel 2002, S. 44 ff.). Sie sind kreativ, unterhaltsam und hören sich für Laien oft intuitiv überzeugend an. Darin liegt auch die Gefahr. Die Theorien können sinnvolle Impulse geben – sie geben aber leider auch oft Impulse, die bestenfalls ins Leere laufen, häufig aber auch Schaden in den Unternehmen anrichten. Dazu gehört etwa die bizarre Vorstellung von Maslow, dass ein Mitarbeiter sich erst für Freiraum bei der Arbeit interessiert (Selbstverwirklichung), wenn sein soziales Kontaktbedürfnis gestillt ist und er hohen Status genießt (Selbstwert).
- **Keine Übereinstimmung der Listen.** Auffällig ist dabei auch, dass die vorgeschlagenen Listen **kaum miteinander übereinstimmen** und zudem unterschiedlichste Anzahlen an angeblich allen Menschen zu Grunde liegenden Motiven enthalten. Auch bei Ansätzen, die empirischer orientiert sind, herrscht oft eine willkürliche und wenig begründete Auswahl der Motive. So verwendet etwa Reiss eine Ausgangsliste, die in einem ersten Schritt relativ willkürlich reduziert wird und die er anschließend mit einer Faktorenanalyse wieder relativ willkürlich auf 16 Motive zusammenfasst (Reiss 2002).

- **Kaum Handlungsorientierung.** Seriöser und intensiv erforscht ist der Ansatz von McClelland (McClelland 1961), der die Motive Leistung, Macht und sozialen Anschluss unterscheidet. Aber auch diese Liste mit drei Motiven ist viel zu weit weg von der konkreten Anwendung und sehr reduziert. Dadurch ist dieser Ansatz ebenso wie die anderen **wenig handlungsorientiert** für die Praxis. Der Schritt zu konkreten Handlungsfeldern wie der motivierenden Gestaltung von Führung, Zielen und Arbeitsaufgaben oder zur Auswahl und Entwicklung von motivierten Mitarbeitern ist bei diesen Listen sehr weit. Um Mitarbeiter wirklich wirksam zu motivieren, reicht das nicht.
- **Stark veraltet und überholt.** Die Modelle sind oft 60 Jahre und mehr alt und viele der Annahmen haben sich eben auch nicht bestätigt. Kurz diese Modelle sind meist stark **veraltet**. Warum sollten Führungskräfte bei der Motivation von Mitarbeitern auf die letzten 50 oder 100 Jahre Forschung verzichten? Das würden sie bei einem medizinischen Eingriff am eigenen Körper oder bei einer neuen Fertigungsstraße für die Produktion sicher auch nicht tun.

Um es klar zu sagen: Hier geht es nicht darum, die Lebensleistung dieser „Psychologen" (einige davon waren eigentlich gar keine Psychologen) zu schmälern oder in Frage zu stellen. Manche davon haben wertvolle Impulse für die Entwicklung der Psychologie gegeben. Es geht in diesem Abschnitt darum, **Schaden von der Praxis fernzuhalten**. Es besteht leider in der Praxis teilweise eine völlig unkritische Ausbreitung und naive Anwendung von auf den ersten Blick plausibel wirkenden aber weitgehend falschen und längst widerlegten psychologischen Annahmen. Das führt in der Konsequenz zu schlechten Entscheidungen und falschen Maßnahmen.

Hier ist also Vorsicht angebracht – nicht jede Theorie, die sich irgendjemand vor über 50 Jahren im Ohrensessel ausgedacht hat, ist empirisch gut abgesichert. Wer sich auf derartige Theorien verlässt, anstatt sich beispielsweise um gute Arbeitsumgebungen, motivierende Aufgabengestaltung, optimierte Ziele und motivierende Führung zu kümmern, hat es zwar **bequem** – er verliert aber im Wettbewerb.

Oft geht mit dem Einsatz solcher Listen ein Gedanke mehr oder minder deutlich ausgesprochen einher: Wenn wir die Motive der Mitarbeiter befriedigen, dann arbeiten die motiviert! Warum das nichts bringt – dazu der nächste Abschnitt.

5.2 Warum es nichts bringt, einfach Motive von Mitarbeitern zu befriedigen

Und es gibt noch eine grundlegendere **Fehlannahme**, die oft mit dem Einsatz solcher Fertig-Listen einhergeht: Manche glauben, dass sie Mitarbeiter motivieren, indem sie ihre Motive zufrieden stellen. Also geht man brav die Listen durch und überlegt, wo man noch etwas anbieten könnte. Warum ist diese Annahme falsch?

Schon die Alltagserfahrung zeigt, dass Menschen aber auch Tiere, die alles bekommen, was sie sich wünschen, oft zu den am wenigsten motivierten Erscheinungen gehören. Der faule Kater (siehe Abb. 5.1), der nur noch von der Ofenbank aufsteht, um zu essen, und selbst das Essen stehen lässt, wenn es nicht ganz genau passt, ist ein gutes Beispiel dafür. Kinder, die immer alles (zumindest Materielle) von den Eltern bekommen haben, sich daran gewöhnt haben, dass jemand anderes zuständig ist und mit 40 noch die Wohnung von Mama geputzt und bezahlt bekommen, sind ein anderes Beispiel. Auch mit einem übermäßig alimentierenden

Abb. 5.1 Der faule Kater symbolisiert, dass ein Befriedigen von Motiven alleine nicht zu hoher Motivation führt – im Gegenteil. (© Pavlo / stock.adobe.com)

5.2 Warum es nichts bringt, einfach Motive von Mitarbeitern zu befriedigen

Sozialstaat gibt es nicht nur die besten Erfahrungen, was die Selbständigkeit und Eigeninitiative der Empfänger angeht.

Tatsächlich führt eine Befriedigung von Motiven bestenfalls zur Bindung der Empfänger, vielleicht auch zu ihrer Zufriedenheit – Arbeitsmotivation entfesselt sie aber nicht. Metaanalysen zeigen daher, dass der oftmals beschworene Zusammenhang zwischen Arbeitszufriedenheit und Arbeitsleistung so nicht besteht (Bowling 2007). Es gibt eben auch Mitarbeiter, die zufrieden und gleichzeitig überhaupt nicht motiviert sind – vielleicht gerade eben darum, weil sie nichts leisten müssen. Und es gibt auch Mitarbeiter, die unzufrieden aber sehr motiviert sind und viel leisten – vielleicht eben weil sie die Situation verbessern wollen. Es geht also nicht darum, Motive von Mitarbeitern einfach zu **befriedigen**, sondern darum, die Motive so **anzusprechen**, dass das gewünschte Verhalten stattfindet.

Dazu kommt, dass ein nicht unerheblicher Teil der Arbeitszufriedenheit (ca. 30 %) einfach angeboren ist und nicht von außen bestimmt wird (Hahn et al. 2016).

Die folgenden Praxistipps fassen nochmal die entscheidenden Gedanken zusammen, wie man Mitarbeitermotivation gestaltet – und wie lieber nicht.

> **Praxistipps**
> Aus den Fehlern anderer bei der Motivation von Mitarbeitern kann man lernen.
>
> - Die in der Praxis weit verbreiteten **fertigen Motivlisten schaden eher**, als dass sie nutzen. Zwar ist es generell begrüßenswert, wenn man sich mit den Motiven von Mitarbeitern beschäftigt. Dann aber lieber nicht mit Modellen, die ungültig und veraltet sind. Zudem bewegen sich die Modelle auf einer sehr abstrakten Ebene, die weit weg von der Handlungsorientierung ist, die es braucht, um Mitarbeiter zu motivieren. Der Nutzen dieser Theorien (ob sie jetzt Bedürfnispyramide oder anders heißen) für die wirksame Motivation von Mitarbeitern ist daher denkbar klein – die Verwirrung, die sie in der Praxis oft stiften und die Risiken sind dagegen umso größer. Sie führen auch dazu, dass Firmen sich ausschließlich mit Motiven befassen, statt mit anderen wichtigen Treibern der Motivation (wie z. B. Emotionen, Optimismus oder Selbst-

wirksamkeit). Zudem stellen die Listen eine bestenfalls sehr reduzierte und willkürliche Auswahl an Motiven dar.
- Es führt kein Weg daran vorbei, sich als Führungskraft wirklich mit seinen Mitarbeitern zu beschäftigen, um sie und ihre **Motive kennen zu lernen**. Und was für einzelne Führungskräfte gilt, gilt auch für ganze Unternehmen. Sie sollten Mitarbeiter analysieren, ähnlich wie man das bei Kunden in der Marktforschung auch macht. Man segmentiert verschiedene Mitarbeitergruppen und untersucht, ob diese verschieden ausgeprägte Motive haben und was sie sonst noch antreibt – oder eben bremst. Darum geht es in allen weiteren Kapiteln.
- Das naive Befriedigen von Motiven kann sehr vielfältige Auswirkungen haben – meist nicht die gewünschten. Oft ist es **für die Arbeitsmotivation wirkungslos**, fördert eher Zufriedenheit und bestenfalls Bindung der Mitarbeiter (was ja meist auch nicht schlecht ist). So führt beispielsweise eine günstige Betriebswohnung sicher zu Zufriedenheit, ggf. auch zur Bindung von Mitarbeitern – wird aber die Arbeitsmotivation wenig berühren. Statt Motive einfach zu befriedigen, geht es also – möchte man Mitarbeiter wirklich motivieren – um das geschickte Verknüpfen von Motiven mit dem gewünschten Zielverhalten.

Motive sind einfach zu komplex und zu dynamisch, um in einfache Schablonen und Fertig-Listen gepresst zu werden. Daher hat man in der Folge andere, wissenschaftlichere Konzepte verfolgt. Nach dem Blick auf verbreitete Irrtümer und Fehler bei der Motivation von Mitarbeitern mit den Ansätzen von Vorgestern geht der Blick jetzt auf den aktuellen Stand der Forschung: Was bietet die Wissenschaft an, um Ideologie, Gewohnheit und subjektive Menschenbilder mit belastbaren Ergebnissen zu ersetzen? Die entscheidende Frage ist dabei weniger „Welche Motive haben Menschen?", sondern „Was beeinflusst die Motivation von Mitarbeitern?". Genau dazu gibt das nächste Kapitel einen Überblick.

6
Motivation beeinflussen: Ein Rahmenmodell der Mitarbeitermotivation

Wie kann man die **Motivation von Mitarbeitern beeinflussen**? Was motiviert Mitarbeiter? Dies ist eine entscheidende Frage – und die Antworten darauf fallen ganz unterschiedlich aus. Wenn es um die Motivation ihrer Mitarbeiter geht, konzentrieren sich manche Unternehmen vor allem auf materielle Anreize, andere Organisationen versuchen das Verhalten der Führungskräfte zu optimieren, die nächsten legen ihre Hoffnung auf die Gestaltung und Entwicklung von Teams und wieder andere legen Wert darauf, bereits bei der Personalauswahl auf hohe Leistungsbereitschaft zu achten. All das – und noch viel mehr – spielt zweifelsfrei eine große Rolle, um Mitarbeiter zu motivieren.

Es geht also darum, die wesentlichsten Einflüsse herauszustellen und in ein **Rahmenmodell der Mitarbeitermotivation** zu systematisieren. So können Führungskräfte und Unternehmen, die ihre Mitarbeiter motivieren möchten, sich auf die wesentlichen Treiber fokussieren und ein passendes Portfolio an Ansätzen für ihre Situation zusammenstellen. Diesem Ziel widmet sich der nächste Abschnitt.

6.1 Das Rahmenmodell der Mitarbeitermotivation

Wie lassen sich die wesentlichen Einflüsse auf die Motivation von Mitarbeitern zusammenfassen? Die einfache Formel des Psychologen Kurt Lewin ist auch ein sehr hilfreicher Ansatz, wenn man Einflüsse auf Motivation systematisch betrachten will. Lewin beschreibt Verhalten als Funktion aus Person und Umwelt (Lewin 1936). Auch die Einflüsse auf Motivation lassen sich entsprechend in zwei wichtige Kategorien abgrenzen: **äußere Einflüsse** und **innere Einflüsse**. Motivation entsteht aus dem Wechselspiel von Einflüssen im Umfeld und Merkmalen und Zuständen der einzelnen Mitarbeiter. Die folgende Abb. 6.1 zeigt das **Rahmenmodell der Mitarbeitermotivation**.

Abb. 6.1 Das Rahmenmodell der Mitarbeitermotivation – Umfeld und Person als Einflüsse auf Motivation

Motivierende äußere Einflüsse im Umfeld von Mitarbeitern sind beispielsweise die Gestaltung der Arbeitsaufgabe (z. B. Christian et al. 2011; Bakker und Demerouti 2007) oder die Anreizsysteme im Unternehmen (z. B. Stajkovic und Luthans 2003).

Wichtige innere Einflüsse auf die Arbeitsmotivation von Mitarbeitern sind beispielsweise die Persönlichkeit von Mitarbeitern (z. B. Judge et al. 2007; Kim et al. 2009) und deren Fähigkeit, von Arbeit und Belastungen zu regenerieren (z. B. Sonnentag 2003; Sonnentag et al. 2010).

Der nächste Abschnitt gibt einen Überblick über Einflüsse auf die Motivation von Mitarbeitern.

6.2 Äußere und innere Einflüsse auf die Mitarbeitermotivation

Es gibt viele weitere äußere und innere Einflüsse auf die Motivation von Mitarbeitern (vgl. Abb. 6.2). Tab. 6.1 zeigt die entscheidenden davon im Überblick.

Die Tabelle mit dem Überblick zu Einflüssen auf die Motivation von Mitarbeitern zeigt auch schön, dass **Motive nur eine von vielen Stellschrauben** für Mitarbeitermotivation sind. Wer sich daher nur auf Motive konzentriert, versäumt die meisten Möglichkeiten, um seine Mitarbeiter nachhaltig zu motivieren.

Die weiteren Kapitel in diesem Text stellen diese Einflüsse im Einzelnen vor und geben konkrete Tipps, um erfolgreich damit umzugehen.

6.2 Äußere und innere Einflüsse auf die Mitarbeitermotivation

Tab. 6.1 Einflüsse auf die Motivation von Mitarbeitern

Äußere Einflüsse auf Motivation (Umfeld)	Innere Einflüsse auf Motivation (Person)
Die wesentlichsten Einflüsse auf Motivation im Umfeld von Mitarbeitern sind: – das Arbeitsumfeld, in dem Mitarbeiter arbeiten – Führung, die Mitarbeiter erleben – Teams, denen ein Mitarbeiter angehört – die Gestaltung der Arbeitsaufgaben – Ziele, die Mitarbeiter haben (oder nicht haben) – Anreize (in Form von Belohnungen und Bestrafungen) – das Unternehmen (die Organisation), das mit seiner Unternehmenskultur die obigen Aspekte prägt	Wesentliche innere Einflüsse auf Motivation beim einzelnen Mitarbeiter sind: – Emotionen, die ein Mitarbeiter empfindet – Selbstwirksamkeit (die Überzeugung, selbst etwas zu können und kompetent zu sein) – Gewohnheiten des Mitarbeiters – einzelne Motive des Mitarbeiters und deren Stärke – die Persönlichkeit des Mitarbeiters – Regenerationsfähigkeit (die Fähigkeit, sich von Arbeit und Belastungen zu erholen) – Optimismus (die Überzeugung, positive äußere Rahmenbedingungen zu haben) – Selbstregulation (die Fähigkeit, aktuelle Motive zu unterdrücken, um langfristige Ziele zu erreichen)

Abb. 6.2 Auch innere Einflüsse wie Emotionen prägen die Motivation von Mitarbeitern. (© VanHope / stock.adobe.com)

Übung
Es gibt zahlreiche äußere Einflüsse, die auf die Motivation der Mitarbeiter wirken. Nicht selten bleiben zumindest einige davon unbeachtet, das Potenzial wird dann nicht genutzt. Überlegen Sie für sich oder im Team mit Ihren Kollegen und Mitarbeitern:

- Gehen Sie die einzelnen äußeren Einflüsse in der Tabelle gedanklich durch. Was tun Sie hier bereits, um diese Einflüsse motivierend zu gestalten? Fassen Sie diese Maßnahmen zu jedem äußeren Einflussbereich zusammen.
- Geben Sie jedem der äußeren Einflüsse einen Wert von eins (ist aktuell überhaupt nicht optimiert für Mitarbeitermotivation) bis fünf (ist bereits sehr stark optimiert für Mitarbeitermotivation). Machen Sie das gerne für einzelnen Teams oder Bereiche aber auch für das Gesamtunternehmen. Wo stehen die Teams, wo steht das Unternehmen?
- Erarbeiten Sie, wie Sie Stärken in den einzelnen Bereichen behalten und ausbauen können. Sehen Sie sich dazu auch die Teams und Bereiche an, in denen es schon besonders gut aussieht. Was können die anderen davon lernen?
- Überlegen Sie, wie Sie gemeinsam mit den Mitarbeitern dort ansetzen können, wo es noch nicht so gut steht. Konkrete Ideen, weitere Übungen und Tipps finden Sie in den Kapiteln zu den einzelnen äußeren Einflüssen.
- Für die inneren Einflüsse auf die Motivation gibt es ein eigenes Übersichtskapitel zu den Eigenschaften motivierter Mitarbeiter (Kap. 17) mit entsprechenden Tipps und Übungen. Zudem gesonderte Kapitel zu einigen der komplexeren inneren Einflüsse. Damit können Sie die inneren Einflüsse auf die Arbeitsmotivation bei der Personalauswahl, der Personalentwicklung und im Personaleinsatz berücksichtigen.

Für viele in der Praxis ist das Rahmenmodell der Mitarbeitermotivation zunächst ungewohnt. Ist man es doch beispielsweise gewohnt, mit fertigen Motivlisten zu arbeiten oder orientiert sich einfach an einem rationalen Menschenbild, bei dem der ökonomische Gewinn den Mitarbeiter motiviert. Das liegt an verschiedenen **Entwicklungsstufen in der Praxis**, wenn es darum geht, Mitarbeiter zu motivieren. Wie können sich Führungskräfte und Unternehmen entwickeln, um ihre Mitarbeiter wirksam zu motivieren? Dazu der nächste Abschnitt.

6.3 Verschiedene Entwicklungsstufen bei der Motivation von Mitarbeitern

In der Praxis besteht oft eine starke Einengung der Perspektive bei der Mitarbeitermotivation. Grob gibt es fünf Entwicklungsstufen bei der Mitarbeitermotivation, die zunehmend wirksam sind. Man kann diese Entwicklungsstufen gut erkennen an den Themen, mit denen sich die Entscheider befassen und wie sie dabei vorgehen.

- **Stufe 0: Keine gezielte Motivation.** Natürlich gibt es eine **Stufe null**, bei der die Entscheider sich überhaupt nicht mit der Motivation der Mitarbeiter befassen. Man kann sie bezeichnen als „Keine gezielte Motivation". Mitunter herrscht hier die Annahme „Die Mitarbeiter sind doch gut bezahlt, die haben zu leisten!". Unternehmen auf dieser Stufe nutzen ihre Chancen nicht, die Mitarbeiter zu motivieren.
- **Stufe 1: Motivation anhand von fertigen Menschenbildern.** Der im vorherigen Abschnitt beschriebene Einsatz von fertigen Motivlisten stellt dann die erste Stufe dar, die Motivation anhand von fertigen Menschenbildern. Die Leitfrage ist hier: „Welche Motive haben Menschen im Allgemeinen?" Führungskräfte auf dieser Stufe versuchen, ihre Mitarbeiter anhand fertiger Menschenbilder zu motivieren, die sie entweder selbst entwickelt oder von anderen übernommen haben (etwa die fertige Bedürfnispyramide von Maslow). Diese Menschenbilder können sehr unterschiedlich sein, was sich oft in den Glaubenssätzen der Führungskräfte widerspiegelt: „Glückliche Kühe geben mehr Milch!" denkt vielleicht die eine Führungskraft und konzentriert sich auf gute Beziehungen zu den Mitarbeitern und deren Zufriedenheit. „Diamanten entstehen nur unter hohem Druck!" sagt eine andere Führungskraft und legt den Fokus auf Kontrolle, Zeitdruck, Belohnungen und Sanktionen. So unterschiedlich die Ansätze auf dieser Stufe an der Oberfläche sind, sie alle haben eines gemeinsam: Ein fertiges Bild, was Menschen motiviert und die Annahme das dieses für alle Menschen mehr oder weniger gleich gilt.
- **Stufe 2: Motivation durch individuelle Berücksichtigung.** Etwas differenzierter ist schon Stufe 2, die Motivation durch individuelle Berücksichtigung. Die Leitfrage ist hier: „Welche Motive haben unsere (einzelnen) Mitarbeiter in welcher Ausprägung?" Dabei berücksichtigen die Entscheider bereits, dass Mitarbeiter unterschiedliche Motive haben und beschäftigen sich wirklich mit ihren Mitarbeitern. Man arbeitet mit Motivlisten und Modellen, die individuelle Unterschiede berücksichtigen – etwa dem Modell von McClelland oder Reiss-Profilen. Vielleicht macht man sich sogar die Mühe und fragt die Motive der

Mitarbeiter ab. Meist sind die verwendeten Motive aber recht abstrakt und es gelingt nicht, sie Motive systematisch mit der Arbeitsleistung zusammen zu bringen.

- **Stufe 3: Kontextorientierte Motivation.** Mit Stufe 3, der kontextorientierten Motivation werden Motivationsmaßnahmen nochmal wesentlich wirkungsvoller. Die Leitfrage ist hier: „Welche konkreten Aspekte rund um die Arbeit und bei der Arbeit selbst fördern die Arbeitsmotivation?" Diese Führungskräfte haben erkannt, dass ein plumpes Berücksichtigen von Motiven, Mitarbeiter nicht zur Arbeit motiviert, sondern bestenfalls zufrieden macht und vielleicht an ein Unternehmen bindet. Sie konzentrieren sich daher auf die Maßnahmen, die wirklich mit der Arbeitsmotivation zusammenhängen. Dafür fokussieren sie sich auf konkrete Aspekte der Arbeit und des Arbeitskontextes, die man gestalten kann (etwa die motivierende Gestaltung von Arbeitsaufgaben oder von Teams). Idealerweise berücksichtigen sie dabei auch unterschiedliche Präferenzen der einzelnen Mitarbeiter. Dadurch werden sie handlungsfähig und können wirklich gezielt die Leistungsmotivation steigern.
- **Stufe 4: Ganzheitliche Motivation.** Entscheider auf Stufe 4 – ganzheitliche Motivation – gehen noch über die motivierende Gestaltung von Arbeit und des Arbeitskontextes hinaus. Die Leitfrage ist hier: „Was beeinflusst die Arbeitsmotivation außerhalb und innerhalb der Mitarbeiter und wie können wir diese Einflüsse gestalten?" Dabei konzentrieren sie sich zusätzlich auf Eigenschaften der Mitarbeiter selbst als innere Quellen der Arbeitsmotivation – etwa Optimismus, Emotionen und Selbstwirksamkeit. Oft beziehen sie die Mitarbeiter dabei aktiv ein. Zudem nutzen sie auch ihre Möglichkeiten, Motive von Mitarbeitern zu beeinflussen und aktiv zu gestalten, anstatt sich passiv an den vorhandenen Motiven zu orientieren. Das geschieht zum Beispiel über transformationale Führung, operantes Konditionieren und den systematischen Aufbau oder Abbau von Gewohnheiten bei Mitarbeitern.

Dieser Fachtext ist geschrieben für Führungskräfte und Unternehmen, die auf Stufe 4 Mitarbeiter ganzheitlich motivieren wollen und die sich und ihr Unternehmen in diese Richtung bewegen möchten. Das hier vorgestellte Rahmenmodell der Mitarbeitermotivation und alle folgenden Kapitel liefern dafür die Grundlage.

Die folgenden Praxistipps fassen nochmal die entscheidenden Gedanken zusammen, wie man Mitarbeitermotivation gestaltet – und wie lieber nicht.

Praxistipps
Das Rahmenmodell der Mitarbeitermotivation liefert wichtige Erkenntnisse.

- Das Rahmenmodell der Mitarbeitermotivation stellt die **wesentlichen Einflüsse auf Mitarbeitermotivation** zum aktuellen Forschungsstand vor. Führungskräfte, die diese Stellschrauben optimieren, können ihre Mitarbeiter maximal motivieren. Dabei helfen **alle weiteren Kapitel** in diesem Text, indem sie zu den einzelnen Einflüssen jeweils die konkreten **Stellschrauben** liefern.
- In der Praxis besteht oft ein sehr starker **Fokus auf Motive von Mitarbeitern**, um Motivation zu fördern. Wer dabei stehen bleibt, übersieht viele Chancen. **Neben den Motiven gilt es die ganzen anderen wesentlichen Einflüsse** auf die Mitarbeitermotivation zu beachten. Von den inneren Einflüssen auf Motivation wie Selbstwirksamkeit, Optimismus oder Emotionen haben viele Entscheider noch nie gehört – geschweige denn diese systematisch beachtet bei Personalauswahl oder Personalentwicklung. Eine **ganzheitliche Betrachtung** der Motivation von Mitarbeitern mit dem **Rahmenmodell der Mitarbeitermotivation** eröffnet die entscheidenden **Wettbewerbsvorteile**.
- Bei Führungskräften und ganzen Unternehmen gibt es **Entwicklungsstufen**, wie sie Mitarbeitermotivation handhaben. Viele sind erfahrungsgemäß auf Stufe 2 oder Stufe 3, manche denken sie sind weit, und agieren eigentlich auf Stufe 0 oder Stufe 1. Nicht wenige, die sich auf oberen Stufen einordnen, machen sich etwas vor. Den **desolaten Zustand** der internationalen Bemühungen, Mitarbeiter zu motivieren, zeigt gleich im Anschluss Kap. 7 zu Gesellschaft, Kultur und Mitarbeitermotivation. Deutschland ist hier leider keine Ausnahme.
- Oft ist es schwer, gleich mit dem Rahmenmodell der Mitarbeitermotivation los zu legen. Zu viele **Gewohnheiten und Denkmuster stehen dem entgegen** und halbe Jahrhunderte an Forschung müssten im Zeitraffer vermittelt werden. Es ist daher sinnvoll, ernsthaft und ohne sich etwas vor zu machen, zu überlegen „Auf welcher Stufe handhaben wir bei uns die Mitarbeitermotivation?". Dann kann es sinnvoll sein, sich **schrittweise über einzelne Erkenntnisfortschritte** voran zu arbeiten, die Kollegen und Mitarbeiter mitzunehmen. Um Selbstreflektion anzuregen, können Fragen eine wichtige Rolle spielen, wie: „Weshalb verwenden wir eigentlich Theorie xy für Motivation? Was macht uns so sicher, dass die

> nach 50 Jahren nicht völlig überholt ist?", „Warum gehen wir eigentlich so fest davon aus, dass unsere Mitarbeiter motiviert arbeiten, nur weil wir deren Bedürfnisse befriedigen?", „Warum betrachten wir Motive auf so einer übergeordneten Ebene? Warum fragen wir uns nicht einfach mal, wie eigentlich eine motivierende Arbeitsaufgabe aussieht?", „Wieso beziehen wir unsere Mitarbeiter eigentlich nicht viel stärker in das Thema ein – die sollen ja am Ende schließlich motiviert arbeiten?".

Wir kennen jetzt die äußeren und inneren Einflüsse auf die Motivation im Überblick. Jetzt geht es darum, sich die einzelnen Einflüsse konkret anzusehen und Tipps für die Praxis zu gewinnen. Das geschieht in den folgenden Kapiteln. Los geht es mit einem wichtigen übergreifenden Aspekt, der sowohl für die äußeren als auch für die inneren Einflüsse auf Mitarbeitermotivation bedeutsam ist: Gesellschaft und Kultur.

Kultur und Mitarbeitermotivation 7

Unternehmen und Führungskräfte sind zunehmend mit kulturellen Einflüssen auf die Motivation von Mitarbeitern konfrontiert, was Abb. 7.1 symbolisiert. Das liegt an der Globalisierung der Unternehmen und zunehmend multikulturellem Personal. Welchen Einfluss hat die **Kultur** auf **Mitarbeitermotivation**? Investieren Unternehmen in manchen Kulturen einfach mehr, um ihre Mitarbeiter zu motivieren? Sind Menschen aus bestimmten Kulturen im Durchschnitt motivierter bei der Arbeit? Beeinflusst ihre Kultur die Eigenschaften von Mitarbeitern, die zu hoher Arbeitsmotivation führen? Darum geht es in diesem Kapitel.

Das vorangehende Kapitel hat gezeigt: Motivation entsteht aus dem Wechselspiel von einerseits Aspekten innerhalb von Menschen und andererseits Einflüssen von außen. Aber es gibt einen Sonderfall, der beides prägt, sowohl die äußere Umgebung von Mitarbeitern als auch die Mitarbeiter als Personen: Die **umgebende Gesellschaft und Kultur**. Die Gesellschaft und Kultur, in der jemand aufwächst und lebt, prägt diesen Menschen mit ihren Werten und kulturellen Normen. Ganz plakativ lässt sich beobachten, dass Menschen, die in einem Kannibalenstamm oder in einer westlichen Großstadt aufgewachsen sind, andere Verhaltensweisen und Ziele im Leben haben.

Hier sind also besonders die **Werte** und Regeln der Gesellschaft und Kultur prägend – sei es für das Verhalten als Mitarbeiter oder als Konsument. Ein Mitarbeiter aus China wird weniger Bedürfnis danach haben, seine eigene Meinung zu äußern, als ein Mitarbeiter aus Deutschland, weil es so der jeweiligen kulturellen Norm entspricht. Ebenso zeigen sich fundamentale Unterschiede im Konsum, etwa bei Ernährung und Freizeitverhalten, je nach umgebender Gesellschaft. Auch hier prägt die umgebende Kultur die Motivation.

Der nächsten Abschnitt wirft den Blick darauf, wie viel verschiedene Länder und Kulturen für Mitarbeitermotivation tun.

© Springer-Verlag GmbH Deutschland, ein Teil von Springer Nature 2019
F. Becker, *Mitarbeiter wirksam motivieren*,
https://doi.org/10.1007/978-3-662-57838-4_7

Abb. 7.1 Globalisierung und Mitarbeiter aus verschiedenen Kulturen gehören für viele Führungskräfte zum Tagesgeschäft. (© nd3000 / stock.adobe.com)

7.1 Wie viel tut man im interkulturellen Vergleich für Mitarbeitermotivation?

Wie sieht es bei den **äußeren Einflüssen auf die Arbeitsmotivation im internationalen Vergleich** aus? Aufschlussreich sind hier insbesondere die internationalen Umfragen zur Arbeitsmotivation der Gallup Organisation (Crabtree 2013). Das verwendete Instrument misst nicht direkt die Arbeitsmotivation, sondern fragt die Mitarbeiter vor allem nach äußeren Einflüssen auf die Arbeitsmotivation (Schaufeli 2013). Das beinhaltet z. B. Fragen nach Zielen, Ressourcen für die Arbeit, Führung, Anerkennung und zum Team (Harter et al. 2006). Da die Studie mehr als 140 Länder abdeckt, sieht man gut, wie viel in den einzelnen Nationen für die Motivation der Mitarbeiter getan wird. Insgesamt scheint das **weltweit wenig** zu sein. Global ist die Situation bei den äußeren Einflüssen auf Arbeitsmotivation nur bei 13 % der Mitarbeiter gut, in Deutschland sind es 15 %. Natürlich bildet das Instrument nicht alle Einflüsse ab und diese auch noch sehr undifferenziert. Dennoch liefern diese Studien einen ersten ernstzunehmenden Anhaltspunkt für die internationale Situation. In den USA scheint man noch am meisten für die Mitarbeitermotivation zu tun, Westeuropa und Südostasien liegen im Mittelfeld, der mittlere Osten und afrikanische Länder bilden das Schlusslicht. Bei den letztgenannten Ländern bestehen die geringsten Anstrengungen, die Motivation von Mitarbeitern zu erhöhen.

Ebenfalls spannend ist die Frage, wie motiviert Mitarbeiter aus verschiedenen Kulturen von Haus aus sind. Dazu der nächste Abschnitt.

7.2 Wie motiviert sind Mitarbeiter aus verschiedenen Kulturen?

Wie motiviert sind Mitarbeiter aus verschiedenen Kulturen eigentlich im Durchschnitt? Die Antwort auf diese Frage könnte wertvolle Impulse für Personalauswahl und Standortplanung geben. Zwar gibt es umfangreiche Studien, die direkt Arbeitsmotivation in verschiedenen Ländern vergleichen (etwa Shimazu et al. 2010 oder von der Gallup Organisation). Nur ist es hier noch nicht befriedigend gelungen, die Einflüsse der Kultur einerseits und unterschiedlichen Bedingungen am Arbeitsplatz andererseits, sauber auseinander zu halten. Auch gibt es je nach Kultur unterschiedliche Tendenzen, auf die gleichen Fragen zu reagieren, etwa wie positiv man sich selbst beschreibt oder wie kritisch man seine Umgebung sieht. Wie stark es also wirklich auf die objektive Arbeitsmotivation zurück geht, wenn Japaner die niedrigste Arbeitsmotivation im interkulturellen Vergleich mit 15 anderen Nationen angeben (Shimazu et al. 2010) bleibt derzeit noch offen. Hier zeichnet sich ein spannendes und hoch relevantes Forschungsfeld der Zukunft ab: Wie motiviert sind Arbeitnehmer aus unterschiedlichen Kulturen unter gleichen Bedingungen?

Da der interkulturelle Vergleich von Arbeitsmotivation bisher nicht zufriedenstellend gelungen ist, geht der nächste Abschnitt eine Ebene tiefer. Wie steht es um die inneren Einflüsse auf Motivation im interkulturellen Vergleich? Insbesondere zu Selbstwirksamkeit, Optimismus und Selbstregulation gibt es mittlerweile eine ganz gute Datenlage. Zunächst ein Abschnitt zu interkulturellen Unterschieden bei der Selbstwirksamkeit.

7.3 Interkulturelle Unterschiede bei Selbstwirksamkeit

Relativ brauchbar ist der Forschungsstand zum **interkulturellen Vergleich von inneren Einflüssen auf die Motivation**. So gibt es kulturelle Unterschiede, wie Menschen Erfolg und Misserfolg verarbeiten – Psychologen sprechen hier von Attribution. Das hat Auswirkungen auf die **Selbstwirksamkeit** der Menschen aus verschiedenen Kulturen (Klassen 2004). Selbstwirksamkeit ist die Überzeugung, selbst etwas zu können und kompetent zu sein. Sie hängt deutlich mit der Arbeitsmotivation zusammen (Stajkovic und Luthans 1998).

US-Amerikaner und Afrikaner neigen dazu, Erfolg stark der eigenen Person zuzuschreiben und Misserfolg auf die Umwelt zu schieben (vgl. Mezulis et al. 2004; Chandler et al. 1981). Entsprechend ist die Selbstwirksamkeit höher. Den USA folgen andere westliche Kulturen sowie China und Korea. Im mittleren Bereich liegt Indien. Japaner befinden sich am unteren Ende: Sie führen Erfolg in der Tendenz eher nicht auf sich selbst zurück, Misserfolge aber schon. US-Amerikaner haben dadurch einen starken Glauben, etwas schaffen zu können, was man dort auch in Claims wie „Yes We Can" der Obama-Kampagne oder „Just Do It" der amerikanischen Firma Nike wiederfindet. Das hat nicht nur Vorteile. Ein Nachteil ist, dass Kulturen wie die U.S.A vermutlich weniger empfänglich für konstruktive Kritik sind, als Japaner. Die in Japan verbreitete Fehlerkultur mit Qualitätszirkeln ist dafür ein Beispiel – man sucht die Ursache für Misserfolg bei sich selbst und versucht besser zu werden.

Weiter geht es mit interkulturellen Unterschieden im Optimismus der Menschen.

7.4 Interkulturelle Unterschiede bei Optimismus

Optimismus bezieht sich auf die subjektive Einschätzung der Umwelt, die Überzeugung, positive äußere Rahmenbedingungen zu haben. Optimismus hängt mit hoher Arbeitsmotivation zusammen (Xanthopoulou et al. 2007; Hakanen und Lindbohm 2008).

Erste Untersuchungen sprechen dafür, dass es **interkulturelle Unterschiede im Optimismus** gibt (Chang 1996; Chang et al. 2001). Die bisher differenzierteste Meta-Analyse zu interkulturellen Unterschieden bei Optimismus mit über 20 Ländern stammt von Fischer und Chalmers (Fischer und Chalmers 2008). Nord- und Osteuropa liegen hier zusammen mit China im oberen Drittel, die USA in der Mitte. Südeuropa gemeinsam mit dem Vereinigten Königreich und Australien liegen in der unteren Hälfte. Die Schlusslichter bilden Südkorea, Türkei und Japan. Interessanterweise liegen Länder wie Ghana und Brasilien, die nicht so hoch entwickelt sind ganz oben, hoch entwickelte Länder wie Japan oder Südkorea ganz unten. Offenbar spielen tatsächlich weniger die tatsächlichen Lebensbedingungen, sondern die kulturelle Prägung für den Optimismus die zentrale Rolle.

Zum Abschluss ein Blick auf die interkulturellen Unterschiede bei der Selbstregulation – Menschen aus welchen Kulturen ziehen ihre Pläne auch dann noch durch, wenn es wirklich hart wird?

7.5 Interkulturelle Unterschiede bei der Selbstregulation

Selbstregulation beschreibt die Fähigkeit, Aufmerksamkeit, Denken und Verhalten bei Motivkonflikten zu steuern, um langfristige Ziele zu erreichen. Umgangssprachlich würde man dafür meist das Wort „diszipliniert" verwenden.

Auch bei der **Selbstregulation gibt es interkulturelle Unterschiede**. So berichten Forscher von interkulturellen Unterschieden darin, auf kurzfristige Belohnungen zu verzichten, um langfristige höhere Belohnungen zu erreichen (Wang et al. 2016). In der Tendenz finden sich in den Studien die höchsten Werte in Nordeuropa. Es folgen (in dieser Reihenfolge) der angelsächsische und US-amerikanische Kulturraum im Mittelfeld, mittlerer Osten, Asien, Osteuropa, Lateinamerika und Südeuropa sowie Afrika mit den geringsten Werten.

Menschen aus Kulturen mit geringer Selbstregulation fällt es durchschnittlich schwer, kurzfristige Belohnungen zurückzustellen, um langfristige Ziele zu erreichen. Dadurch sind Nachteile in modernen Arbeitsumgebungen zu befürchten, denn hohe Selbstregulation hängt zusammen mit der Arbeitsmotivation und dem pünktlichen Beginnen und kontinuierlichem Umsetzen von Arbeitsaufgaben (Steel 2007). Das deckt sich mit den Praxisberichten vieler Führungskräfte, dass es Mitarbeitern aus anderen Kulturen im Vergleich schwerer fällt, sich diszipliniert auf langfristige Aufgaben zu konzentrieren, bei denen die Belohnungen und Erfolge erst in fernerer Zukunft erfolgen.

Praxistipps
Der interkulturelle Einblick in die Mitarbeitermotivation liefert wichtige Erkenntnisse.

- Weltweit gibt es insgesamt nur sehr geringe Anstrengungen, die Mitarbeiter zu motivieren – mit Ausnahme vielleicht der Vereinigten Staaten, wo noch am meisten auf dieses Thema geachtet wird. Die äußeren Einflüsse auf Motivation befinden sich in keinem guten Zustand. Das bedeutet, es gibt **in allen Ländern noch erhebliches Potenzial** nach oben. Es bestehen daher sehr gute Chancen für Unternehmen, sich entscheidende Vorteile im Wettbewerb zu sichern, indem sie ihre Mitarbeiter wirkungsvoll motivieren.
- Es bestehen **deutliche interkulturelle Unterschiede** bei den inneren Einflüssen auf Motivation. Es lohnt sich zu fragen: Von welcher Gesellschaft und Kultur sind unsere Mitarbeiter geprägt? Welche Normen und Werte gelten hier und wie können diese mit den gewünschten Verhaltensweisen verknüpft werden? Die geschilderten kulturellen Besonderheiten können helfen, bei der Motivation für Chancen und Herausforderungen zu sensibilisieren.
- Ausnahmen bestätigen die Regel und die **Streuungen sind innerhalb einer Kultur groß**. Daher ist nicht zu empfehlen, einzelne Mitarbeiter ohne weitere Analyse nur aufgrund ihrer Kultur einzustufen nach dem Motto: „Die kommt aus Deutschland, also hat sie eine hohe Selbstregulation und ist sehr diszipliniert!"
- Anders als bei einzelnen Mitarbeitern erlauben die kulturellen Besonderheiten sehr wohl **gute Vorhersagen** über das zu erwartende Verhalten, wenn es um **übergeordnete Management-Entscheidungen** geht, die große Gruppen an Mitarbeitern aus verschiedenen Kulturen betreffen. Dazu gehören etwa Entscheidungen wie der Standort für ein neues Werk oder der Einsatz von bestimmten Managementinstrumenten in einem Land. So ist beispielsweise nicht verwunderlich, dass qualitätsbezogene Maßnahmen in Japan gut funktionieren. Man betrachtet dort die Umwelt wenig optimistisch (sie ist also verbesserbar) und sucht zudem die Verantwortung für Fehler bei sich selbst – beste Voraussetzungen also. Anders in den USA: Man betrachtet dort die Umwelt optimistischer und sucht die Ursachen für Misserfolg und Fehler bei anderen oder in widrigen Umwelteinflüssen.

Die Kultur nimmt also über zwei Wege Einfluss auf die Motivation von Mitarbeitern: Einmal über die Gestaltung der äußeren Einflüsse (Umfeld), zum anderen über die inneren Einflüsse auf Motivation (Person). In den nächsten Kapiteln liegt

7.5 Interkulturelle Unterschiede bei der Selbstregulation

der Fokus auf den äußeren Einflüssen auf die Motivation von Mitarbeitern (Umfeld).

Manche Theorien sind Meilensteine, weil sie das Denken und den Fokus von Wissenschaft und Praxis so stark verändern. Das trifft ganz besonders auf die **Zwei-Faktoren-Theorie der Arbeitsmotivation** zu. Sie hat die Aufmerksamkeit wie keine andere Theorie der Motivation auf die äußeren Einflüsse der Mitarbeitermotivation gelenkt. Das nächste Kapitel stellt diese Theorie als Einstieg in den Bereich der äußeren Einflüsse auf Mitarbeitermotivation vor.

Herzbergs Zwei-Faktoren-Theorie der Motivation

8

Was zerstört Motivation und was fördert Motivation? Das ist Thema der **Zwei-Faktoren-Theorie** der Motivation von **Frederick Herzberg**. Sie hat auch in der Praxis starke Beachtung gefunden. Hier war nicht das Ziel, alle möglichen wichtigen Motive von Menschen zu finden. Herzberg und sein Team interessierten sich für die äußeren Einflüsse, warum jemand bei der Arbeit motiviert ist bzw. demotiviert ist (Herzberg et al. 1959).

Diese Arbeit war ein **Türöffner** und hat einen großen **Perspektivwechsel** ausgelöst. Weg von der bisher vorherrschenden Frage „Welche Motive haben Menschen im allgemeinen und wie können wir damit Mitarbeiter motivieren?" und hin zur Frage: „Welche konkreten Aspekte im Umfeld von Mitarbeitern zerstören Motivation und was fördert Motivation?" Mit diesem Perspektivwechsel konnten Unternehmen und Führungskräfte viel handlungsfähiger werden, sie bekamen konkrete einzelne Aspekte genannt, um Mitarbeitermotivation zu fördern.

Dazu **befragten** Herzberg und sein Team zahlreiche Arbeiter nach verschiedenen **konkreten Situationen im Arbeitsleben** (Critical Incident Technique). Die Befragten sollten einerseits Situationen schildern, in denen sie sich besonders zufrieden gefühlt haben. Zum anderen haben die Wissenschaftler die Mitarbeiter nach konkreten Situationen gefragt, in denen sie sich unzufrieden gefühlt haben. Die Teilnehmer kamen dabei aus ganz unterschiedlichen Branchen und Hierarchieebenen.

Die Auswertung der Antworten lieferte ein interessantes Muster. Davon handelt der nächste Abschnitt.

8.1 Hygienefaktoren und Motivatoren

Die von den Befragten genannten konkreten Ereignisse werteten die Forscher inhaltlich aus und erstellten **Häufigkeitslisten**, was Mitarbeiter zufrieden macht und was Mitarbeiter unzufrieden macht. Interessanterweise unterschieden sich die inhaltlichen Kategorien an Ereignissen deutlich, je nachdem ob nach Ereignissen gefragt wurde, die zufrieden machen oder aber nach Ereignissen, die unzufrieden machen.

Daher grenzte man zwei Faktoren voneinander ab: **Hygienefaktoren**, die vor allem genannt wurden auf die Frage, was die Mitarbeiter unzufrieden macht; **Motivatoren**, die Mitarbeiter vor allem nannten auf die Frage, was sie zufrieden macht. Tab. 8.1 gibt einen Überblick zu den konkreten Inhalten bei Hygienefaktoren und Motivatoren (vgl. Herzberg 1972).

Konsequenterweise leiten die Autoren daraus ab, dass **Unzufriedenheit und Zufriedenheit** verschiedenste Aspekte betreffen und daher **zwei verschiedene Dimensionen** darstellen – und nicht einfach Gegenpole auf einer einzigen Dimension sind.

- Die eine Dimension (Hygienefaktoren) beschreibt das **Umfeld der Arbeit** (z. B. Verwaltung oder die Qualität zwischenmenschlicher Beziehungen). Diese Dimension bestimmt, ob **Unzufriedenheit** besteht. Sind die Hygienefaktoren günstig ausgeprägt, dann besteht keine Unzufriedenheit – aber das bedeutet nicht, dass Mitarbeiter motiviert oder zufrieden sind. Der Gedanke kann mit dem Bild eines Menschen mit Zahnschmerzen verdeutlicht werden, wie Abb. 8.1 symbolisiert: Mit Zahnschmerzen ist die Person unzufrieden. Nach einem Zahnarztbesuch sind die Zahnschmerzen weg, die Person nicht mehr

Tab. 8.1 Hygienefaktoren und Motivatoren

Hygienefaktoren	Motivatoren
Hier nannten die Mitarbeiter insbesondere – die Verwaltung, – die Führung, – die Qualität der Beziehung zur Führungskraft, – die Arbeitsbedingungen, – die Höhe der Bezahlung, – die Qualität der Beziehungen zu Kollegen und Mitarbeitern.	Nennungen hier betraffen vor allem die Themen – Leistungserleben, – Anerkennung, – die Arbeit selbst, – Verantwortung und – ein Wachstumsgefühl.

8.1 Hygienefaktoren und Motivatoren

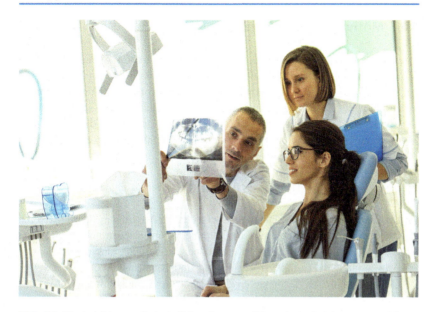

Abb. 8.1 Hygienefaktoren sind wie Zahnschmerzen: Wenn sie da sind, ist man unzufrieden – wenn sie weg sind, ist man deshalb aber noch lange nicht zufrieden. (© SolisImages / stock.adobe.com)

unzufrieden. Das bedeutet aber noch nicht, dass sie deswegen zufrieden ist, ein Problem wurde einfach abgeschaltet. Auch wenn sie jetzt noch so oft zum Zahnarzt geht, wird sie dadurch nicht zufriedener werden. Dafür sind andere Ansatzpunkte notwendig.
- Eine weitere Dimension (Motivatoren) fokussiert sich auf die **Arbeit** an sich (z. B. Ausmaß der Verantwortung und Leistungserleben). Diese Aspekte können **Zufriedenheit** und Motivation herstellen – aber erst, wenn die Hygienefaktoren optimiert wurden.

Das Gegenteil von Unzufriedenheit ist daher nach Herzberg nicht Zufriedenheit, sondern nur das Ausbleiben von Unzufriedenheit. Die Zahnschmerzen sind sozusagen weg, aber zufrieden ist man deswegen noch nicht.

Der nächste Abschnitt behandelt die komplexen Zusammenhänge zwischen Hygienefaktoren, Motivatoren und der Motivation von Mitarbeitern.

8.2 Motivation nach Herzberg

Wie hängt Motivation von Mitarbeitern jetzt genau von den Hygienefaktoren und Motivatoren ab? Hygienefaktoren verhindern Unzufriedenheit und Demotivation bei Mitarbeitern, reichen aber nicht für das Erreichen von Motivation aus. Motivatoren führen zur Zufriedenheit und Motivation bei Mitarbeitern – aber erst, wenn die Hygienefaktoren optimiert wurden. Die Autoren gehen also davon aus, dass Motivatoren erst wirken können, wenn alle Hygienefaktoren optimiert sind, wie Abb. 8.2 zeigt.

Es lassen sich nach der Theorie von Herzberg grob vier Zustände abgrenzen:

1. Der Zustand der Hygienefaktoren ist schlecht, die Ausprägung der Motivatoren ist gering. In diesem Fall sind die Mitarbeiter unzufrieden und es gibt auch nichts, was sie kurzfristig motivieren könnte. Eine hohe Fluktuation, geringe Anwesenheit und geringe Arbeitsleistung sind wahrscheinlich.
2. Der Zustand der Hygienefaktoren ist schlecht, die Ausprägung der Motivatoren ist hoch. Zwar lieben die Mitarbeiter hier ihre Aufgabe und das Leistungserleben. Ein schlechtes Umfeld erstickt aber immer wieder die Freude an der Arbeit. Ineffiziente Verwaltung und Bürokratie, eine schlechte Beziehung zur Führungskraft und ein ungutes Klima im Team demotivieren. Es ist wie bei

Abb. 8.2 Motivatoren, Hygienefaktoren und Motivation nach Herzberg

einem leidenschaftlichen Sportwagenfahrer, der immer wieder an der Ampel steht, in einen Stau kommt oder von anderen ausgebremst und abgeschnitten wird. Die Freude am Fahren wird verdorben.
3. Der Zustand der Hygienefaktoren ist gut, die Ausprägung der Motivatoren ist gering. Die Mitarbeiter sind in einem super Umfeld, mit tollem Chef, traumhaften Kollegen und wohl organisierten Prozessen. Doch leider macht die Arbeitsaufgabe überhaupt keinen Spaß. Es ist wie bei einem leidenschaftlichen Sportwagenfahrer, der frei Fahrt und beste Bedingungen hat – aber dummerweise keinen Sportwagen, sondern einen kaputten, alten Wagen. Er kann den anderen zusehen, wie sie Freude am Fahren haben.
4. Der Zustand der Hygienefaktoren ist gut, die Ausprägung der Motivatoren ist hoch. Nach Herzberg kommt erst hier nachhaltig Motivation zustande. Die Mitarbeiter finden sich in einem optimalen Umfeld wieder, sind zufrieden – und sie haben eine tolle Arbeitsaufgabe, die wirklich motiviert. Es ist wie bei dem Sportwagenfahrer, der in seinem Traumauto sitzt, endlich freie Fahrt hat und Vollgas gibt!

Natürlich sind die Übergänge fließend, wie in der Abb. 8.2 dargestellt, doch die vier Zustände bringen gut auf den Punkt, was der zentrale Gedanke der Theorie von Herzberg ist: Bei Unzufriedenheit läuft jede Motivation ins Leere!

Im nächsten Abschnitt folgt eine kritische Würdigung der Theorie von Herzberg.

8.3 Kritik an der Zwei-Faktoren-Theorie der Motivation

Herzberg, Mausner und Snyderman haben den **Blick für die äußeren Einflüsse auf Mitarbeitermotivation geöffnet**. Sie haben den Fokus auf das Umfeld von Mitarbeitern gelenkt, auf die Frage: „Welche konkreten Aspekte im Umfeld von Mitarbeitern zerstören Motivation und was fördert Motivation?" Ein großer Fortschritt. Zuvor hatte man den Blick meist nach innen auf allgemeine Motive gerichtet nach dem Motto: „Welche Motive haben Menschen im allgemeinen?". Mit diesem Perspektivwechsel konnten Unternehmen und Führungskräfte ganz konkret an einzelnen Aspekten ansetzen, um Mitarbeitermotivation zu fördern. Ein deutlicher **Zugewinn an Wirkung** bei der Mitarbeitermotivation.

An der Zwei-Faktoren-Theorie sieht man gut, dass erst die **konkrete empirische Untersuchung von Motiven** in einem Kontext (in dem Fall der Arbeitsplatz) bei einer **konkreten Zielgruppe** (in dem Fall die Arbeitnehmer) sinnvolle Kategorien an Motiven liefert. Die Ergebnisse sind wesentlich handhabbarer und brauchbarer für **praktische Maßnahmen** als beispielsweise bei der Bedürfnispyramide (Maslow 1954).

Aber auch hier sollte vor einer unvoreingenommenen Akzeptanz der Ergebnisse und einer unkritischen Umsetzung gewarnt werden. Gegen die Interpretation der Forscher sprechen ein paar **kritische Faktoren**.

Die Kategorien sind immer noch relativ abstrakt. Das Verdienst von Herzberg und Kollegen ist, den Blick auf wesentliche Aspekte im Umfeld von Mitarbeitern (z. B. die Führung oder die Arbeit an sich) gelenkt zu haben. Ein wichtiger Schritt. Was in der Theorie fehlt, ist dann immer noch der nächste Schritt: Wie sieht eigentlich eine motivierende Führung genau aus? Wie gestaltet man Arbeitsaufgaben konkret, damit sie motivieren? Ohne den Schritt auf diese ganz konkrete Ebene bietet das Modell nur beschränkten Praxisnutzen. Mittlerweile gibt es sehr viel Forschung zu genau dieser konkreten Ebene. Die nächsten Kapitel stellen dann diese Ergebnisse vor.

Gleichsetzen von Zufriedenheit und Motivation. Herzberg und sein Team setzen implizit Zufriedenheit am Arbeitsplatz und Arbeitsmotivation gleich. Das hat sich empirisch nur sehr begrenzt finden lassen, teilweise gibt es sogar gegenläufige Effekte. Beispielsweise ist die Arbeitszufriedenheit von Menschen zu einem nicht unerheblichen Teil (ca. 30 %) einfach angeboren und nicht von außen bestimmt (Hahn et al. 2016). Zudem ist der von den Autoren unterstellte durchweg positive Zusammenhang zwischen Zufriedenheit und Motivation nicht existent (Bowling 2007). So gibt es zahlreiche Beispiele für Abweichungen: Etwa dass Zufriedenheit gerade daraus entspringt, dass wenig geleistet wird bzw. wenig geleistet werden muss. Oder es gibt Fälle, bei denen Zufriedenheit daraus entspringt, dass jemand eigene Ziele erreicht (z. B. ein Bankberater eine Provision) aber Organisationsziele verfehlt (z. B. ist die Kundenzufriedenheit niedrig, da der Bankberater ihnen ungeeignete Finanzprodukte verkauft hat).

Einseitiges Zuordnen als Hygienefaktor oder Motivator. Auch das Konzept der Hygienefaktoren (die nur demotivieren können) und der Motivatoren (die nur motivieren können) ist so nicht haltbar. Herzberg und sein Team ordnen beispielsweise Führung den Hygienefaktoren zu. Tatsächlich hat sich aber gezeigt, dass Führung ein sehr starker Motivator ist, der wesentlich mehr kann, als Mitarbeiter nur nicht zu demotivieren. Gerade neuere Ansätze wie transformationale Führung (Bass und Riggio 2006) unterstreichen die Möglichkeit, Mitarbeiter als Führungskraft stark

8.3 Kritik an der Zwei-Faktoren-Theorie der Motivation

zu motivieren (Sosik 2005; Avolio 2010; Aryee et al. 2012). Das Konzept der Hygienefaktoren und Motivatoren ist daher zwar auf den ersten Blick für viele einleuchtend, hat sich aber so nicht bestätigt. Tatsächlich können die meisten Aspekte je nach Ausprägung motivieren und demotivieren.

Verschleierung der wahren Motivatoren. Es ist bekannt, dass Menschen die Gründe für Erfolg und positive Ereignisse eher bei sich selbst suchen, bei Misserfolg die Ursachen allerdings außen suchen – in der Psychologie spricht man von extern attribuieren. Das gilt vor allem in den USA (vgl. Mezulis et al. 2004; Chandler et al. 1981), wo die Mitarbeiter befragt wurden. Eben diese Struktur deutet sich auch in den Befunden an: Unzufriedenheit verursachen hier eher andere Menschen in Verwaltung, Führung oder dem Kollegenkreis; Zufriedenheit kommt eher von innen aus dem Leistungserleben, der Arbeitstätigkeit und dem Gefühl von viel Verantwortung. Das schützt natürlich den Selbstwert. Am Schlechten sind die anderen schuld! Es ist daher möglich, dass diese typisch menschliche Ursachenzuschreibung die wahren Gründe für Demotivation und Motivation verzerrt.

Unzulässige Generalisierung der Motivatoren und Hygienefaktoren. Herzberg, Mausner und Snyderman gehen davon aus, dass die von ihnen in der Studie gefundenen Motivatoren und Hygienefaktoren generell gültig sind. Die Art und die Hierarchie der Bedingungen, die zu Zufriedenheit bzw. zu Unzufriedenheit führen, sind aber nicht generalisierbar. Je nach Situation ändern sich die Bedeutungen der einzelnen Faktoren für die Zufriedenheit. In einer Wirtschaftskrise sollte z. B. das Gehalt wichtiger werden, als es bei den Ergebnissen von Herzberg ist. Zudem unterscheidet sich die Bedeutung der einzelnen Aspekte auch von Mensch zu Mensch und von Zielgruppe zu Zielgruppe. Das soziale Umfeld am Arbeitsplatz ist etwa durchschnittlich für Frauen wichtiger als für Männer (vgl. z. B. Minton et al. 1980).

Unterstützung bekommt die Theorie von Mausner und Snyderman durch **neuere Forschungsergebnisse**, dass **Herausforderungen bei der Aufgabe selbst motivierend** wirken aber **Hindernisse im Umfeld der Aufgabe demotivieren** (Crawford et al. 2010). Diese Unterscheidung in die Aufgabe selbst und das Umfeld, in dem eine Aufgabe stattfindet, ist wichtig: Das Umfeld, in dem eine Aufgabe stattfindet (also etwa Verwaltung, soziales Umfeld und Arbeitsbedingungen) muss frei von Hindernissen sein, damit die Aufgabe selbst motivieren kann. In der Praxis geht man mitunter davon aus, dass diese Hindernisse im Umfeld selbst Herausforderungen sind und die Mitarbeiter motivieren – doch das Gegenteil ist der Fall. Hindernisse demotivieren, sie sind keine Herausforderungen. Motivierende Herausforderungen liegen im Anspruch der Arbeitsaufgabe, nicht in widrigen Umweltbedingungen. Darum geht es in den nächsten Kapiteln.

Praxistipps
Welche Gedanken aus der Theorie von Herzberg sind für die Praxis zentral?

- Es gibt Aspekte, die Motivation zerstören können. Diese **Hygienefaktoren** gilt es, im Einzelfall **ausfindig zu machen und abzuschalten**. Das Vorgehen dazu kann sich gerne an der Critical Incident Technik orientieren. Beispielsweise ein kompakter Workshop im Team, in dem jeder Mitarbeiter kurz vorstellt, was ihm die Arbeit in den letzten vier Wochen schwer gemacht hat. Wenn die Gefahr besteht, dass es sozial sensible Punkte sind, die Mitarbeiter eher ungern offen ansprechen, kann man auch etwas aufwändiger eine anonyme Befragung durchführen – z. B. per Online-Fragebogen oder über externe Dienstleister. Fragen wie „Gibt es etwas, dass Ihnen das Leben als Mitarbeiter bei uns die letzten Wochen schwer gemacht hat? Was hat Sie gestört?" können dabei helfen. Insbesondere die Befragung von Abwanderern (Mitarbeiter, die das Unternehmen verlassen) ist aufschlussreich, wenn es um Hygienefaktoren geht.
- Ein Aspekt ist hier noch wichtig: Hygienefaktoren sollten **nicht über-erfüllt** werden. Menschen gewöhnen sich schnell an bessere Bedingungen, ein Rückschritt wird dann als unzumutbar erlebt. Führungskräfte sollten also Hygienefaktoren so weit optimieren, dass sie Motivation nicht mehr stören. Hebt man Hygienefaktoren aber über dieses Maß hinaus an (etwa das Gehalt oder schlanke Verwaltungsprozesse), dann werden neue Maßstäbe bei den Mitarbeitern verankert. Ein Zurück ist dann nur noch mit Motivationsverlusten und hoher Unzufriedenheit möglich.
- Das **Abschalten von Hygienefaktoren reicht nicht** aus, damit jemand als Mitarbeiter wirklich beim Unternehmen bleiben möchte oder tatsächlich motiviert bei der Arbeit ist. Es kann das Risiko beseitigen, eigentlich motivierte Mitarbeiter zu demotivieren. Wichtig ist dann darüber hinaus, die **Motivatoren** (v. a. die Arbeitsaufgaben) gut zu gestalten, damit sie wirklich motivieren.
- Es gibt Aspekte, die Mitarbeiter am Arbeitsplatz **zufrieden** machen. Herzberg, Mausner und Snyderman nennen diese Aspekte Motivatoren. Diesem Gedanken (Zufriedenheit = Motivation) sollte man in der Praxis

8.3 Kritik an der Zwei-Faktoren-Theorie der Motivation

nicht folgen und sich nicht darauf verlassen. Nur weil jemand zufrieden ist, wird er nicht unbedingt hohe Motivation zur Arbeitsleistung haben. Das gilt auch für andere wünschenswerte Verhaltensweisen, wie sich weiterzubilden oder sich bei Innovationsprozessen einzubringen. Zufriedenheit wird sich in erster Linie auswirken auf die Motivation, bei einem Arbeitgeber zu bleiben, also die Mitarbeiterbindung. Sie ist aber kein Allheilmittel für alle Motivationsthemen.

- Man kann nicht davon ausgehen, dass es Hygienefaktoren oder Motivatoren gibt, die einfach generell für jede Gruppe an Mitarbeitern gelten. Es führt kein Weg daran vorbei, sich **intensiv mit seinen Zielgruppen und den einzelnen Mitarbeitern zu beschäftigen**, deren Motive und Situation zu analysieren. Was zum Beispiel stört chinesische High-Potentials bei ihrem deutschen Arbeitgeber in China? Welche Wünsche haben sie? Erst dann kann man davon ausgehen, die richtigen Anreize als Motivatoren zu kennen und die speziellen Hygienefaktoren zu erfahren, die bei einer bestimmten Zielgruppe relevant sind.

Herzberg und sein Team haben wichtige Aspekte im Umfeld von Mitarbeitern identifiziert, die mit Motivation zusammenhängen. Allerdings ist die Analyse immer noch auf einer recht abstrakten Ebene. Ein Aspekt wie „Führung" verrät erst mal nichts darüber, wie konkret eine motivierende Führung aussehen sollte oder was konkret bei der Führung Mitarbeiter demotivieren kann. Um herauszufinden, was Mitarbeiter tatsächlich zu höherer Arbeitsleistung motiviert, ist daher eine vertiefte Analyse der relevanten Aspekte im Umfeld von Mitarbeitern entscheidend. Diese findet in den weiteren Kapiteln statt.

Los geht es im nächsten Kapitel zur motivierenden Gestaltung des Arbeitsumfeldes. Welche Erkenntnisse hat man hier zu ganz konkreten Motivationshindernissen und Motivationstreibern?

Ein Arbeitsumfeld, das Mitarbeiter motiviert 9

Wie sieht ein **motivierendes Arbeitsumfeld** aus? Welche Motivationshindernisse bestehen und was treibt die Arbeitsmotivation an? Von diesen Motivationshindernissen und Motivationstreibern im Arbeitsumfeld handelt das Kapitel.

Ein gutes Arbeitsumfeld ist entscheidend für die Arbeitsmotivation der Mitarbeiter. Häufig wirken im Arbeitsumfeld aber eine Menge **Motivationshindernisse** auf die Mitarbeiter ein. So ein schlechtes Arbeitsumfeld **demotiviert selbst die motiviertesten Mitarbeiter**. Auch eine psychologisch gut gestaltete Aufgabe und eigentlich motivierte Mitarbeiter laufen dann gegen diese Hindernisse an und können ihr Motivationspotenzial nicht entfalten. Es ist also zwingend erforderlich, zuerst ein motivierendes Arbeitsumfeld zu schaffen, damit Mitarbeiter überhaupt motiviert sein und bleiben können.

Schon früh interessierten sich Wissenschaftler für die Gründe, warum jemand bei der Arbeit motiviert bzw. demotiviert ist. Ein Meilenstein war sicher die Zwei-Faktoren-Theorie der Motivation (Herzberg et al. 1959), die das vorangehende Kap. 8 vorstellt. Mittlerweile, 70 Jahre Forschungsarbeit später, sind die wesentlichen Treiber und Hindernisse für die Arbeitsmotivation identifiziert (z. B. Crawford et al. 2014). Abb. 9.1 zeigt die **wesentlichen Aspekte** im Arbeitsumfeld.

Diese Aspekte (etwa die Führung) können **je nach Ausprägung die Arbeitsmotivation fördern oder abwürgen** (Hakanen et al. 2008). Ob einer dieser Aspekte als **Motivationstreiber** oder **Motivationshindernis** wirkt, liegt also letztendlich an seiner Ausprägung. Im Gegensatz zur Annahme von Herzberg und seinen Kollegen (Herzberg et al. 1959), können diese Aspekte im Arbeitsumfeld (etwa Angebote zur Mitarbeiterentwicklung oder Führung) also nicht nur Motivation verhindern,

Abb. 9.1 Entscheidende Aspekte im Arbeitsumfeld für die Motivation von Mitarbeitern

wenn sie gering ausgeprägt sind, sondern durchaus auch befördern, wenn sie hoch ausgeprägt sind.

> **Übung**
> Das Arbeitsumfeld kann jede Motivation von Mitarbeitern abwürgen und ersticken – aber auch fördern. Von der Gestaltung dieser Aspekte hängt letztendlich ein breites Spektrum an Wirkungen ab – von Höchstleistung (bei hoher Ausprägung) bis Burnout (bei geringer Ausprägung) und in seiner Folge psychische und körperliche Erkrankungen (Melamed et al. 2006).
>
> - Zu jedem für die Motivation wichtigen Treiber bzw. Hindernis im Arbeitsumfeld gibt es im Folgenden eine Tabelle. Dort sind wichtige Teilaspekte als Fragen formuliert.
> - Beantworten Sie diese Fragen zu den Teilaspekten für Ihren Bereich.
> - Überlegen Sie, dort wo die Situation wenig günstig für die Motivation ist, ob und wie die einzelnen Teilaspekte verbessert werden können. Sie haben es damit in Ihrer Hand, wie sich zukünftig die Arbeitsmotivation entwickelt – aber auch wie hoch das Risiko für Burnout Ihrer Mitarbeiter ist (Schaufeli et al. 2009).

Im Folgenden sind die wesentlichen Treiber und Hindernisse für Arbeitsmotivation im Arbeitsumfeld beschrieben. Die für die Motivation ebenfalls wichtigen Themen Ziele und Anreize sind in diesem Kapitel bewusst nicht enthalten, da sie näher an der Arbeitsaufgabe als im Arbeitsumfeld sind. Dazu folgen später jeweils eigene Kapitel.

Der nächste Abschnitt diskutiert die Bedeutung der Mitarbeiterentwicklung für die Arbeitsmotivation.

9.1 Mitarbeiterentwicklung als Treiber der Arbeitsmotivation

Warum sollte man motiviert sein, wenn man glaubt, zu wenig zu wissen und seiner Aufgabe nicht gewachsen zu sein? Ein Umfeld, das Mitarbeiter entwickelt, steigert auch deren Kompetenz, um arbeitsrelevante Aufgaben zu erledigen. Der Gedanke liegt nahe, dass Angebote, sich zu entwickeln, auch auf die Arbeitsmotivation ausstrahlen – so steigt mit wachsender Kompetenz die Erwartung der Mitarbeiter, eine Aufgabe gut erfüllen zu können. In der Psychologie bezeichnet man diese Erwartung, einer Aufgabe gewachsen zu sein, als **Selbstwirksamkeit**. Diese erhöhte Selbstwirksamkeit hat direkt motivierende Wirkung (vgl. Stajkovic und Luthans 1998).

Tatsächlich unterstützen Meta-Analysen diese Annahme und zeigen deutliche Verbindungen zwischen Weiterbildung und Training auf der einen Seite und Arbeitsmotivation auf der anderen Seite (Crawford et al. 2010). Zahleiche einzelne Studien unterstreichen dieses Muster z. B. bei Managern (Rothmann und Joubert 2007), Arbeitnehmern (Lisbona et al. 2009) und auch bei Soldaten (Chambel und Oliveira-Cruz 2010). Alles in allem weisen die Befunde darauf hin, dass Möglichkeiten zu lernen und sich zu entwickeln, einen guten Beitrag zur Arbeitsmotivation der Mitarbeiter leisten können.

Eine wichtige Erkenntnis ist dabei, dass Mitarbeiter ca. 80 % von dem, was sie für ihre Arbeit benötigen, **informell lernen** (Staudt und Kriegesmann 1999). Die Entwicklung findet also in erster Linie während der Arbeit statt und weniger durch formelle Angebote wie Weiterbildungen und Coachings. Daher ist es für die Mitarbeitermotivation unbedingt notwendig, **Arbeitsaufgaben entwicklungsfördernd zu gestalten**, damit Mitarbeiter daran lernen, wachsen und sich entwickeln. Zudem spielen konstruktive Rückmeldung durch Führungskräfte (z. B. in Form von beschreibendem Lob), durch die Aufgabe selbst und durch die Kollegen eine wichtige Rolle, damit Mitarbeiter lernen können.

Tab. 9.1 zeigt die wesentlichen Aspekte bei der Entwicklung von Mitarbeitern.

Tab. 9.1 Wichtige Aspekte bei der Entwicklung von Mitarbeitern

Bereich im Arbeitsumfeld	Wichtige Aspekte
Entwicklung der Mitarbeiter	– Strahlen die Mitarbeiter Selbstsicherheit und Souveränität bei ihrer Tätigkeit aus? – Verfügen die Mitarbeiter über die wesentlichen Kompetenzen, um ihre Aufgaben zu erledigen? – Erhalten die Mitarbeiter regelmäßig und selbstverständlich Rückmeldung zu ihrer Arbeit, um zu sehen, was sie gut können und weitere Kompetenzen zu gewinnen? – Haben die Mitarbeiter die Möglichkeit, bei ihrer Tätigkeit immer neue realistische Herausforderungen anzugehen und daran zu wachsen? – Gibt es regelmäßig Weiterbildungen für wichtige Themen?

Der nächste Abschnitt behandelt die Rolle von Ressourcen und Ausrüstung für die Arbeitsmotivation.

9.2 Mangelnde Ressourcen und Ausrüstung als Motivationshindernis

Ressourcen haben viele Gesichter: Seien es **Zeit**, relevante oder aktuelle **Informationen**, gute **technische Ausrüstung**, fehlende **Mitarbeiter** oder auch fehlende **finanzielle Mittel** (Sonnentag 2003). Auch eine effiziente und **schlanke Verwaltung** mit wenig Bürokratie und **flexible Strukturen** sind eine wichtige Ressource bei der Arbeit. Sie verschaffen den Mitarbeitern Zeit für die eigentlichen Aufgaben und reduzieren Unterbrechungen und Ablenkung von der Tätigkeit.

Mitarbeiter nehmen unzureichende Ressourcen wahr. Sie senken dann ihre Erwartung, dass sie die Arbeitsaufgaben erledigen können. Gleichzeitig steigt ihre Erwartung, dass der Aufwand erhöht ist, die Aufgaben zu erledigen. Beides belastet die Arbeitsmotivation der Mitarbeiter. Umgekehrt führen gute Ressourcen dazu, dass Erfolgserwartungen der Mitarbeiter steigen und sie den Aufwand bei Arbeitsaufgaben als geringer wahrnehmen. Das fördert die Arbeitsmotivation.

Zahlreiche Studien belegen daher insgesamt einen positiven Zusammenhang von Ressourcen und Arbeitsmotivation (Crawford et al. 2010).

Tab. 9.2 zeigt die wesentlichen Aspekte bei Ressourcen und Ausrüstung.

Tab. 9.2 Wichtige Aspekte bei Ressourcen und Ausrüstung

Bereich im Arbeitsumfeld	Wichtige Aspekte
Ressourcen und Ausrüstung	– Verfügen die Mitarbeiter über die Informationen, die für ihre Aufgabe zentral sind und können unkompliziert darauf zugreifen? – Ist die Ausstattung mit Zeit (ohne dauernde Unterbrechungen), Personal, Technologie, Finanzen und Räumlichkeiten optimal? Hier schaden oft sowohl zu viel als auch zu wenig! – Sind die Abläufe weitgehend störungsfrei von Unterbrechungen, Bürokratie und starren Vorschriften und Strukturen?

Auch Rollenkonflikt schadet der Motivation von Mitarbeitern. Dazu der nächste Abschnitt.

9.3 Rollenkonflikt am Arbeitsplatz als Motivationshindernis

Ein typisches Motivationshindernis ist Rollenkonflikt am Arbeitsplatz. Dieser entsteht, wenn **inkonsistente Ziele und Erwartungen** bei Vorgesetzten, Kollegen, Untergebenen und Kunden bestehen (Rizzo et al. 1970). Das führt bei den Mitarbeitern zur Wahrnehmung, dass sie die Ziele nicht gleichsam erreichen können, unabhängig von ihrer Anstrengung (LePine et al. 2005). Es entsteht Verwirrung und es ist den Mitarbeitern dann in dieser Situation nicht möglich, klare Ziele und Wege zu diesen Zielen zu entwickeln. In der Folge bricht die Arbeitsmotivation ein (Crawford et al. 2010).

Tab. 9.3 zeigt die wesentlichen Aspekte für Rollenklarheit.

Tab. 9.3 Wichtige Aspekte für Rollenklarheit

Bereich im Arbeitsumfeld	Wichtige Aspekte
Rollenklarheit	– Gibt es klare Ziele für die einzelnen Mitarbeiter und ihre Arbeitsaufgaben? – Sind die Ziele kompatibel, die Mitarbeiter von verschiedenen Seiten bekommen? – Gibt es dort, wo unterschiedliche Interessen von außen auf Mitarbeiter einwirken, klare Regeln und Prioritäten für unterschiedliche Ziele?

Für den motivierenden Einsatz von Zielen, gibt es ein eigenes Kapitel (Kap. 14) in diesem Text, das dieses Thema nochmals vertieft behandelt.

Welche Bedeutung hat die Sicherheit des Arbeitsplatzes für die Motivation? Davon handelt der nächste Abschnitt.

9.4 Sicherheit des Arbeitsplatzes und Motivation

Ansätze wie befristete Arbeitsverhältnisse (etwa bei Junior-Professuren) oder Probezeiten dienen natürlich einerseits der Absicherung der Arbeitgeber – zum anderen sind damit aber oft Gedanken verbunden, das Engagement der betreffenden Mitarbeiter zu steigern. Nicht selten sind Verlängerungen ja an das Erreichen von Zielen geknüpft. „Wer ein befristetes Arbeitsverhältnis hat, wird sich mehr anstrengen, um die Verlängerung nicht zu gefährden!" So könnte die dahinter liegende rationale Erwartung lauten.

Diese Erwartung mag in manchen Fällen berechtigt sein, trifft aber – schaut man sich die Datenlage an – in der Regel nicht zu (z. B. Vander Elst et al. 2010; Rothmann und Joubert 2007). Tatsächlich scheinen eher **sichere Arbeitsverhältnisse** mit hoher Arbeitsmotivation der Mitarbeiter verknüpft zu sein (Crawford et al. 2010). Sicherheit kann insgesamt dazu beizutragen, dass Mitarbeiter langfristiger denken und planen und sich im Durchschnitt mehr engagieren. Sie fokussieren ihre Energie und Ressourcen dann auf die Arbeitsaufgaben und weniger auf ihre Arbeitsstelle und mögliche Alternativen.

Tab. 9.4 zeigt die wesentlichen Aspekte bei der Sicherheit des Arbeitsplatzes.

Der folgende Abschnitt zeigt, wie soziales Klima und Arbeitsmotivation zusammenhängen.

Tab. 9.4 Wichtige Aspekte bei der Sicherheit des Arbeitsplatzes

Bereich im Arbeitsumfeld	Wichtige Aspekte
Sicherheit des Arbeitsplatzes	– Sind die Mitarbeiter geschützt vor belasteten Gedanken und Verunsicherung über die Sicherheit ihrer Arbeitsstelle? – Bestehen, soweit möglich, sichere Arbeitsverhältnisse? – Wie viel Sicherheit kann man dort schaffen, wo Arbeitsverhältnisse nicht gänzlich sicher sein können?

9.5 Soziales Klima und Arbeitsmotivation

Jeder, der arbeitet, kennt die Auswirkungen des sozialen Umfeldes auf die eigene Arbeitsmotivation. In einem Umfeld mit **hohen Leistungsstandards** (vgl. Jackson 1965) und **starkem Zusammenhalt** passt man sich an und leistet mehr (Seashore 1954). Hier sind die Reaktionen der Teammitglieder auf Leistung positiv und **unterstützend**, was die Arbeitsmotivation fördert (Saks 2006; Gorter et al. 2008; Xanthopoulou et al. 2009). Abb. 9.2 zeigt symbolisch so ein unterstützendes Klima. Umgekehrt kennt man auch die Umfelder mit geringen Leistungsstandards – und sei es aus der Schulzeit mit der Sanktionierung von leistungsstarken Schülern als „Streber".

Ein weiterer wesentlicher Aspekt im sozialen Umfeld ist das **Gerechtigkeitsgefühl** (vgl. Colquitt et al. 2001). Mitarbeiter sollten das Gefühl haben, dass Aufgaben, Belastungen und Ressourcen fair und nachvollziehbar verteilt sind, damit die Arbeitsmotivation erhalten bleibt (z. B. Saks 2006; Siltaloppi et al. 2009).

Ist der Zusammenhalt hoch und das Gerechtigkeitsgefühl berücksichtigt, dann ist auch von einem geringeren **Konfliktniveau** im Team auszugehen. Das sorgt

Abb. 9.2 Ein unterstützendes Klima im Team motiviert die einzelnen Mitglieder. (© crazymedia / stock.adobe.com)

Tab. 9.5 Wichtige Aspekte beim sozialen Klima

Bereich im Arbeitsumfeld	Wichtige Aspekte
Soziales Klima	– Hat das Team hohe Leistungsstandards, ist hohe Leistung selbstverständlich? – Reagiert das Team positiv und unterstützend auf Leistung? – Welche Normen gelten für anderes relevantes Verhalten außer der Arbeitsleistung (z. B. soziale Umgangsformen und Kommunikation, Weiterbildung etc.)? Wie vertragen sich diese Normen im Team mit den Zielen der Führung? – Wie stark ist der Zusammenhalt im Team ausgeprägt? – Herrscht das Gefühl, dass es im Team gerecht zu geht? – Besteht ein Klima der menschlichen Wertschätzung? – Ist der Arbeitsalltag konfliktfrei?

zusätzlich dafür, dass die Arbeitsmotivation nicht eingebremst ist. Umgekehrt kann sonst ein Klima von Neid, Missgunst und das Gefühl mangelnder Wertschätzung die Motivation untergraben sowie Fehlzeiten und Fluktuation fördern.

Tab. 9.5 zeigt wichtige Aspekte beim sozialen Klima.

Ein eigenes Kapitel zu Teams, die Mitarbeiter motivieren (Kap. 11), vertieft die Bedeutung des sozialen Umfelds für die Motivation von Mitarbeitern.

Die Führungskultur ist ein wichtiger Treiber der Arbeitsmotivation. Dazu jetzt ein Einblick.

9.6 Führungskultur als Treiber der Arbeitsmotivation

All die bisher geschilderten Aspekte im Arbeitsumfeld hängen natürlich auch von den Führungskräften ab, die diese mitgestalten können und sollten. Darüber hinaus gibt es zahlreiche Forschungsergebnisse, die zeigen, wie Führungskräfte zusätzlich die Arbeitsmotivation beeinflussen können. Tab. 9.6 fasst diese Aspekte motivierender Führungskultur zusammen. Dazu gehören:

- Wirken als **Vorbild** in Verhalten und Arbeitseinstellung (vgl. Bandura 1969)
- Aufbau von engen und **vertrauensvollen Beziehungen** mit den Mitarbeitern (z. B. Dienesch und Liden 1986)
- aktives **Einfordern von Beiträgen** der Mitarbeiter (z. B. Nembhard und Edmondson 2006)

9.6 Führungskultur als Treiber der Arbeitsmotivation

Tab. 9.6 Wichtige Aspekte bei der Führungskultur

Bereich im Arbeitsumfeld	Wichtige Aspekte
Führungskultur	– Hat das Verhalten der Führungskräfte Vorbildcharakter? – Sind die Beziehungen zwischen den Führungskräften und Mitarbeitern eng und von Vertrauen geprägt? – Betonen Führungskräfte regelmäßig anspruchsvolle Leistungsziele? – Fordern sie aktiv Beiträge der einzelnen Mitarbeiter ein? – Nutzen die Führungskräfte Lob als Instrument professionell und regelmäßig? – Beherrschen die Führungskräfte transformationale Führung? Verstehen sie es, die Mitarbeiter für Aufgaben und Ziele zu begeistern? – Sorgen die Führungskräfte gemeinsam mit den Mitarbeitern für ein positives emotionales Klima am Arbeitsort?

- **Lob und Anerkennung** der Arbeitsleistung (z. B. Nembhard und Edmondson 2006)
- **Transformation** der Mitarbeiter zu ideologisierten Anhängern, die weit über das eigene individuelle Interesse hinaus für die Ziele des Unternehmens kämpfen (z. B. Bass und Riggio 2006)
- Herstellen eines positiven und motivierenden **emotionalen Klimas** im Team (z. B. Sonnentag et al. 2008)

Der Einfluss von Führung auf die Motivation der Mitarbeiter ist besonders stark. Daher stellt diesen gleich im Anschluss ein eigenes Kapitel zu Führung, die Mitarbeiter motiviert (Kap. 10), vertieft dar.

Praxistipps

Was Unternehmen und Führungskräfte tun können, um ein motivierendes Arbeitsumfeld zu schaffen zeigt dieses Kapitel. Die folgenden Kapitel vertiefen dann nochmal die Aspekte motivierender Führung und den Aufbau von motivierten Teams. Was ist sonst noch zu beachten?

Ein motivierendes **Arbeitsumfeld** ist nicht alles – aber **ohne ist alles nichts**. Ein schlechtes Umfeld demotiviert die besten Mitarbeiter und verhindert, dass selbst gut gestaltete Aufgaben ihr Motivationspotenzial entfalten können. Führungskräfte sollten daher unbedingt die in diesem Kapitel beschriebenen Aspekte optimieren.

Personalauswahl und -entwicklung ist wichtig: Das beste Arbeitsumfeld nützt natürlich wenig, wenn man die falschen Mitarbeiter ausgewählt hat und ihre motivationsrelevanten Eigenschaften nicht entwickelt (siehe dazu auch das Kap. 17 zu den Eigenschaften motivierter Mitarbeiter). Personalauswahl und -entwicklung nach Gesichtspunkten der Arbeitsmotivation und ein motivationsförderndes Arbeitsumfeld gehen also Hand in Hand, um erfolgreich zu sein. Fazit: Die richtigen Personen auswählen, diese gute entwickeln und ein tolles Klima für Arbeitsmotivation schaffen.

Motivierende Aufgaben entscheiden: Ist der Arbeitskontext optimiert und hat man die richtigen Mitarbeiter, dann geht es noch um die psychologische Optimierung der Arbeitsaufgaben (siehe dazu das Kap. 12 zur psychologischen Gestaltung von Arbeitsaufgaben). Zur Aufgabe gehören auch motivierende Ziele und wirksame Anreize, die danach geschaltet sind. Zu beidem folgen ebenfalls eigene Kapitel.

Sind alle diese Punkte beachtet – ein motivierender Arbeitskontext, eine Personalauswahl und -entwicklung nach Gesichtspunkten der Arbeitsmotivation und die motivierende Gestaltung der Arbeitsaufgaben –, dann kann Arbeitsmotivation sich voll entfalten (vgl. Xanthopoulou et al. 2009). Mit diesem Dreiklang können Führungskräfte eine wirklich durchschlagende Dynamik entfesseln.

Das nächste Kapitel vertieft einen hier bereits kurz angesprochenen Aspekt im Arbeitsumfeld, der vielleicht der entscheidendste ist: Die Führung. Diese nimmt besonders stark Einfluss auf die Motivation der Mitarbeiter, da sie einmal ganz direkt wirkt, zum anderen aber auch indirekt wirkt, da Führungskräfte alle anderen Aspekte, die Mitarbeiter motivieren, beeinflussen können – etwa die Arbeitsaufgaben, Ziele oder Anreize.

Führung, die Mitarbeiter motiviert 10

Wie sieht **motivierende Führung** aus? Darum geht es in diesem Kapitel. Zuerst folgt eine Diskussion, wie Führung sich allgemein auf Motivation auswirkt. Danach stellt der Text zwei Perspektiven auf Führung vor, die ganz besonders zur Motivation der Mitarbeiter beitragen: Transformationale Führung und charismatische Führung.

10.1 Führung und Motivation

Zunächst einmal zur Frage, was Führung überhaupt bedeutet (Becker 2015):

> Führung ist die zielgerichtete Beeinflussung des Erlebens und des Verhaltens von Einzelpersonen und von Gruppen innerhalb von Organisationen.

Diese **zielgerichtete Beeinflussung** läuft letztendlich meist über Motivation. Führung und Motivation sind zwar nicht das Gleiche aber erfolgreiche Führung ohne Motivation ist schwer vorstellbar. Beide Themen – **Führung und Motivation** – sind damit **sehr eng verbunden**.

Letztendlich nehmen Führungskräfte natürlich auf alle in diesem Text angesprochenen Aspekte Einfluss und können darüber einen Beitrag zur Motivation der Mitarbeiter leisten. **Führungskräfte haben einen entscheidenden Anteil** an der motivierenden Gestaltung des Arbeitsumfeldes. Sie können Motivationshindernisse verringern, wie Konflikte, Bürokratie oder mangelnde Ressourcen. Und sie können Motivationstreiber fördern, wie die Entwicklung der Mitarbeiter oder ein gutes Klima und Zusammenhalt am Arbeitsplatz. Darüber hinaus können Führungskräfte dazu beitragen, dass es klare und motivierende Ziele gibt, Aufgaben motivierend sind und wirkungsvolle Anreizsysteme bestehen. Diese Reihe an Möglichkeiten für Führungskräfte, die Arbeitsmotivation zu beeinflussen, ließe sich beliebig fortsetzen. Kurzum – es gibt keinen Bereich der Mitarbeitermotivation, den Führungskräfte nicht mitgestalten können. Und es gibt unzählige **Führungsinstrumente**, die Einfluss auf die Motivation nehmen, wie etwa Zielvereinbarungen, Lob und Anerkennung oder eine wertschätzende Rückmeldung, wie ein Projekt gelaufen ist.

Entsprechend katastrophal sind die Auswirkungen, wenn Führung ausbleibt, denn dann entfallen all diese positiven Möglichkeiten, auf die Arbeitsmotivation einzuwirken. Noch schlimmer wird es, wenn Führungskräfte für die Arbeitsmotivation schädigende Maßnahmen aktiv ergreifen – Bürokratie aufbauen, Unsicherheit bei Mitarbeitern hervorrufen, entscheidende Ressourcen wegrationalisieren usw. Dies macht hohe Arbeitsleistung unmöglich, bremst dann sogar die engagiertesten Mitarbeiter und fördert ihre Entfremdung von der Arbeit.

Dieses Kapitel soll aber natürlich nicht alle anderen Kapitel zusammenfassen und kurz bei jedem Thema erwähnen, dass hier auch die Führungskraft wichtig ist. Daher konzentriert sich der weitere Text auf **zwei modernere Perspektiven der Führung**, die in ganz besonderem Maße dazu beitragen, dass Mitarbeiter motiviert sind: **Transformationale Führung** und **charismatische Führung** (Shamir et al. 1993; Judge und Piccolo 2004). Der nächste Abschnitt stellt transformationale Führung vor.

10.2 Transformationale Führung

Ein Ziel von Führung ist mittlerweile in manchen Unternehmen die **Transformation der Geführten**, man spricht von transformationaler Führung (Becker 2015). Diese strebt an, dass sich Mitarbeiter anstatt nur von äußeren Anreizen (etwa der Bezahlung) aus innerer Verbundenheit für die Organisation und deren Ziele einsetzen. Wie die Abb. 10.1 (vgl. Becker 2015) zeigt, konzentriert sich transformationale Führung nicht direkt auf klassische Ziele wie die Arbeitsleistung der Mitarbeiter – transformationale Führung konzentriert sich auf die Mitarbeiter selbst, auf ihre **Veränderung hin zu begeisterten Anhängern**.

Mit derartig transformierten Mitarbeitern lassen sich dann letztendlich auch **überlegene Ergebnisse** erzielen. So zeigen Mitarbeiter, die transformational geführt werden,

10.2 Transformationale Führung

Abb. 10.1 Transformation als Ergebnis von Führung. (Becker 2015)

- eine höhere Arbeitsmotivation (Aryee et al. 2012),
- mehr Kreativität (Shin und Zhou 2007),
- Engagement über den eigenen Tätigkeitsbereich hinaus (Sosik 2005),
- stärkeres Vertrauen in und höhere Zufriedenheit mit der Führungskraft (Podsakoff et al. 1990),
- ein höheres Commitment (Barling et al. 1996),
- höhere Leistung als traditionell geführte Mitarbeiter (z. B. MacKenzie et al. 2001; Gong et al. 2009; Avolio 2010) und
- verbesserte Leistung auf Teamebene (Lim und Ployhart 2004).
- Transformationale Führung des CEO hängt wiederum positiv mit der Leistung von kompletten Organisationen zusammen (Colbert et al. 2008).

Das alles erfordert Führungskräfte, die ihre Geführten für das Unternehmen und dessen Ziele begeistern können und einen besonderen Einfluss auf diese Personen ausüben. Dabei wirken transformationale Führungskräfte mit **vier zentralen Ansatzpunkten** auf die **Motivation** der Mitarbeiter (Bass 1985; Bass und Riggio 2006; Moss 2009):

- **Inspirierende Motivation**. Transformationale Führung arbeitet mit **emotionalisierenden und ambitionierten Visionen** der Zukunft. Mitarbeiter empfinden ihre Arbeit dann als bedeutsamer und haben eine höhere Motivation (Bono und Judge 2003). Ein Paradebeispiel für diesen Ansatz ist Elon Musk, der mit seinen Traumwelten bei Tesla, Hyperloop und anderen Unternehmen nicht nur Mitarbeiter begeistert und motiviert. Er schaffte es auch, dass Investoren immer wieder Milliardenbeiträge bereitgestellt haben – für äußerst ambitionierte Projekte, die normalerweise als unerreichbar gelten.
Zur inspirierenden Motivation gehören auch hohe **Leistungserwartungen**, die deutlich über das hinausgehen, was für gewöhnlich als erreichbar gilt und **Vorbildverhalten** (Podsakoff et al. 1990).

- **Idealisierter Einfluss**. Transformationale Führung vermittelt Bedeutsamkeit und Sinn hinter einer Tätigkeit, über den simplen Eigennutz der Mitarbeiter hinaus (May et al. 2004). Dazu gehört etwa die **Ideologie** von religiösen oder politischen Bewegungen. Auch Führungskräfte in der Wirtschaft sind gefordert, eine kollektiv sinnstiftende Beschreibung der Tätigkeit zu entwickeln, die Mitarbeiter emotional anspricht und zu hoher Identifikation und Motivation führt (Babcock-Roberson und Strickland 2010). Ein Beispiel für so eine Idealisierung ist der Claim „Make America Great Again" aus der Wahlkampagne von Donald Trump. Statt nur an den Eigennutz der Wähler zu appellieren, hat man so die America First-Politik ideologisch gerechtfertigt und aufgewertet.
- **Intellektuelle Stimulierung**. Um die tiefgreifenden Veränderungen im Denken der Mitarbeiter zu erreichen, regt transformationale Führung immer wieder dazu an, bestehende Denkmodelle, Normen und **Sichtweisen in Frage zu stellen**. Auch hier ist Elon Musk ein illustratives Beispiel, indem er es schafft, Menschen von ihren Gewissheiten, was möglich ist, zu befreien – sei es bei Autos (Tesla), Raumfahrt (SpaceX) oder Bahnverkehr (Hyperloop, siehe Abb. 10.2). So öffnen sich die Mitarbeiter für neue und unbekannte Visionen und ideologische Veränderung und Einflussnahme. Vielen Mitarbeitern und Geldgebern erscheint es dann auf einmal nicht mehr unerreichbar, dass Menschen auf dem Mars leben – sondern eher verrückt, dass man noch nicht seit langer Zeit Mond und Mars besiedelt hat.
- **Individuelle Berücksichtigung**. Transformationale Führung **berücksichtigt den einzelnen Mitarbeiter**, seine Gefühle und Motive – und seine Entwicklung. Damit beachtet sie die Tatsache, dass Menschen unterschiedlich sind (z. B. in ihren Emotionen, Motiven und Fähigkeiten) und ist in der Lage, mehr Leistung zu entfesseln.

Diese Auflistung macht klar, dass transformationale Führung aus einer Mischung an verschiedenen sinnvollen Maßnahmen besteht. Ein gemeinsames Ziel vereint diese Maßnahmen: Das Denken, die Emotionen und letztendlich die Motivation der Mitarbeiter tiefgreifend zu verändern.

Kann und sollte transformationale Führung klassische Führungsansätze ersetzen? Darum geht es im nächsten Abschnitt.

Abb. 10.2 Elon Musk schaffte es als Gründer von Tesla, SpaceX und weiteren Firmen, Investoren und Mitarbeiter für seine Visionen zu begeistern – unter anderem plant er Hochgeschwindigkeitszüge in Vakuumröhren. (© malp / stock.adobe.com)

10.3 Transaktionale und transformationale Führung im Wechselspiel

Sollte man also voll auf transformationale Führung bauen und klassische Führungsansätze einstellen? In Veröffentlichungen hat man nicht selten transformationale Führung und transaktionale Führung als entweder–oder gegenübergestellt (z. B. Bycio et al. 1995). Oft in der Annahme, dass mit dieser überlegenen Art zu führen, materielle Anreize überflüssig sind. Diese entweder-oder Perspektive ist überholt, sogar schädlich (Schriesheim et al. 2006). Tatsächlich spricht nichts dagegen, **gleichzeitig** wirksame materielle Anreizsysteme einzusetzen und transformational zu führen (Wang et al. 2011).

Tab. 10.1 stellt transaktionale und transformationale Führung gegenüber. Sie zeigt die Stärken und das **Einsatzspektrum** der jeweilige Ansätze.

Tab. 10.1 Gegenüberstellung – transaktionale und transformationale Führung

Transaktionale Führung	Transformationale Führung
Tausch-Gedanke: Betrachtet Führung als Tauschbeziehung (Belohnung gegen Leistung – daher der Begriff transaktionale Führung), berücksichtigt dabei die vorhandenen Motive und Interessen der Mitarbeiter.	Veränderungs-Gedanke: Betrachtet Führung als Einflussnahme, verändert die Mitarbeiter.
Spricht Mitarbeiter rational an.	Spricht Mitarbeiter emotional an.
Lässt den Mitarbeiter als Menschen wie er ist und versucht gemeinsame Interessen zu finden und für die Motivation zu nutzen.	Versucht Mitarbeiter zu begeisterten Anhängern zu wandeln.
Betont Aufgabenstrukturen mit klaren und transparenten Zielen und Leistungsanforderungen.	Setzt auf übergreifende emotionale Visionen und Ideologie, um Mitarbeiter zu binden und zu begeistern.
Setzt auf attraktive Anreize, die Mitarbeiter dann erhalten, wenn sie die Ziele erreichen (Tausch-Gedanke).	Verändert das Denken der Mitarbeiter, so dass auch sehr ambitionierte Ziele erreichbar scheinen.
Eignet sich besonders bei Arbeitstätigkeiten, die wenig Raum für Kreativität und Freiraum bieten (Wang et al. 2011).	Eignet sich besonders bei Arbeitstätigkeiten, die viel Kreativität und Selbständigkeit erfordern (Wang et al. 2011).
Wirkt vor allem bei den zentralen Arbeitsaufgaben (Wang et al. 2011), da diese eher klar definiert und messbar sind. Hier können Führungskräfte Anreize gut einsetzen.	Wirkt insbesondere über die zentralen Arbeitsaufgaben hinaus (Wang et al. 2011). Diese Verhaltensweisen sind oft nicht klar vorgegeben, werden nicht gemessen und incentiviert. Sie brauchen daher inneren Antrieb. Dafür sorgt die Transformation der Mitarbeiter.
Führt zu den stärksten Effekten, wenn es darum geht, die Leistung einzelner Mitarbeiter zu motivieren (Wang et al. 2011). In Teams lässt sich die Leistung schwieriger einzelnen Mitarbeitern zuordnen und belohnen.	Greift besonders gut, wenn man die Leistung ganzer Teams oder Organisationen steigern möchte (Wang et al. 2011).

Fazit: Beide Ansätze der Führung kann und sollte man **parallel einsetzen**, um die volle Wirkung zu erreichen (Wang et al. 2011), wie Abb. 10.3 zeigt

Je nach Situation, gilt es dabei den Schwerpunkt auf den ein oder anderen Ansatz zu legen. Insgesamt erfordert transformationale Führung einen geringeren Aufwand bei der Implementierung, wirkt breiter und sofort in neuen Verhaltensbereichen. Ihre Bedeutung steigt weiter durch zunehmende Teamarbeit und hochqualifizierte Tätigkeitsprofile. Insofern sollte man hier nicht sparen.

10.3 Transaktionale und transformationale Führung im Wechselspiel

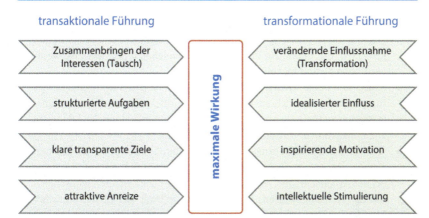

Abb. 10.3 Maximale Wirkung mit parallelem Einsatz von transaktionaler und transformationaler Führung

Es liegt aber auf der Hand, dass bei einer Transformation von Geführten **ethische Fragen** auftreten. Die Transformation eines Mitarbeiters zum innerlich überzeugten Anhänger stellt schließlich einen tiefgehenden persönlichen Eingriff dar. Darauf gehen auch die folgenden Praxistipps ein.

> **Praxistipps**
> Transformationale Führung fasst ein wirkungsvolles Set an Maßnahmen zusammen. Sie erweitert die Perspektive von der klassischen Tausch-Perspektive „Geld gegen Leistung", der transaktionalen Führung.
>
> - Transformation und Transaktion – beides sollte **parallel** stattfinden. Jeder der Führungsansätze hat unabhängig vom anderen sehr deutliche positive Zusammenhänge mit der Arbeitsleistung (Derue et al. 2011). In der Kombination sind daher die stärksten Effekte zu erwarten (Vecchio et al. 2008), denn jeder Ansatz kann so seine spezifischen Wirkungen auf die Mitarbeiter entfalten (Wang et al. 2011).
> - Mit einer Transformation der Mitarbeiter sind zahlreiche für Führungskräfte **sehr positive Wirkungen** verbunden. Insbesondere wünschenswertes Verhalten, das über die Arbeitsaufgabe hinausgeht, profitiert von transformierten Mitarbeitern – etwa die positive Berichterstattung im so-

zialen Umfeld über das Unternehmen oder Engagement in freiwilligen Projekten. Ein Grund ist, dass in diesen Bereichen typischerweise weniger Kontrolle und Incentivierung stattfindet.
- Auch, wenn man **Teams** führt oder Aufgaben von den Mitarbeitern viel Eigeninitiative und Kreativität erfordern, sollte man verstärkt auf transformationale Führung setzen. Sie ist hier jeweils etwa doppelt so wirksam wie transaktionale Ansätze (Wang et al. 2011).
- Alles in allem scheint transformationale Führung **breiter zu wirken** und zu motivieren als transaktionale Führung: Sie steht für Leistung, nicht nur bei der Arbeitsaufgabe, sondern auch bei sämtlichen anderen wünschenswerten Verhaltensweisen. Ebenso wirkt sie breit auf Ebene einzelner Mitarbeiter, Teams und gesamter Organisationen.

Führungskräfte sollten sich bewusst machen, inwieweit sie gezielt eine Transformation von Mitarbeitern erreichen können und wollen. Die Führungsinstrumente für eine Transformation der Mitarbeiter sind oftmals klar dem Bereich der **Manipulation** zuzuordnen (z. B. idealisierter Einfluss oder intellektuelle Stimulierung). Das wirft **ethische Fragen** auf, denen sich Führungskräfte und Unternehmen stellen sollten. – Wie weit wollen Sie gehen, um maximale Ergebnisse zu bekommen?

Die Transformation von Mitarbeitern steht in engem Zusammenhang mit dem Charisma der Führungskraft. Davon handelt der nächste Abschnitt.

10.4 Charismatische Führung

Im Kontext von Transformation taucht oft auch der Begriff der charismatischen Führung auf (Becker 2015). **Charismatische Führung** ist dabei unabhängig von einer moralischen und subjektiven Wertung. Man wird diese Eigenschaften Mahatma Gandhi ebenso wie Adolf Hitler oder Osama Bin Laden zuschreiben. Diese Führungspersönlichkeiten haben starken Einfluss auf ihre Anhänger ausgeübt, und zwar fernab rein materieller Anreize. Sie haben ihre Anhänger transformiert, aus innerer Überzeugung das gewünschte Verhalten zu zeigen. Das führt auch zur Beobachtung, dass charismatische Personen meist stark polarisieren. Es gibt oft begeisterte Anhänger ebenso wie erbitterte Ablehner.

10.4 Charismatische Führung

Es stellte sich die Frage: Was macht diese Führungskräfte besonders? Folgende **Aspekte** stehen im Zusammenhang mit charismatischen Führungspersonen (z. B. Conger und Kanungo 1987; Shamir et al. 1993):

- **Starke kommunikative Fähigkeiten.** Charismatische Personen können sich extrem gut auf die Zielgruppen einstellen, mit denen sie zu tun haben, und finden die richtigen Worte und Symbole in der Kommunikation. So war etwa Steve Jobs, der Mitgründer und langjährige Chef von Apple, berühmt für seine Reden und Auftritte bei der Präsentation neuer Produkte auf Großveranstaltungen.
- **Eine klare Vision.** Charismatische Führungspersonen haben eine klare Vorstellung von der Zukunft der Organisation und können diese präzise und anschaulich darstellen. Ein Beispiel ist die bekannte Rede von Martin Luther King Jr.: „I have a dream ..."
- **Ansprechen von Emotionen der Geführten.** Der starke Einfluss charismatischer Führungspersonen beruht auch darauf, dass sie weniger die rationalen Motive und Gedanken und umso mehr die Emotionen ansprechen. Das geht oft auch über emotionale Ansteckung (z. B. Barsade 2002) – die eigene Emotion strahlt aus, auf die Menschen im Umfeld. Alte Aufnahmen von Adolf Hitler zeigen eindrucksvoll, wie er sich emotional in Rage redet und diese Emotion zu seinen Zuhörern transportiert.
- **Großes Selbstvertrauen.** Das tiefe Vertrauen in die eigenen Überzeugungen und Fähigkeiten strahlt aus. Es hilft Führungskräften dabei, andere Menschen zu überzeugen. Mitunter führt es aber zu (zumindest von außen betrachtet) völlig unrealistischen Zielvorstellungen und Unternehmungen.
- **Symbolisches Verhalten.** Bei sehr einflussreichen Persönlichkeiten sind häufig Gesten zu beobachten wie Verzicht auf das Gehalt in Krisenzeiten oder extreme Auftritte, um die Firma zu vermarkten. Dabei setzen sie bewusst ihre Vorbildfunktion ein, um Zeichen zu setzen; ganz nach dem Motto: „Wie willst du ein Feuer entzünden, das in dir selbst nicht brennt?" Aus Protest gegen das brutal durchgesetzte Monopol Englands auf das lebensnotwendige Salz (mit dem immense Steuereinnahmen erzielt wurden), ging etwa der Inder Mahatma Gandhi im sogenannten Salzmarsch nahezu 400 km zu Fuß, um symbolisch Salz am Strand zu holen.
- **Hohe Erwartungen an die Geführten.** Charismatische Führungskräfte richten hohe Leistungserwartungen an die Geführten und zeigen Optimismus, dass diese die Ziele erreichen können – und sei es mit Sommerausrüstung im Winter einen Krieg gegen Russland zu gewinnen.

Die genannten charismatischen Aspekte sind offenbar teilweise angeboren. Getrennt aufgewachsene eineiige Zwillinge haben vergleichbare Ergebnisse, wenn man ihre charismatischen Eigenschaften misst. Charismatische Führungspersönlichkeiten sind zudem meist extrovertiert und haben ein ausgeprägtes Selbstbewusstsein (vgl. z. B. House und Howell 1992).

> **Praxistipps**
> Jede Führungskraft hat zu einem gewissen Grad charismatische Eigenschaften, die eine kaum, die andere mehr. Charismatische Eigenschaften können die Wirksamkeit der Führung deutlich verstärken.
>
> - Charismatische Eigenschaften lassen sich in gewissem Umfang **erwerben**, wie Experimente zeigen. Eine Hälfte von Führungskräften bekam Training, charismatisches Verhalten zu zeigen, die andere Hälfte nicht. Teams mit den trainierten Führungskräften zeigten darauf bessere Leistungen (Conger und Kanungo 1988). Führungskräfte können gezielt kommunikative Kompetenzen trainieren, insbesondere Visionen zu formulieren, Emotionen anzusprechen, Tätigkeiten zu ideologisieren und hohe Erwartungen an die Anhänger zu zeigen.
> - Allerdings scheint die **Situation** nicht immer einen charismatischen Stil zu begünstigen. In schwierigen und von Unsicherheit geprägten Situationen ist die Akzeptanz für charismatische Führungspersonen wesentlich größer. Zudem scheint es notwendig, dass die Ziele einer Organisation eine ideologische Komponente bekommen, damit diese Art von Führung funktioniert. Eine wichtige Frage in der Praxis ist daher: „Wie können wir das, was wir hier tun, ideologisch aufwerten?"
> - Charismatische Führungspersonen sind auch ein **Risiko**. Es besteht die Gefahr, dass sie die Ziele und Vorteile der Organisation aus den Augen verlieren und ihre eigenen Ziele über das vorgefundene System stülpen. Das zeigt nicht nur ein Blick in die Geschichte (z. B. Adolf Hitler) und auf die Anführer bestimmter Sekten (z. B. Jim Jones, der hunderte seiner Anhänger überzeugte, sich selbst zu vergiften), sondern auch Studien zu Unternehmen und deren Führungspersonen (vgl. Collins 2001).

Es gibt die **Diskussion**, ob charismatische Führung und transformationale Führung dasselbe sind. Die beste Antwort ist vermutlich, dass Charisma eine wichtige Basis für transformationale Führung ist. Die Transformation von Menschen gelingt

10.4 Charismatische Führung

charismatischen Führungspersonen wesentlich besser. Sie haben mehr Überzeugungskraft, wenn es darum geht, Visionen zu vermitteln, Ideologie zu verankern und gewohntes Denken zu verändern.

Das nächste Kapitel zeigt, warum das soziale Umfeld der Motivation oft schadet und wie Teams ein wirksames Instrument zur Motivation von Menschen werden.

Teams, die Mitarbeiter motivieren 11

Wie können Teams die Mitarbeiter motivieren? Hier sind insbesondere drei Aspekte bedeutsam: **Soziale Normen**, die in einem Team gelten, der **Zusammenhalt** in Teams und der Einfluss von **Vorbildern** in Teams. Davon handelt dieses Kapitel.

Andere Personen im Team beeinflussen den Einzelnen und sein Verhalten. So motiviert ein leistungsorientiertes Umfeld den Einzelnen zu mehr Leistung. Anders geht es, wenn das Umfeld Leistung ablehnt. Dann ist man der Streber und wird sanktioniert. Das gilt am Arbeitsplatz genauso wie schon in den Schulklassen.

Um diese sozialen Mechanismen, und wie diese zur Motivation von Mitarbeitern beitragen können, geht es im nächsten Abschnitt.

11.1 Motivation durch soziale Normen im Team

Soziale Normen regeln das Verhalten in Teams und **sozialisieren neue Mitglieder**. Eine soziale Norm beschreibt letztendlich, welches Verhalten die Mitglieder in einem Team voneinander erwarten. Keiner möchte gerne von den Normen abweichen, denn Abweichungen werden mit negativen Reaktionen sanktioniert. Wer die Normen im Team erfüllt, erfährt dagegen Zustimmung und positive Reaktionen. Damit wirken die in einem Team ausgeprägten Normen **stark motivierend** und schlagen auf das konkrete Verhalten der Mitglieder und damit auf die Ergebnisse durch – beispielsweise auf Kundenzufriedenheit, wie Abb. 11.1 zeigt.

Abb. 11.1 Normen im Team bestimmen auch, wie Mitarbeiter mit Kunden umgehen. (© gstockstudio / stock.adobe.com)

Letztendlich regeln Normen jedwedes Verhalten in Teams. Bei der **Auswirkung** dieser Normen in Teams ist damit einerseits zu denken an

- **Arbeitsleistung** aber auch an andere Aspekte wie
- **Kreativität** – mit dem entsprechenden Output an Ideen als Ergebnis (Gilson und Shalley 2004),
- **Lernen** und Lerntransfer (Smith-Jentsch et al. 2001),
- **Kundenorientierung** mit dem Ergebnis Kundenzufriedenheit (Schneider et al. 2005) oder
- **Arbeitssicherheit** mit Auswirkungen auf die Rate von Arbeitsunfällen (Zohar 2000).

Es ist also alles andere als egal, welche Normen für das Verhalten in einem Team gelten. Für Führungskräfte bedeutet dies, dass die Normen in ihren Teams und im Umfeld von ihren Mitarbeitern ein **wichtiges Handlungsfeld** sind. Überlassen sie diese Normen sich selbst, dann läuft Motivation oft in die falsche Richtung, das soziale Umfeld arbeitet dann im ungünstigen Fall gegen die Führungskraft und die Ziele des Unternehmens. Sind soziale Normen aber zweckmäßig ausgeprägt, dann sorgt die Einbindung eines Mitarbeiters in ein Team automatisch dafür, dass gewünschtes Verhalten zunimmt und unerwünschtes Verhalten abnimmt.

Wie funktionieren soziale Normen genau und wie lassen sie sich gestalten? Das zeigt der nächste Abschnitt.

11.2 Eigenschaften von sozialen Normen

Bei Normen sind einige Aspekte zu beachten (vgl. Jackson 1965), die Abb. 11.2 darstellt.

Diese wichtigen **Aspekte von Normen** sind im Einzelnen:

Sozialisation von Verhalten. Normen können **sämtliches Verhalten sozialisieren**, das in einem Team stattfindet. Sie können vom äußeren Erscheinungsbild über die soziale Interaktion bis hin zur Verteilung von Ressourcen alles betreffen und regulieren. So wird man als Beispiel für Normen des äußeren Erscheinungsbildes bei Automobilkonzernen in den Arbeitsgruppen der Ingenieure und Informatiker meist eher legerere Kleidung vorfinden als bei den Betriebswirten. Auch bei der Vertei-

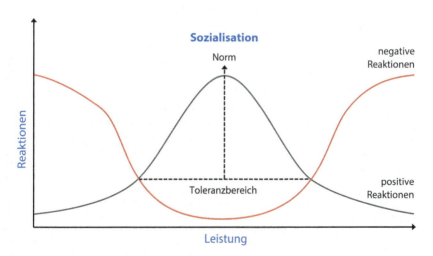

Abb. 11.2 Normen und Sozialisation. (Becker 2016, S. 71)

lung von Ressourcen wie Gehalt gibt es in Teams verschiedene Ansätze. In einer Abteilung gilt eher das Prinzip der Leistung, in einer anderen Abteilungen wird eher auf die Seniorität der Mitarbeiter geachtet und derjenige, der schon länger dabei ist, erhält mehr – und sei es dadurch, dass der Vorgesetzte ihm vordergründig eine bessere Leistungsbeurteilung ausstellt, um die Norm zu erfüllen.

Sozialisation von Einstellungen und Meinungen. Neben den beobachtbaren Verhaltensweisen wirkt sich der Uniformitätsdruck auch auf **Einstellungen und Meinungen** aus. Personen mit abweichender Meinung werden dann sanktioniert, wenn dies im Verhalten sichtbar wird oder auch nur durch das Unterlassen von Verhaltensweisen zu vermuten ist. In der Folge trauen sich Mitglieder mit abweichenden Meinungen nicht mehr, diese zu äußern und es entsteht ein Gruppendenken (Rose 2011).

Toleranzbereich und Reaktionen. Normen besitzen generell einen **Toleranzbereich** (vgl. Jackson 1965). Je nachdem, ob ein Verhalten innerhalb dieses Toleranzbereiches liegt und wie weit das Verhalten ggf. von diesem Toleranzbereich abweicht, erfolgen **Reaktionen**. Erfüllt ein Teammitglied die Norm, wird es mit positiven Reaktionen belohnt (z. B. Lob), was die Arbeitsmotivation steigert (Bakker et al. 2007). Liegt ein Teammitglied allerdings über der Norm oder auch darunter, erfolgen Sanktionen von den übrigen Teammitgliedern (z. B. unfreundliche Blicke und Kommentare oder soziale Meidung). Interessant ist hier besonders, dass auch derjenige Sanktionen erhält, der mehr als die Norm leistet. Ein anschauliches Beispiel sind Schulklassen, in denen Leistungsstarke oftmals als Streber Sanktionen erfahren – ähnliches zeigt sich mitunter am Arbeitsplatz in den Teams.

Herstellen von Konformität. Diese positiven oder negativen sozialen Reaktionen wirken stark motivierend. Mitarbeiter wollen sich innerhalb des Toleranzbereiches ihrer Teams verhalten, um Zustimmung zu erfahren und negative Reaktionen zu vermeiden. Normen führen daher zur **Konformität des Verhaltens in Teams**. Das hat für die Mitglieder den Vorteil der Berechenbarkeit und Verlässlichkeit bei der Zusammenarbeit.

Teams können sich bei Normen auch darin **unterscheiden**, ob sie vorwiegend mit Belohnung und Zustimmung oder überwiegend mit Sanktionen auf Abweichungen reagieren. Als positive oder negative Reaktion kann dabei alles erfolgen, was die Mitglieder im Team als belohnend oder bestrafend erleben. Teams erweisen sich hier als sehr phantasievoll. In einem Studiengang in Bayern tragen beispielsweise alle Studierenden ab einem gewissen Semester einen schwarzen Hut – das ist eine

11.2 Eigenschaften von sozialen Normen

Norm, wer den Hut vergisst, muss einen Tag lang einen „Hut der Schande" tragen, um weiterer Ausgrenzung zu entgehen.

> **Praxistipps**
> Wie sollten Führungskräfte mit Normen umgehen?
>
> - Normen bestimmen maßgeblich das Verhalten im Team – und das in fast allen Bereichen. Im Kap. 2 zur Motivation von Verhalten in der Praxis befindet sich ein Überblick zu Verhaltensbereichen, die in der Praxis oft relevant sind. Um richtig zu motivieren, sollten Führungskräfte deshalb aufmerksam sein und genau **analysieren**. Welche Normen bestehen in wichtigen Verhaltensbereichen? Sind die vorgefundenen Normen förderlich für die Ziele und Arbeitsaufgaben? Wenn nicht, gilt es zu handeln.
> - Normen haben auch **Schattenseiten**. So hat sich ein bedeutender Einfluss von Normen auf antisoziales und **unerwünschtes Verhalten** gezeigt – wie Diebstahl oder Mobbing. Ein Beispiel mit einer Schule in einem sozialen Brennpunkt: Es ist zur Norm geworden, die Hausaufgabe nicht zu machen. Der Unterricht startet erst 10 Minuten nach dem eigentlichen Beginn, da dann erst alle von der Pause zurück und halbwegs befriedet sind. Leistungs- und Lernziele werden kollektiv abgelehnt. Wer den Unterricht stört und Lehrer provoziert, erfährt hohen sozialen Status und definiert dann aus dieser Position die sozialen Normen. Die vorhandenen unerwünschten Normen in den Schulklassen sozialisieren neue Mitglieder „nach unten", wenn das System erst einmal gekippt ist. Fazit: Normen sind also auch ein zentraler Zugang, um unerwünschtes Verhalten zu steuern.
> - Normen führen zu Konformität und Stabilität im Verhalten und sind daher häufig ein Hindernis bei Veränderungen. Möchte man Innovation und Wandel, dann gelingt es idealerweise, **Veränderung selbst als Norm** zu vermitteln. Veränderung ist dann normal. Wer sich nicht verändern möchte, den sanktioniert das Team. Wer dagegen mitmacht, der erhält positive Reaktionen und wird damit motiviert.

Der nächste Abschnitt behandelt die Bedeutung des Zusammenhaltes im Team für die Motivation.

11.3 Motivation durch Zusammenhalt im Team

Wie hängen Teamzusammenhalt und Motivation zusammen? Ein zentraler Aspekt ist hier, dass **Normen mit dem Zusammenhalt (Kohäsion) in Teams im Wechselspiel** stehen (z. B. Stogdill 1972), wie Abb. 11.3 zeigt. Normen führen besonders innerhalb von Teams mit hohem Zusammenhalt zu Konformität, denn hier möchte man Mitglied sein und bleiben und passt sich daher besonders an. Bei Teams mit geringem Zusammenhalt, sind Normen dagegen entsprechend wenig einflussreich – die Anerkennung oder Ablehnung der anderen ist für das einzelne Teammitglied hier einfach nicht so wichtig.

In Abb. 11.3 liegt der Fokus auf der Teamleistung, denn diese ist besonders wichtig in der Praxis. Leistung kann natürlich je nach Team einen ganz anderen Fokus haben: So wird etwa bei einer Schulklasse die Leistungsnorm im Lernen und bei Schulnoten liegen, bei Anhängern von Sekten in der Akquise neuer Mitglieder. Dennoch gilt das gleiche Prinzip: Die Einstellungen und das Verhalten der Teammitglieder passen sich bei hoher Teamkohäsion besonders an die Normen an, die Unterschiede zwischen Mitarbeitern verschwinden. Folglich ist die Leistungsmotivation in Teams am höchsten, wenn es eine hohe Leistungsnorm und eine hohe Kohäsion gibt. Kohäsion ist aber ein zweischneidiges Schwert. Die niedrigste Leistungsmotivation zeigt sich ebenfalls bei Teams mit hohem Zusammenhalt. Und

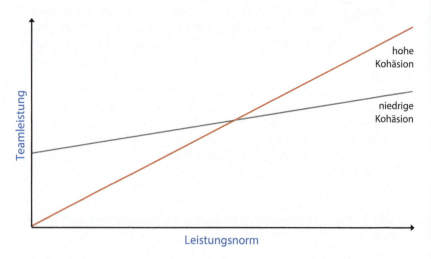

Abb. 11.3 Leistungsnormen, Kohäsion und Leistung. (Becker 2016, S. 72)

11.3 Motivation durch Zusammenhalt im Team

zwar immer dann, wenn gleichzeitig die Leistungsnormen gering ausgeprägt sind. Es gibt dann eben besonderen sozialen Druck auf die Teammitglieder wenig zu leisten. Ein Extrembeispiel für ein Team mit hohem Zusammenhalt und niedrigen Leistungsnormen ist eine Meuterei – die Mannschaft stellt sich geschlossen gegen die Ziele der Führungskraft.

Fazit: Je höher Leistungsnormen bei hoher Kohäsion sind, desto größer also auch die Leistungsmotivation (Berkowitz 1954; Seashore 1954; Stogdill 1972). Hier herrscht oft ein Klima der Unterstützung und Ermutigung, das die Arbeitsmotivation fördert (Saks 2006; Gorter et al. 2008; Xanthopoulou et al. 2009). Die geringsten Leistungen findet man dagegen in Teams mit hoher Kohäsion und geringen Leistungsnormen. Wenn die Leistungsnormen niedrig sind, dann ist für die Teamleistung sogar eine geringe Kohäsion besser als eine hohe Kohäsion.

> **Praxistipps**
> Wie sollten Kohäsion und Normen im Wechselspiel gestaltet werden?
>
> - Zentral ist folgender Leitgedanke: **Zusammenhalt ist nur gut, wenn die Normen stimmen** – ansonsten schadet Kohäsion sogar der Motivation. Sind die Normen wie gewünscht, dann ist es natürlich sinnvoll, den Zusammenhalt im Team zu steigern.
> - Sind bereits **niedrige Leistungsnormen** in einem Team installiert, ist das ein Problem für die Motivation. Dann werden die neuen Mitglieder „nach unten" sozialisiert. Auch hier mag das Bild einer Schule in einem sozialen Brennpunkt als anschauliches Beispiel zur Illustration dienen: Kinder aus der Mittelschicht werden in solchen Umfeldern häufig von den Normen der Unterschicht sozialisiert, was sich in der Sprache, im Sozialverhalten und den Leistungen niederschlägt. Ähnliches sollte in wirtschaftlichen Organisationen auf jeden Fall vermieden werden. Eine weitere Förderung des Zusammenhaltes wäre hier genau das Falsche. In diesen Fällen kann es sogar sinnvoll sein, die Kohäsion in einem Team zu senken oder das Team aufzulösen und in neuer Zusammensetzung aufzubauen – diesmal entlang von hohen Leistungsnormen.
> - Zudem stehen hohe Kohäsion und starke Normen mitunter frischem Denken und **Innovation** im Wege. Sanktion von neuem Denken und verändertem Verhalten kann Motivation bremsen, in Situationen, in denen Veränderungen notwendig sind. In diesen Fällen wird man sinnvoller-

> weise versuchen, die Kohäsion im Team zu senken und anschließend neue Normen einführen. Entsprechende Ansätze lassen sich auch im politischen Bereich beobachten, wenn militärisch besiegte Bevölkerungen durch eine Stärkung des Föderalismus und andere Maßnahmen (etwa ethnisch heterogene Staatsgebilde, die gerne von Kolonialmächten gebildet wurden) an einem starken Zusammenhalt gehindert werden – und Machthaber gleichzeitig neue Werte und Normen aufbauen, die ihnen genehm sind (etwa ein anderes politisches System oder ein anderes Wirtschaftssystem).

Die Rolle von Vorbildern im Team für die Motivation diskutiert der nächste Abschnitt.

11.4 Motivation durch Vorbilder im Team

Vorbilder in Teams haben einen großen Einfluss auf die Normen und das Verhalten der anderen. Der soziale **Status** von einzelnen Mitgliedern innerhalb von Teams ist dafür entscheidend (vgl. Berger et al. 1972). Hier gilt:

- Je höher der Status eines Teammitglieds ist, desto größer ist auch die **Toleranz für Abweichungen desjenigen von den Normen**. So findet man beispielsweise bei Normen zum äußeren Erscheinungsbild nicht selten, dass besonders angesehene Manager oder auch Wissenschaftler sich im äußeren Erscheinungsbild Abweichungen erlauben können, die bei anderen Personen im Team nicht toleriert werden würden.
- Je höher der Status eines Mitglieds im Team ist, desto größer ist auch sein **Einfluss bei der Gestaltung von Normen**. Das Mitglied formt das Verhalten der anderen. Nicht umsonst spricht man manchmal von informellen Führungskräften. Einzelne Mitglieder in Teams haben dann, wenn auch nicht offiziell, das Ansehen und die Funktion einer Führungskraft.

Aus diesen Erkenntnissen lässt sich leicht erkennen, dass den Teammitgliedern mit hohem Status eine **besondere Bedeutung für die Motivation** zukommt. Sie **prägen die Normen** und damit das Verhalten der anderen als Leitfiguren und Vorbilder. Das gilt sowohl dafür, welches Verhalten stattfindet als auch dafür, welches

Verhalten nicht stattfindet. Sie können Normen verändern, da bei ihnen Abweichungen von bisherigen Normen eher akzeptiert sind und die anderen Teammitglieder das neue Verhalten eher nachahmen.

Praxistipps
Mitglieder mit hohem Status sind ein Motor für Motivation von Verhalten. Aus den Erkenntnissen, zum besonderen Einfluss von Vorbildern, kann man folgende praktische Maßnahmen ableiten:

- Für das Erreichen von hohen Leistungsnormen empfiehlt es sich, als Kern für Teams zunächst besonders **leistungsfähige Personen** auszuwählen, früh in Teams zu platzieren, und **mit hohem Status zu versehen**. Wird ein neues Team gegründet, dann können somit zunächst diese besonders leistungsmotivierten und -fähigen Personen die Normen entwickeln. Erst später sollten neue Mitarbeiter mit niedrigeren Leistungsnormen (diese Personen gibt es in den meisten Unternehmen auch) in diese Teams integriert werden. Die bereits vorhandenen leistungsorientierten Normen sozialisieren diese späteren Mitglieder dann wie gewünscht.
- Teammitglieder mit hohem Status wirken als **eine Art Medizin** bei Teams, wenn die Normen und das Verhalten der Mitglieder vom wünschenswerten Zustand abweichen. Ranghohe Vorbilder, die das gewünschte Verhalten zeigen, motivieren die anderen im Team in die beabsichtigte Richtung.
- Ein weiterer Aspekt ist, dass sich Investitionen – etwa in Form von **Trainings** – bei den Mitgliedern mit hohem Status besonders auszahlen, da positive Ansteckungseffekte wahrscheinlich sind. Sie bieten anderen Gruppenmitgliedern als Vorbilder Orientierung und stecken dann sozusagen mit ihrem optimierten Verhalten an. So wirken Trainings weit über die einzelnen Personen hinaus. Entwicklungsmaßnahmen sollten sich also besonders auf Teammitglieder mit hohem Status konzentrieren, um maximale Wirkung zu entfalten.
- Auch als **Agenten für Veränderung und Change-Management** eignen sich Mitglieder mit hohem Status gut. Die Akzeptanz für neue Wege ist größer und die Bereitschaft der anderen zur Nachahmung ist höher, wenn die ranghohen Personen diese mittragen, besser noch vorangehen. Gelingt es nicht, diese informellen Führungskräfte einzubinden, dann blockiert das die gewünschten Veränderungen.

Sehr entscheidend, jedoch in der Praxis noch zu wenig systematisch beachtet, ist die Frage: Wie können Aufgaben gestaltet werden, damit sie von sich aus motivieren? Davon handelt das nächste Kapitel.

12 Arbeit, die Mitarbeiter motiviert: Arbeitsgestaltung

Wie kann man **Arbeit für Mitarbeiter motivierend gestalten**? Welche Eigenschaften machen eine Arbeit möglichst motivierend? Woran sollte man konkret ansetzen, um Arbeit psychologisch zu optimieren? In der **psychologischen Arbeitsgestaltung** liegt viel Potenzial zur Motivation von Mitarbeitern. Davon handelt dieses Kapitel.

Für manche Menschen ist es schwer vorstellbar: Arbeit ist nicht nur ein Mittel zum Zweck (z. B. Gehalt), sondern Arbeit kann auch selbst ein Zweck sein – wenn sie richtig gestaltet ist. Tatsächlich gibt es mitunter einzelne Mitarbeiter, die Arbeit vor allem als Zweck betrachten. Das liegt aber meist daran, dass sie keine motivierenden Aufgaben bearbeiten.

Was aber sind genau Aufgaben und wie hängen sie mit der Arbeitsmotivation zusammen? Davon handelt der nächste Abschnitt.

12.1 Arbeit, Aufgaben und Motivation

In diesem Kapitel liegt der Fokus auf den konkreten Aufgaben, die eine Arbeit ausmachen. Diese Arbeitsaufgaben gilt es motivierend zu gestalten. Folgende **Definition von Aufgaben** ist hilfreich:

> Aufgaben sind Vorgaben zur Verrichtung an Arbeitsobjekten zum Erreichen von Zielen.

Aufgaben von Mitarbeitern sind sehr vielfältig. Die Arbeitsobjekte können dabei auch virtuell sein (z. B. Konzepte weiterentwickeln), die Verrichtung geistig, leitend (z. B. Führung von Mitarbeitern) oder physisch sein. Dennoch gibt es **gemeinsame Merkmale** aller Aufgaben – beispielsweise wie eng die Vorgaben zur

Abb. 12.1 Gut gestaltete Aufgaben lenken die Richtung von Verhalten und erhöhen Ausdauer, Intensität und Proaktivität. (© vronska / stock.adobe.com)

Verrichtung sind, d. h. wie viel Raum die Mitarbeiter für selbständige Entscheidungen und autonomes Handeln haben. Um solche gemeinsamen Merkmale von Aufgaben und den Zusammenhang mit der Mitarbeitermotivation geht es in diesem Kapitel.

Was bringt es, Aufgaben für Mitarbeiter motivierend zu gestalten? Gut gestaltete Aufgaben haben **konkrete Wirkungen, die** Abb. 12.1 **symbolisiert**:

- Optimierte Aufgaben lenken die **Richtung des Verhaltens** von Mitarbeitern, da Menschen sich eher mit diesen Aufgaben befassen, wenn sie die Wahl haben (Patall et al. 2008) – und Mitarbeiter haben zunehmend die Wahl.
- Optimierte Aufgaben führen dazu, dass Menschen **proaktiv statt passiv** bei den Aufgaben agieren (Benware und Deci 1984).
- Mitarbeiter mit optimierten Aufgaben zeigen ein **intensiveres Arbeitsverhalten** (Simons et al. 2004).
- Personen arbeiten länger bzw. mit **mehr Ausdauer** an optimierten Aufgaben (Grant 2008).

Es gibt also gute Gründe, Arbeitsaufgaben psychologisch zu optimieren.

Abb. 12.2 Merkmale der Aufgabe, Passung zum Mitarbeiter und Motivation

Wie aber kann man Arbeitsaufgaben optimieren? Es besteht eine lange Forschungstradition zur **Gestaltung von Arbeitsaufgaben**, damit diese von sich aus maximal motivierend für die Mitarbeiter sind. Das betrifft zum Einen **Merkmale der Arbeitsaufgaben** selbst, zum Anderen die **Passung der Arbeitsaufgaben zum Mitarbeiter**, wie Abb. 12.2 zeigt.

Merkmale der Aufgabe (beispielsweise das Ausmaß an Abwechslung) müssen also zum Mitarbeiter passen, damit Motivation und Leistung maximal sind. Dieses Kapitel beschreibt Merkmale von Arbeitsaufgaben, die für die Motivation entscheidend sind. Das folgende Kapitel zeigt dann das Wechselspiel aus Arbeitsaufgaben und Passung zum Mitarbeiter.

Was sind die für die Motivation entscheidenden Merkmale von Arbeitsaufgaben?

12.2 Merkmale von Arbeitsaufgaben und Arbeitsmotivation

Fasst man den aktuellen Forschungsstand zusammen, dann gibt es mehrere zentrale **Merkmale von Arbeitsaufgaben** (z. B. Christian et al. 2011; Bakker und Demerouti 2007), die sich positiv auf die Motivation auswirken.

Abwechslung der Arbeitsaufgaben. Ein erster wesentlicher Aspekt von Arbeitsaufgaben ist die Abwechslung. Im Zeitalter der Industrialisierung traten zahlreiche sehr monotone Tätigkeiten auf, bei denen Mitarbeiter mitunter den ganzen Tag nur ein paar Handgriffe zu erledigen hatten. Ermüdung, mangelnde Motivation und teilweise auch depressive Verstimmungen waren als psychologische Effekte zu beobachten. Die Verhaltenskonsequenzen waren niedrige Arbeitsleistung und hohe Fehlzeiten. Hohe Abwechslung geht dagegen mit stärkerer Arbeitsmotivation einher (Beckers et al. 2004; van den Broeck et al. 2008).

Zahlreiche praktische Ansätze reagierten darauf, etwa **Job Rotation**, bei der Mitarbeiter in bestimmten Zeitabständen ihre Tätigkeiten wechseln oder **Job Enlargement**, bei dem die Arbeit mit zusätzlichen Tätigkeiten erweitert wird. Generell gilt: Eine Arbeitstätigkeit sollte ein zum einzelnen Mitarbeiter passendes Niveau an Abwechslung bieten, um zu motivieren. Idealerweise wird der Mitarbeiter selbst an der Gestaltung beteiligt und kann Einfluss auf das Ausmaß der Abwechslung nehmen.

So wäre ein Beispiel für geringe Abwechslung ein Hochschullehrer, der acht Mal in der Woche für verschiedene Studentengruppen über Jahre hinweg dieselbe Basisvorlesung halten soll. Bei einer Job Rotation würde der Hochschullehrer mit einem anderen Kollegen nach einem Semester wechseln und eine andere Veranstaltung übernehmen. Mit Job Enlargement könnte der Hochschullehrer z. B. zusätzlich andere Vorlesungen übernehmen und den Anteil der einen Veranstaltung in seiner Lehrtätigkeit reduzieren.

Ganzheitlichkeit der Arbeitsaufgaben. Ein zweiter wesentlicher Aspekt von Arbeitstätigkeiten ist die Ganzheitlichkeit von Aufgaben. Bei Tätigkeiten, die nach Produktionsgesichtspunkten technisch sinnvoll zergliedert werden, fehlt häufig eine psychologisch sinnvolle Gliederung – und damit fehlt dann auch das Gefühl der Zuständigkeit. Mitarbeiter, die dagegen das Gefühl haben, für einen ganzen abgeschlossenen Prozess verantwortlich zu sein, nehmen eine höhere Bedeutsamkeit der Aufgabe wahr und können sich besser damit identifizieren. Arbeitsabläufe sollten daher in psychologisch sinnvolle Teilprozesse zergliedert werden, für die möglichst eine Person verantwortlich ist. Zudem kann die Verantwortung des Mitarbeiters für Entscheidungen erhöht werden.

Ein gutes Beispiel für mangelnde Ganzheitlichkeit ist eine Ringvorlesung an einer Hochschule, bei der jeder Dozent nur eine Doppelstunde hält. Die gefühlte Verantwortung für einen roten Faden, für das Lernergebnis und die Klausur sind so wesentlich niedriger, als wenn eine Person für die ganze Vorlesung verantwortlich wäre.

Bedeutsamkeit der Arbeitsaufgaben. Weitere Studien haben festgestellt, dass Menschen umso motivierter sind, je bedeutsamer sie ihre Arbeitsaufgabe erleben (May et al. 2004). Dabei ist die objektive Bedeutung weitaus weniger relevant, als die subjektive Wahrnehmung durch den Mitarbeiter. Auch eher niedrig qualifizierte Arbeitsaufgaben können von den Mitarbeitern als sehr bedeutsam erlebt werden und mit entsprechendem Engagement angegangen werden. Im Zweifelsfall wird die Überzeugung, etwas Wichtiges zu tun, sogar helfen, Aufgaben zu erfüllen, die eigentlich nicht motivieren. Nietzsche hat das gut auf den Punkt gebracht mit „Wenn man ein Wozu des Lebens hat, erträgt man jedes Wie." Entsprechend wesentlich ist daher die Aufwertung einer Arbeit in der psychologischen Bedeutung für die Mitarbeiter.

12.2 Merkmale von Arbeitsaufgaben und Arbeitsmotivation

Die verbreitete Geschichte von zwei Männern, die Holzplanken streichen, verdeutlicht das ganz anschaulich. Auf die Frage, was sie da machen würden, antwortet der eine: „Ich versuche Farbe auf das Stück Holz aufzutragen." Der andere Mann antwortet: „Ich gehöre zu einem Team, das eine Luxusyacht baut." Entsprechend bedeutsamer wird dem zweiten Mann seine Tätigkeit vorkommen. Für einen Hochschullehrer könnte man die subjektive Bedeutung seiner Tätigkeit z. B. **symbolisch aufwerten**, indem seine Veranstaltung mit vielen Credit-Points versehen ist, indem diese ein Pflichtfach ist oder indem Kollegen wiederholt darauf hinweisen, wie bedeutsam das hier vermittelte Wissen für die Praxis und den späteren Berufserfolg der Studierenden ist.

Autonomie bei den Arbeitsaufgaben. Die meisten Personen reagieren mit erhöhter Motivation auf Autonomie und Eigenverantwortung (vgl. Christian et al. 2011). Daher ist empfehlenswert, dem Mitarbeiter möglichst Freiräume zu geben, sich selbst zu organisieren und die Wege frei zu wählen, um Arbeitsziele zu erreichen. Maßnahmen können z. B. der Abbau von Kontrolle und vergrößerte Entscheidungsbefugnisse sein. Wichtig ist, dass das gewünschte und optimale Ausmaß an Autonomie natürlich von Mitarbeiter zu Mitarbeiter verschieden sind.

Ein praktischer Ansatz, der die Autonomie von Mitarbeitern vergrößert, ist **Job Enrichment**. Beim Job Enrichment erhält ein Mitarbeiter zusätzliche Verantwortlichkeiten. Dieses Mehr an Verantwortung hängt statistisch positiv mit der Arbeitsmotivation zusammen (Rothbard 2001).

Ein Beispiel: In manchen Hochschulen werden zentrale Lehrmaterialien verwendet und zentrale Klausuren geschrieben. Die Eigenverantwortung des einzelnen Dozenten beschränkt sich hier dann auf das bloße Ablesen von fremden Inhalten in seinen Lehrveranstaltungen – eine wenig motivierende Tätigkeit für die allermeisten. Freiheit in der Lehre und die autonome Erstellung und Korrektur der Klausuren können dagegen die Autonomie für die Hochschullehrer ausweiten und so die Motivation erhöhen.

Rückmeldung bei den Arbeitsaufgaben. Tätigkeiten bei denen die Rückmeldung über die Zielerreichung ausbleibt, motivieren nicht. Feedback hat sich empirisch als wesentliche Einflussgröße auf Motivation gezeigt (z. B. Salanova und Schaufeli 2008). Experimente vor Ort in Unternehmen unterstützen diese wissenschaftlichen Ergebnisse. Alleine die simple **Darstellung von Menge und Qualität der Leistung** erhöhte die Leistung der Mitarbeiter bereits um 20 % (Stajkovic und Luthans 2001). Mitarbeiter sollten möglichst zeitnah und anschaulich eine Rückmeldung über das Ausmaß der Zielerreichung erhalten. So können sie sehen, ob ihre Arbeit gut war und erhalten einen Ansporn, ihre Leistung zu steigern oder auf einem hohen Niveau zu halten. Feedback sollte **aus der Aufgabe selbst** entstehen und **zusätzlich durch Führungskräfte** erfolgen.

Rückmeldung ist nicht nur wichtig, damit Mitarbeiter erleben, wie viel sie leisten. Durch Feedback zeigen Vorgesetzte außerdem, dass ihnen die **Arbeit bedeutsam** ist und sie sich für den Mitarbeiter interessieren. Darüber hinaus bietet gutes Feedback den Mitarbeitern auch die **Möglichkeit, zu lernen** und sich zu entwickeln. Auch damit wirkt Rückmeldung positiv auf die Arbeitsmotivation (Crawford et al. 2010).

So ist es beispielsweise für einen Hochschullehrer besonders motivierend, wenn die Studierenden aktiv in der Veranstaltung sitzen und durch Teilnahme und Körpersprache zeigen, dass sie interessiert sind. So erzeugt die Lehrtätigkeit sozusagen von selbst Rückmeldung. Noch motivierender ist es, wenn die Studierenden nach der Veranstaltung Hinweise zur Optimierung geben und ggf. später aus dem Berufsleben vermelden, was die Veranstaltung ihnen Wichtiges auf den Weg mitgegeben hat.

Zeitdruck bei den Arbeitsaufgaben. Zeitdruck bezieht sich auf das **Tempo** (bzw. Zeitfenster), in dem Mitarbeiter bestimmte **Arbeitsaufgaben** und Arbeitsmengen in bestimmter Qualität erledigen sollen (Zapf 1993). Auch viele Studenten berichten, dass sie ohne Zeitdruck nicht intensiv lernen und nicht voran kommen mit ihrem Studium. Bei Arbeitnehmern weisen die Forschungsergebnisse in eine ähnliche Richtung. Zeitdruck ist insgesamt positiv mit der Arbeitsmotivation verknüpft (Crawford et al. 2010). Zwar könnte man auch annehmen, dass Zeitdruck Menschen demotiviert und erschöpft und zu Widerstand führt – für die Mehrheit der Mitarbeiter scheint das aber anhand der aktuellen Datenlage nicht zu gelten. Bei diesen führt Zeitdruck zu erhöhter Arbeitsmotivation.

Studien weisen aber auch auf ein Risiko hin: Zwar erhöht Zeitdruck die Arbeitsmotivation, er führt aber auch bei manchen Mitarbeitern zu Erschöpfung und Müdigkeit (Beckers et al. 2004; Bakker et al. 2006). Unternehmen sollten also vorsichtig sein, einfach den Zeitdruck zu erhöhen, um mehr Arbeitsleistung zu erhalten. Reaktionen von einzelnen Mitarbeitern, die anders auf Zeitdruck reagieren, sind zu berücksichtigen und Maßnahmen scheinen sinnvoll, um Mitarbeiter vor Erschöpfung zu schützen. Bei Zeitdruck scheinen es also die Dosis und der einzelne Mitarbeiter zu sein, die darüber entscheiden, ob die Maßnahme Medizin oder Gift für die Leistung ist.

Damit Zeitdruck funktioniert, müssen natürlich Ziele klar formuliert und mit Deadlines versehen sein. Wie man Ziele motivierend gestaltet, zeigt Kap. 14.

Neben den für die Motivation positiven Aspekten der Arbeitsgestaltung, gibt es deutliche Hinweise aus der Forschung auf **Hindernisse für die Motivation**, die sich demotivierend auswirken (Crawford et al. 2010). Zu diesen Hindernissen für Motivation gehören Arbeitsüberlastung, wiederholte Störungen und Bürokratismus. Das Umfeld, in dem eine Aufgabe stattfindet (also etwa Verwaltung, das Team und Arbeitsbedingungen), sollte frei von Hindernissen sein, damit die Aufgabe selbst motivieren kann (siehe Kap. 9).

Wo kann man konkret ansetzen, um Arbeit motivierend zu gestalten? Dazu der nächste Abschnitt.

12.3 Arbeit motivierend gestalten

Der vorangehende Abschnitt hat die Merkmale gezeigt, die darüber entscheiden, ob Arbeitsaufgaben Mitarbeiter motivieren. Wie und woran kann man konkret ansetzen? Tab. 12.1 gibt einen Überblick dazu und zeigt die wichtigen Teilaspekte in Form von Fragen. An diesen Teilaspekten können Führungskräfte gemeinsam mit ihren Mitarbeitern ansetzen – für mehr Motivation bei der Arbeit.

Bei all den genannten Merkmalen von Arbeitsaufgaben ist entscheidend, das für den einzelnen Mitarbeiter **individuell geeignete Niveau** zu finden. Darauf geht auch folgende Übung ein, die auf der Tab. 12.1 und den Fragen in der rechten Spalte aufbaut.

> **Übung**
> Eine nicht nur an technischen Anforderungen, sondern am Menschen orientierte Gestaltung der Arbeit, kann viel zur Arbeitsmotivation beitragen. Besonders erschüttert, dass viele der Veränderungen relativ einfach und schnell umzusetzen sind, ohne hohe Kosten – und dennoch oft wenig beachtet werden. Diese **Übung für einzelne Führungskräfte und ihr Team** setzt genau hier an.
>
> - **Definieren** Sie diejenigen **Tätigkeiten und Aufgaben**, die Sie psychologisch optimieren wollen. Erstellen Sie eine Liste.
> - Die für die Motivation wesentlichen Merkmale von Aufgaben sind vorangehend klar aufgelistet. Hilfreich sind dafür vor allem die Fragen aus

der Tabelle. Gehen Sie für jede der von Ihnen ausgewählten Tätigkeiten durch, in wie weit diese Aspekte aus der Tabelle **aktuell erfüllt** sind; gerne in Form eines Prozentwertes zwischen 0 und 100.
- Es ist nicht verwunderlich, dass Mitarbeiter wenig motiviert sind, wenn die Aspekte gering ausgeprägt sind. Wer begeistert sich schon für eine monotone Aufgabe, die ihm wenig sinnvoll erscheint und bei der er kaum eigene Entscheidungen treffen darf und noch dazu kaum Rückmeldung erhält? Mitarbeiter sind dann von ihrer Arbeit entfremdet. Überlegen Sie also dort, wo die Situation wenig günstig für die Motivation ist, ob und wie die einzelnen Teilaspekte der Aufgaben verändert werden können.
- Versuchen Sie für jeden der Aspekte **Lösungen** zu finden, die eine flexible Handhabung ermöglichen, um den **Bedarf der einzelnen Mitarbeiter** zu berücksichtigen. Mitarbeiter sind unterschiedlich und daher sollte jeder eine für ihn maximal motivierende Ausprägung bekommen.
- Nutzen Sie die hier aufgelisteten Aspekte für ein **Gespräch mit den einzelnen Mitarbeitern** – etwa im Jahresgespräch. Sprechen Sie dort gemeinsam über die genannten Merkmale von Arbeitsaufgaben: Etwa, ob der Mitarbeiter mehr Abwechslung wünscht, ob und wo er mehr Zeitdruck bräuchte, wie regelmäßige und bessere Rückmeldung zu erreichen ist etc.
Erfahrungsgemäß gibt es **sehr große Unterschiede**, wie wichtig einzelnen Mitarbeitern bestimmte Merkmale von Arbeitsaufgaben sind.
Im Gespräch mit Ihren Mitarbeitern werden Sie auch die Erfahrung machen, dass es nicht nur auf die objektiven Merkmale von Aufgaben ankommt, sondern vor allem darauf, wie der einzelne Mitarbeiter die Merkmale **subjektiv erlebt**. Vielleicht haben die Mitarbeiter einige positive Aspekte noch gar nicht bemerkt. Erklären Sie daher, warum die Aufgabe aus Ihrer Sicht bedeutsam ist, zeigen Sie auf, wo Mitarbeiter Entscheidungen selbständig übernehmen können und sollten, verdeutlichen Sie Möglichkeiten für mehr Abwechslung und Rückmeldung für die Arbeitstätigkeit.
- Machen Sie die Gestaltung von Arbeitsaufgaben ggf. auch gleich in einem **Workshop** gemeinsam mit den betroffenen Mitarbeitern zum Thema. Mitarbeiter freuen sich in der Regel, wenn ihre Arbeit glaubwürdig motivierender gestaltet werden soll.

12.3 Arbeit motivierend gestalten

Tab. 12.1 Ansatzpunkte bei den motivierenden Merkmalen von Arbeitsaufgaben

Motivierende Merkmale der Arbeitsaufgaben	Wichtige Teilaspekte
Abwechslung	– Bietet eine Tätigkeit insgesamt genug Abwechslung? – Lässt sie sich mit der nötigen Breite versehen (Job Enlargement)? – Können Mitarbeiter in bestimmten Abständen zwischen Aufgaben wechseln (Job Rotation)?
Ganzheitlichkeit	– Wird eine Arbeitsaufgabe von den Mitarbeitern psychologisch als sinnvolles Ganzes erlebt? – Können Mitarbeiter das Gefühl entwickeln, für einen abgeschlossenen (Teil-)Prozess verantwortlich zu sein?
Bedeutsamkeit	– Haben die Mitarbeiter das Gefühl, etwas Wichtiges zu tun? – Können sich die Mitarbeiter mit ihren Arbeitsaufgaben gut identifizieren? – Sind die Ziele bei der Arbeit für die Mitarbeiter attraktiv und relevant? – Falls Mitarbeiter ihre Aufgaben als nicht wichtig erleben: Wie lässt sich die Arbeitstätigkeit psychologisch um-interpretieren, um die Bedeutung zu erhöhen? – Lässt sich die Tätigkeit symbolisch aufwerten (z. B. eine normale Vorlesung, die ein Dozent hält, wird zur Pflichtvorlesung und damit für ihn psychologisch aufgewertet)? – Kann das gesamte Unternehmen und seine Aktivitäten genutzt werden, um dem Einzelnen das Gefühl von Bedeutung bei seinen Aufgaben zu geben? Motto: „Wir machen etwas sehr Wichtiges und dabei ist (auch) deine Aufgabe erfolgsentscheidend!"
Autonomie	– Welche Entscheidungen lassen sich auf Ebene des einzelnen Mitarbeiters verlagern (Job Enrichment)? – Haben die Mitarbeiter Möglichkeiten, sich selbst zu organisieren und die Wege frei zu wählen, um die Arbeitsziele zu erreichen? – Gibt es Freiräume bei den Arbeitszeiten und Arbeitsorten? – Bestehen für die Mitarbeiter Möglichkeiten, die Kollegen im Team mit auszuwählen?
Rückmeldung zu Fortschritt und Leistung	– In wie fern liefert eine Arbeitstätigkeit von sich aus zeitnahe Rückmeldung über den Fortschritt und die Leistung? – Gibt es technische Strukturen, die idealerweise in Echtzeit informieren über das Ausmaß von Leistung und Zielerreichung? – Gehört es zur Kultur, dass Vorgesetzte und Kollegen Rückmeldung, Anerkennung und Hinweise zu Optimierungen geben? – Bietet ihre Tätigkeit den Mitarbeitern Möglichkeiten zu lernen und sich zu entwickeln?
Zeitdruck	– Sind die Arbeitsaufgaben in konkrete Ziele und Zwischenziele gegliedert? – Sind diese Ziele mit klaren und anspruchsvollen Zeitpunkten verknüpft? – Wie lässt sich das messen und rückmelden?

12 Arbeit, die Mitarbeiter motiviert: Arbeitsgestaltung

Das folgende Kapitel behandelt das Wechselspiel der Arbeitsaufgaben mit den Eigenschaften der Mitarbeiter. Diese Passung der Mitarbeiter zu den Arbeitsaufgaben ist von grundlegender Bedeutung für die Arbeitsmotivation.

Passende Aufgaben und Flow-Erleben 13

Welche **Aufgabe passt zu welchem Mitarbeiter**? Welche Aufgaben sorgen für ein **Flow-Erleben** und maximale Arbeitsmotivation? Darum geht es in diesem Kapitel.

Das vorangehende Kapitel hat Merkmale von Arbeitsaufgaben vorgestellt, die allgemein mit der Motivation von Mitarbeitern zusammenhängen. Dieses Kapitel geht einen Schritt weiter und schaut sich dabei den einzelnen Mitarbeiter an. Wie sollte eine Aufgabe für den einzelnen Mitarbeiter gestaltet sein, damit er in der Arbeit aufgehen kann, ein Flow-Erleben bekommt und maximal motiviert ist? Entscheidend ist dabei, dass eine Aufgabe zum Mitarbeiter passt.

Das Flow-Modell der Motivation im nächsten Abschnitt zeigt, wie sehr von den einzelnen Mitarbeitern und ihren Fähigkeiten abhängt, ob eine Aufgabe gut gestaltet ist.

13.1 Das Flow-Modell der Motivation: Flow-Erleben

Es gibt einen Zustand, in dem Menschen voll in ihrer Aufgabe aufgehen, Raum und Zeit vergessen und sich nur noch um die Tätigkeit kümmern – ein **Flow-Erleben**. Das **Flow-Modell** der Motivation (Csikszentmihalyi, 1975) beschäftigt sich mit der Frage, wie Mitarbeiter genau so ein Flow-Erleben bekommen, bei dem sie in ihrer Arbeit aufgehen und alles um sich herum vergessen (Jackson und Marsh 1996).

Dabei setzt das Modell – neben der Betonung von klaren Zielen und Feedback – insbesondere den **Anspruch einer Aufgabe** mit den **Fähigkeiten** der Mitarbeiter in Beziehung. Konkret geht es darum, wie herausfordernd ein Mitarbeiter subjektiv

Tab. 13.1 Merkmale und Anspruch von Arbeitsaufgaben

Merkmal der Arbeitsaufgaben	Einfluss auf den Anspruch einer Arbeit
Abwechslung	Je mehr Abwechslung besteht, desto mehr verschiedene Aufgaben muss eine Mitarbeiter beherrschen und ausführen können.
Ganzheitlichkeit	Zuständigkeit für eine ganze Aufgabe erhöht die Komplexität der Aufgabe. Das verlangt mehr Kompetenz von Mitarbeitern als das Abarbeiten von Teilaufgaben.
Autonomie	Je mehr Autonomie jemand bei der Arbeit hat, desto mehr Entscheidungen muss er treffen und desto stärker muss er sich selbst motivieren, kontrollieren und steuern. Das erhöht den Anspruch.
Zeitdruck	Zeitdruck führt zu einer Erhöhung der Menge an Arbeit, die in einer Zeiteinheit zu leisten ist, kurz gesagt zu einer Erhöhung der erforderlichen Leistung. Durch Zeitdruck steigt der Anspruch auch einfacher Tätigkeiten.

eine Aufgabe erlebt und für wie fähig er sich hält (Nakamura und Csikszentmihalyi 2002).

Wovon hängt aber ab, wie anspruchsvoll eine Aufgabe ist? Viele der im vorangehenden Kap. 12 zur Arbeitsgestaltung genannten Aspekte beeinflussen letztendlich den **Anspruch**, den eine Arbeit hat. Das zeigt Tab. 13.1.

Je abwechslungsreicher und ganzheitlicher eine Aufgabe ist, desto anspruchsvoller ist diese in der Regel. Das gleich gilt für das im vorigen Abschnitt ebenfalls genannte Ausmaß an Autonomie. Je mehr der Mitarbeiter selber entscheiden kann und muss, desto mehr ist er gefordert. Man denke an das Autofahren mit oder ohne Automatik – ohne Automatik hat man mehr Autonomie und das Fahren ist anspruchsvoller. Anspruch spiegelt sich zusätzlich auch in der Menge an Arbeit und dem geistigen Anspruchsniveau (Bakker et al. 2007). Auch die simple Steigerung der Menge an Arbeit in einem Zeitabschnitt erhöht beispielsweise den Anspruch.

Jetzt ist es aber nach dem Flow-Modell nicht so, dass man sagen kann: „Je anspruchsvoller desto besser!" Es kommt auf den einzelnen Mitarbeiter an, die **Passung von Mitarbeiter und Aufgabe**. Was für den einen gerade richtig ist, führt beim anderen zum Gefühl der Überforderung. Csikszentmihalyi hat diese Wechselwirkung zwischen Arbeitsgestaltung und Mitarbeitern beschrieben (Csikszentmihalyi 1990).

13.1 Das Flow-Modell der Motivation: Flow-Erleben

Abb. 13.1 Überforderung und Unterforderung bremsen beide die Motivation und führen zu Stress. (© pressmaster / stock.adobe.com)

Ideal ist nach diesem Modell eine Passung zwischen Anspruch der Aufgabe und Fähigkeitsniveau der Person (Nakamura und Csikszentmihalyi 2002). Dann ist maximale **intrinsische Motivation** zu erwarten und die Personen gehen in ihrer Arbeit auf, vergessen teilweise die Umgebung und konzentrieren sich nur auf die Arbeitsaufgabe. Diesen Zustand, der mit positiven Emotionen einher geht, bezeichnet Csikszentmihalyi als **Flow-Erleben**. Ist der Anspruch einer Tätigkeit zu hoch, dann ist die Folge Überforderung, **Beunruhigung** und daher kommend **geringe Motivation**, das Flow-Erleben wird verlassen. Das gilt ebenso bei einem zu geringen Anspruch. Hier ist Unterforderung, **Langeweile** und in Konsequenz daraus eine ebenfalls **geringe Motivation** die Folge. Die Belastung durch zu geringe oder zu hohe Anforderung kann sich bis hin zum Stress-empfinden bei der Arbeit steigern (vgl. Abb. 13.1). So führen sowohl Unterforderung und Monotonie zu **Stress** (man denke an das Autofahren im Stau) als auch Überforderung (man denke an einen Fahranfänger, der eine Serpentinenstraße im Gebirge fährt, keine Automatik hat und von Autos hinter ihm unter Druck gesetzt wird).

Das Flow-Modell zeigt gut, wie wichtig es für die Motivation ist, Arbeitsaufgaben auf die einzelnen Mitarbeiter abzustimmen. Der folgende Abschnitt diskutiert noch intensiver dieses Wechselspiel von Arbeitsaufgabe und Mitarbeiter. Es ist von grundlegender Bedeutung für die Arbeitsmotivation.

13.2 Arbeitsaufgabe und Mitarbeiter: Passung

Eine **Arbeit muss zum Mitarbeiter passen**, damit sie motivieren kann (Kristof-Brown et al. 2005). Abb. 13.2 stellt das dar. Eine Aufgabe, die für einen Mitarbeiter genau richtig gestaltet ist, kann für einen anderen ungeeignet sein – etwa weil sie zu anspruchsvoll ist.

Wie kann man vorgehen, um eine **hohe Passung zwischen Mitarbeiter und Arbeitsaufgabe** zu erreichen? Im Prinzip gibt es drei **Ansatzpunkte**:

1. **Mitarbeiter und Aufgaben sinnvoll zuordnen**. Dabei hat sich bewährt, Mitarbeiter möglichst selbst entscheiden zu lassen, welche Aufgaben für sie attraktiv sind.
2. **Mitarbeiter entwickeln**, so dass sie zu ihren Arbeitsaufgaben passen. Hier geht es um Fähigkeiten aber auch psychologische Aspekte wie Selbstwirksamkeit und Motivation.
3. **Aufgaben** so **gestalten**, dass sie zum einzelnen Mitarbeiter passen.

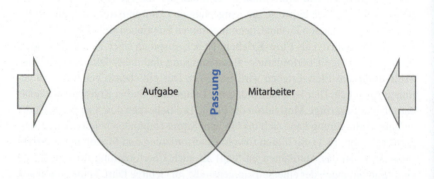

Abb. 13.2 Passung von Arbeitsaufgabe und Mitarbeiter als Grundlage für Motivation

13.2 Arbeitsaufgabe und Mitarbeiter: Passung

Was ist entscheidend, damit Aufgaben und Mitarbeiter eine möglichst hohe Passung haben?

Erstens ist – wie das Flow-Modell im vorigen Abschnitt verdeutlicht – entscheidend, dass eine Arbeitstätigkeit für den Mitarbeiter anspruchsvoll ist, ihn aber nicht überfordert. Der **Anspruch einer Aufgabe** ist abhängig von Merkmalen wie Autonomie, Zeitdruck, Abwechslung und Ganzheitlichkeit. Diese Merkmale gilt es so auszurichten, dass sie zum einzelnen Mitarbeiter und seinen Fähigkeiten passen.

Zweitens ist die **Passung der Arbeitsrolle zur sozialen Identität** wichtig (Crawford et al. 2010). Es geht dabei darum, wie der Mitarbeiter sich gerne selbst sieht und gerne von anderen Menschen gesehen werden möchte. Die Tätigkeit und damit verbundene Rolle sollte mit der angestrebten sozialen Identität der Mitarbeiter zusammenpassen. Für die soziale Identität spielen die Werte des Mitarbeiters und Motive nach Status und Macht eine große Rolle. Es gilt darauf zu achten, dass Mitarbeiter stolz sein können auf ihre Tätigkeit (Hakanen et al. 2008). Dadurch bekommen die Mitarbeiter das Gefühl wichtig zu sein und etwas Bedeutsames zu tun. Die Arbeitsmotivation ist in der Folge dieses „Fit" zwischen Mitarbeiter und Rolle größer (May et al. 2004).

Wichtig ist also, die Arbeit individuell auf den einzelnen Mitarbeiter auszurichten. Dabei hat sich gezeigt, dass eine sehr **positive Dynamik** entstehen kann (Weigl et al. 2010), die als **Kreislauf** abläuft:

1. Sinnvolle **psychologische Aufgabengestaltung,** angepasst auf den einzelnen Mitarbeiter, führt zu höherer **Arbeitsmotivation.**
2. Hohe Arbeitsmotivation führt zu **verbesserter Leistung.** Zu dieser Leistung tragen auch andere Aspekte bei, die von der guten Passung abhängen: Etwa, dass die Fähigkeiten des Mitarbeiters tatsächlich zur Aufgabe passen und er sie wirklich erfüllen kann. Zudem entwickelt der Mitarbeiter seine Fähigkeiten auch weiter, indem er die herausfordernden Aufgaben bearbeitet (Salanova et al. 2010).
3. Bessere Leistung führt dann oft zu einer **weiteren Optimierung der Aufgabengestaltung.** Diese weitere Optimierung der Arbeit äußert sich etwa darin, dass erfolgreiche Mitarbeiter mehr Freiraum und Autonomie erhalten, bedeutsamere Projekte bekommen oder die Vorgesetzten mehr lobendes Feedback geben.
4. Dadurch **steigt weiter die Arbeitsmotivation** und Leistung der Mitarbeiter – der Kreislauf geht weiter.

Darüber hinaus bauen Mitarbeiter durch Erfolg bei zunehmend anspruchsvolleren Aufgaben auch mehr Selbstvertrauen auf, was sie noch weiter motiviert (Salanova et al. 2010).

Praxistipps
Eine motivierende Gestaltung von Arbeitsaufgaben hängt auch von den einzelnen Mitarbeitern ab. Aufgaben müssen zu den Mitarbeitern und ihren Fähigkeiten passen. Sowohl Unterforderung als auch Überforderung sollte man ausschließen, um die Mitarbeiter in den **Flow-Kanal** zu führen. Das ist nicht nur Sache der einzelnen Führungskräfte und ihrer Mitarbeiter. Das Thema kann und sollte auch unternehmensweit Impulse für mehr Motivation und Leistung geben. Für die Praxis sind hier folgende Leitlinien sinnvoll:

- Es sollte bei sämtlichen Tätigkeiten **im Unternehmen** geprüft werden: Wie sind die motivationsrelevanten Aspekte der Tätigkeit ausgeprägt (konkret Abwechslung, Ganzheitlichkeit und Bedeutsamkeit der Aufgaben sowie Autonomie und Feedback)? Gleichzeitig sollte abgegriffen werden, wo sich die Mitarbeiter insgesamt Veränderung wünschen. Für derartige Analysen gibt es geeignete Instrumente (etwa den Job-Scan der Wirtschaftspsychologischen Gesellschaft). Als Ergebnis sieht man sofort, wo (z. B. in welchen Teams, Abteilungen und Bereichen oder bei welchen Funktionen) Defizite bei der Arbeitsgestaltung liegen.
- Als nächstes stehen Workshops mit den betroffenen Mitarbeitern und ihren Führungskräften an. Wie können die motivationsrelevanten Aspekte der Tätigkeiten insgesamt **im Team** verbessert werden? Was ist möglich und was wünschen sich die Mitarbeiter?
- Der nächste Schritt ist die **individuelle Ebene** – etwa im Mitarbeitergespräch unter vier Augen oder auch im Routineaustausch während der Arbeit. Wie erlebt der einzelnen Mitarbeiter die Tätigkeit (konkret Abwechslung, Ganzheitlichkeit und Bedeutsamkeit der Aufgaben sowie Autonomie und Feedback)? Wie wichtig sind die einzelnen Aspekte für ihn? Ist die Tätigkeit insgesamt herausfordernd genug, besteht vielleicht sogar teilweise Unsicherheit und Überforderung? Die unternehmensweiten Daten können für dieses Gespräch eine gute Grundlage sein. Viele Mitarbeiter scheuen sich es zuzugeben, wenn sie sich überfordert fühlen. Sobald Daten aus anonymen Umfragen vorliegen, dass sich auch Kolle-

13.2 Arbeitsaufgabe und Mitarbeiter: Passung

> gen überfordert fühlen, senkt das die Hemmungen, offen über das Thema zu sprechen.
> - Endergebnis sollte dann eine unter den gegebenen Rahmenbedingungen bestmögliche Anpassung der Tätigkeiten an individuelle Bedürfnisse und Merkmale sein – und zwar unternehmensweit.

Aufgaben sind eng mit Zielen verknüpft, denn Arbeitsaufgaben beinhalten Ziele und Zwischenziele. Die Motivation der Mitarbeiter hängt somit auch deutlich von diesen Zielen ab – und davon, ob diese Ziele attraktiv und motivierend formuliert sind. Das nächste Kapitel stellt daher dieses wichtige Handlungsfeld dar: Wie sollten Ziele gestaltet sein, um Mitarbeiter zu motivieren?

Mitarbeiter mit Zielen motivieren 14

Wie kann man **Mitarbeiter mit Zielen motivieren und führen**? Auf welche Weise wirken Ziele auf Mitarbeiter? Wie kann man Ziele als Führungskraft gut und motivierend formulieren? Und welche Bedeutung haben diejenigen Ziele, die nicht offen ausgesprochen werden aber doch vorhanden sind? Antworten dazu in diesem Kapitel.

> Ein Ziel ist ein zukünftiger Zustand oder Prozess, den eine Person oder Gruppe anstrebt.

Menschen streben also zukünftige Zustände oder Prozesse an, wie Abb. 14.1 darstellt.

Grob kann man Ziele unterscheiden in zukünftige **Zustände** (z. B. „Ich wiege in einem Jahr zehn Kilo weniger!") und **Prozesse** (z. B. „Ich gehe Montag, Mittwoch und Freitag gleich nach der Arbeit zwei Stunden joggen!"). Wie sieht das konkret bei Mitarbeitern aus?

- Relevante **Zustände** bei Mitarbeitern sind vor allem **Ergebnisse der Arbeit** (z. B. ein Verkäufer verkauft 60 Mobilfunkverträge in der nächsten Woche) und auf die Ergebnisse folgende **Anreize** (z. B. der Verkäufer erhält einen Bonus).
- Zukünftige **Prozesse** bei Mitarbeitern beziehen sich auf **konkrete Verhaltensweisen** (z. B. ein Verkäufer in einer Burger-Kette fragt jeden Kunden, der einen Burger bestellt, „Mit Käse?").

Wenn in diesem Kapitel also von Zielen die Rede ist, bezieht sich das immer auf diese Arten von Zielen bei Mitarbeitern: Ergebnisse von Arbeit, Anreize und die Umsetzung von Arbeitsaufgaben.

Abb. 14.1 Menschen streben Ziele in der Zukunft an. (© Mangojuicy / stock.adobe.com)

Der nächste Abschnitt zeigt die konkreten Wirkungen von Zielen auf die Motivation von Mitarbeitern.

14.1 Motivierende Wirkung von Zielen auf Mitarbeiter

Ziele führen bei Mitarbeitern zu höherer Leistung (Bandura und Wood 1989). Dieser Effekt von Zielen zeigt sich seit vielen Jahren in den Forschungsergebnissen (z. B. Bryan und Hartner 1897). Wie genau funktioniert das?

Ziele haben auf Mitarbeiter vor allem fünf positive **Wirkungen** (Locke 1996):

1. **Richtung**. Das Verhalten der Mitarbeiter ist mit Zielen wesentlich systematischer und gerichteter als ohne Ziele. Ziele geben Orientierung und lenken die **Richtung** der Motivation, weil sie den Mitarbeiter informieren, auf was es ankommt – und auf was es nicht ankommt. Hat ein Mitarbeiter beispielsweise

ein bestimmtes Qualitätsniveau als Ziel und keine Zielvorgaben zur Quantität der Leistung, dann verfolgt er natürlich eher Qualität als Quantität. Darüber hinaus führt ein Ziel, sobald dieses akzeptiert ist, dazu, dass Mitarbeiter Pläne entwickeln, wie das Ziel zu erreichen ist. Mitarbeiter investieren dann Zeit in die Entwicklung neuer Strategien, um ihre Ziele zu erreichen.
2. **Stärke.** Ziele beeinflussen durch ihre Attraktivität die **Intensität** der Motivation.
3. **Ausdauer.** Ziele erhöhen, wenn sie im Bewusstsein der Mitarbeiter präsent sind, die **Ausdauer** der Motivation. Typischerweise führen dabei anspruchsvolle Ziele zu mehr Ausdauer als leichte Ziele. Mitarbeiter stufen anspruchsvolle Ziele als schwer zu erreichen ein und investieren folglich mehr Energie.
4. **Lerneffekte.** Ziele definieren, worauf es ankommt. Damit sind sie eine Basis, um überhaupt Leistung zu messen und **Verhalten zu optimieren.** Mitarbeiter und Führungskräfte erhalten so Rückmeldung und Transparenz, ob ein Verhalten wie gewünscht funktioniert. So können sie Lernen, Verhalten optimieren und sich weiter entwickeln.
5. **Belohnung.** Ziele sind etwas, das erreicht werden kann. Damit ermöglichen sie Erfolgserlebnisse und weitere **positive Konsequenzen** (z. B. Lob, Anerkennung und andere Anreize). Auch das verstärkt wieder die Motivation der Mitarbeiter.

Fazit: Wie alle Lebewesen zeigen Menschen zielorientiertes Verhalten (Binswanger 1990). Und bei Menschen gibt es eine Besonderheit: Sie haben bewusste Ziele, sie planen ihr Verhalten (Ajzen 1987; 1991). Ihre Ziele motivieren, organisieren und lenken dann das Verhalten (Heckhausen 1999). Das macht Ziele zu einem **wichtigen Instrument für die Motivation von Mitarbeitern** (Latham 2004).

Es gibt also gute Gründe, bei der Mitarbeitermotivation auf Ziele zu setzen. Doch Ziel ist nicht gleich Ziel – es kommt auf die konkrete Gestaltung und Formulierung an, wie stark diese Ziele dann tatsächlich Mitarbeiter motivieren können. Worauf es dabei ankommt, zeigt der nächste Abschnitt.

14.2 Ziele richtig formulieren

Welche Ziele motivieren? Psychologische Forschung hat zahlreiche sehr grundlegende **Regeln für die Formulierung von Zielen** identifiziert und bestätigt (vgl. z. B. Locke 1996). Das fasst Abb. 14.2 zusammen.

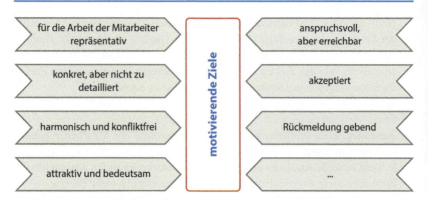

Abb. 14.2 Eigenschaften motivierender Ziele

Es folgt ein Einblick in die einzelnen **Eigenschaften motivierender Ziele**.

Repräsentativ für die Arbeitsaufgaben. Ziele geben Richtung, Energie und Ausdauer. Schlimm, wenn das in die falsche Richtung geht. Wichtig ist daher, dass Ziele für die Arbeit der Mitarbeiter **repräsentativ** sind. Bestehen beispielsweise nur für manche Aufgaben Ziele und für andere nicht, führt das oft zu einem Verschieben der Aufmerksamkeit der Mitarbeiter. Der Bereich, in dem es keine konkreten Ziele gibt und in dem nicht gemessen wird, bleibt dann auf der Strecke. Manchmal werden bestimmte Ziele und Verhaltensweisen auch aus Gewohnheit mitgeschleppt, waren früher einmal sinnvoll und haben längst ihren Zweck verloren. Es lohnt sich also regelmäßig zu fragen: „Warum haben wir eigentlich dieses Ziel, warum muss dieser Prozess so eingehalten werden?"

Konkret, aber nicht zu detailliert. Ohne konkrete Vorstellungen von Zielen, wird eine Tätigkeit kaum motivieren. Entsprechend eindeutig sind hier die empirischen Befunde: Je konkreter die Vorstellung von Prozess und Ergebnis ist, desto stärker motiviert das Mitarbeiter. Klassische abstrakte Formulierungen „Gebt euer Bestes!" ist vor diesem Hintergrund suboptimal. Das gleiche gilt für „Sie sollten mehr tun!" oder „Machen Sie doch bitte schneller!". Eine genaue und konkrete Erwartung ist wesentlich effektiver. Ziele können konkret sein, indem **einzelne Aspekte** des Zieles genannt werden (z. B. „Ihre Aufgabe ist es Mobilfunkverträge und Datenflatrates zu verkaufen!") und indem diese Aspekte **mit Zahlen versehen** werden (z. B. „Versuchen Sie diese Woche 60 Mobilfunkverträge und 35 Datenflatrates zu verkaufen!").

Konkret sollte auch der **Zeithorizont** sein, bis wann eine Tätigkeit bzw. Teilschritte davon erledigt werden sollen. Hier wirkt auch ein gewisser Zeitdruck auf die meisten Mitarbeiter motivierend (Crawford et al. 2010). Führungskräfte sollten aber darauf achten, den Druck nicht zu stark einzusetzen, sonst können bei manchen Mitarbeitern Erschöpfung und Müdigkeit eintreten (Beckers et al. 2004; Bakker et al. 2006).

Eine **positive Formulierung** ist hilfreich, damit ein Ziel konkret ist. Statt „Vermeiden Sie in Zukunft Zeitnot bei der Vorbereitung von Workshops!" ist das Ziel „Beginnen Sie die Vorbereitung von Workshops in Zukunft zwei Wochen vor dem Termin!" wesentlich konkreter und lenkt die Aufmerksamkeit gleich auf das Wesentliche.

Manche Menschen verwechseln konkret mit detailliert. Ziele sollten **nicht zu detailliert** sein, kein Micro-Management bedeuten. Konkret bedeutet also bei Zielen, dass sie den richtigen Abstraktionsgrad haben. Es gilt zu vermeiden, dass die Mitarbeiter gar keine Autonomie für eigene Entscheidungen mehr haben oder vor lauter Details den Blick auf das wesentliche verlieren. Die meisten Mitarbeiter reagieren mit erhöhter Motivation auf angemessene Eigenverantwortung (vgl. Christian et al. 2011).

Harmonisch und konfliktfrei. Damit Ziele motivieren können, ist es auch wichtig, dass verschiedene Ziele möglichst **harmonisch und konfliktfrei** sind. Das gilt sowohl für einzelne Mitarbeiter, als auch zwischen verschiedenen Mitarbeitern, Teams, Abteilungen und Hierarchieebenen. Dafür gemeinsam mit den Beteiligten zu sorgen, ist eine wichtige Führungsaufgabe. Idealerweise sind Ziele sogar in einer **positiven Synergie**, so dass Mitarbeiter mit dem Verfolgen eines Zieles auch anderen Zielen näher kommen. Befinden sich verschiedene Ziele dagegen in einem Konfliktverhältnis, lässt häufig die Leistung bei allen diesen Zielen nach (Locke et al. 1994; Crawford et al. 2010). Zielkonflikte sind also – wo möglich – zu vermeiden. Ist ein Zielkonflikt nicht ganz zu vermeiden, dann ist zu besprechen, wie Mitarbeiter damit umgehen und welches Ziel im Zweifel Vorrang hat.

Attraktiv und bedeutsam. Darüber hinaus strebt man natürlich attraktive und bedeutsame Ziele eher an, als belanglose oder sogar unattraktive Ziele. Es ist deshalb entscheidend, Ziele so zu formulieren, dass diese für die Mitarbeiter **attraktiv** sind. Je attraktiver ein Verhalten und die daraus folgenden Ergebnisse sind, desto eher wird ein Verhalten ausgeführt.

Bei Mitarbeitern sollten die **Ziele in den Arbeitsaufgaben** attraktiv sein. Das Kap. 12 zur motivierenden Gestaltung von Arbeit liefert alle wichtigen Informationen, wie man Arbeit attraktiv und motivierend gestaltet.

Zudem sind auch **Anreize**, die für Arbeitsergebnisse versprochen werden, wichtig. Hierzu steht alles wesentliche im Kap. 15.

Anspruchsvoll, aber erreichbar. Studien haben gezeigt, dass anspruchsvolle aber erreichbare Ziele wesentlich effektiver sind, als wenig ambitionierte Ziele.

Durch anspruchsvolle Ziele, gelingt es den Vorgesetzten, **hohe Erwartungen** an den Mitarbeiter zu signalisieren. Das wirkt positiv auf die Motivation und Entwicklung des Mitarbeiters.

Natürlich sollte der Anspruch je nach Person unterschiedlich hoch sein, damit er realistisch ist. Personen mit hoher Kompetenz sollten anspruchsvollere Ziele bekommen. Und es ist wichtig, dass eine Person sich ein Verhalten auch zutraut und als nicht zu schwierig wahrnimmt (Ajzen 1987; 1991). Dafür ist neben der **objektiven Schwierigkeit** der Aufgabe vor allem die **Selbstwirksamkeit** der Person entscheidend (Latham und Locke 2007). Zu diesem Thema enthält das Kap. 19 zu Selbstwirksamkeit und Motivation von Mitarbeitern die entscheidenden Informationen.

Zur Erreichbarkeit von Zielen gehört auch, dass diese **nicht von anderen Personen abhängen**, sondern vom Mitarbeiter selbst. Mitarbeiter sollen sehen, dass sie selbst die Ziele erreichen können und für den Erfolg verantwortlich sind.

Akzeptiert. Damit Ziele funktionieren, müssen sie von den Betroffenen akzeptiert werden.

Grundsätzlich ist dafür eine **gute Begründung** der Ziele entscheidend, damit die Mitarbeiter die Bedeutung im größeren Zusammenhang erkennen.

Zusätzlich sind die **Werte** der betroffenen Mitarbeiter ein wichtiger Punkt. Es sollte keinen Konflikt mit den persönliche Werten der Mitarbeiter geben.

Aber nicht nur die einzelne Person entscheidet – zusätzlich spielt es eine große Rolle, ob ein Ziel **sozial bei den anderen im Team akzeptiert** ist (Ajzen 1987; 1991). Diesen Aspekt vertieft das Kap. 11 zu Teams, die Mitarbeiter motivieren.

In westlichen Kulturkreisen ist insbesondere eine **Partizipation** der Mitarbeiter bei der Zielsetzung und bei Entscheidungen wichtig für die Akzeptanz der Ziele. Das findet im Alltag bei Entscheidungen zu Arbeitsabläufen, Meetings oder in Zielvereinbarungsgesprächen statt. In anderen Kulturen werden oft auch fremdbestimmte Ziele gut akzeptiert, wenn sie als bedeutsam wahrgenommen werden – etwa in China (Ma und Becker 2015).

Rückmeldung gebend. Mitarbeiter sollten möglichst zeitnah Rückmeldung zur Leistung bei den Zielen erhalten, um die Motivation zu maximieren. Wie weit haben sie sich einem Ziel bereits angenähert? Wie gut sind sie im Vergleich mit

14.2 Ziele richtig formulieren

anderen Mitarbeitern? Das macht jeden Fortschritt sichtbar, was unmittelbar belohnend ist und die Leistung steigert (Stajkovic und Luthans 2001). So führt alleine das **Messen und Sichtbarmachen von Ergebnissen und Fortschritt** häufig dazu, dass Mitarbeiter sich selbst spontan Ziele stecken. Sie sehen ihre Leistung und nehmen sich vor, nächstes Mal noch besser zu sein. Die Leistung der Mitarbeiter steigt in Feldexperimenten dazu um etwa 20 % – wohlgemerkt alleine durch das Sichtbar-machen.

Bei manchen Tätigkeiten ist dieser Fortschritt ohne weiteres direkt sichtbar – etwa beim Streichen einer Wand. Häufig ist das aber nicht der Fall. Hier sind technische Hilfsmittel sinnvoll, um den Fortschritt anzuzeigen (am besten mit möglichst engen Updateintervallen, z. B. auf Tages- oder Wochenbasis).

Die folgende Übung dient Führungskräften und Mitarbeitern dazu, Ziele gemeinsam motivierend zu formulieren.

> **Übung**
> Mit einer psychologisch optimalen Gestaltung können Ziele ihr Potenzial voll entfalten. Was können Sie als Führungskraft dazu beitragen, wenn Sie Ziele mit Mitarbeitern vereinbaren oder setzen (vgl. dazu Comelli und v. Rosenstiel 2009)? Welche Fragen helfen Ihnen dabei und was können Sie bei den einzelnen Zielen überlegen?
>
> - Was sind die wirklich zentralen Ziele für einen Mitarbeiter, ein Team oder bei einer Aufgabe? Sind diese Ziele **repräsentativ** für die Aufgaben des Mitarbeiters und decken diese gut ab – bestehen wesentliche Lücken? Sind die Ziele ausnahmslos **positiv** formuliert?
> - **Reduzieren** Sie die Menge an Zielen auf den wirklich entscheidenden Kern zurück. Stellen Sie sich immer wieder die Frage: Was passiert wirklich schlimmes, wenn es das Ziel nicht gibt?
> - Sind diese Ziele wirklich übergeordnet und lassen den Mitarbeitern genug **Freiraum** für eigene Entscheidungen auf dem Weg zu diesen Zielen – oder werden Dinge im Detail reguliert, die Mitarbeiter sehr gut selbst entscheiden können?
> - Sind die Ziele **ausreichend konkret** formuliert? Ist die Formulierung der Ziele so, dass diese **messbar** sind? So ist klar, wann diese erreicht werden und damit Kontrolle möglich.

- Wie können die Ziele möglichst konfliktfrei und **harmonisch** formuliert werden? Das gilt für den einzelnen Mitarbeiter selbst, zwischen einzelnen Mitarbeitern, bei Teams aber auch bei ganzen Abteilungen und Bereichen des Unternehmens. Wo keine Harmonie möglich ist: Welche Ziele haben für Sie im Zweifel Priorität?
- Formulieren Sie die Ziele dann so, dass auch Ihre Mitarbeiter erkennen, dass diese bedeutsam sind. Begründen Sie die übergeordnete **Bedeutung** der Ziele.
- Achten Sie darauf, dass Ziele je nach Kompetenz der Mitarbeiter **anspruchsvoll** aber realistisch sind. Können die Mitarbeiter diese Ziele überhaupt selbständig erreichen, hängen die Ziele zentral von deren Verhalten ab? Mitarbeiter erleben das als Vertrauensbeweis und sehen, dass Führungskräfte an sie glauben.
- Haben die Mitarbeiter ausreichend Möglichkeiten, sich bei der Zielsetzung einzubringen, damit sie diese **als eigene Ziele erleben** und nicht als von außen diktiert? Decken sich die Ziele mit dem Selbstbild und den Werten der Mitarbeiter? Sind die Ziele bei den Mitarbeitern und deren sozialem Umfeld akzeptiert?
- Wo und an welchen Stellen kann **Rückmeldung** zum Fortschritt bei den Zielen erfolgen? Lassen sich die Aufgaben so gestalten, dass diese von alleine Rückmeldung geben?

Für die zielgerichtete Motivation und Führung mit Zielen sollten Zielsysteme über verschiedene Ebenen im Unternehmen hinweg harmonieren. Dieses Thema greift der nächste Abschnitt auf.

14.3 Ziele in Organisationen und Motivation

Organisationen haben **Hierarchieebenen**, die für den Erfolg sinnvoll zusammen wirken müssen. Ziele spielen auf jeder dieser Ebenen eine wichtige Rolle für die Leistung (vgl. Weldon et al. 1991; Locke und Latham 2002). Von unten her betrachtet, beginnt es bei den einzelnen Mitarbeitern und geht weiter über die Teams, Abteilungen, Bereiche, Geschäftseinheiten bis zur Gesamtorganisation. Auf jeder dieser Ebenen gibt es eigene Ziele, die sich natürlich idealerweise sinnvoll unterstützen und ergänzen.

14.3 Ziele in Organisationen und Motivation

Tatsächlich wird sich in der Praxis natürlich nie eine komplette Harmonie aller beteiligten Ebenen und Ziele ergeben. Vielleicht ist diese zeitweise auch nicht wünschenswert, da so **Impulse für Innovation**, Anpassungen und Veränderung entstehen. Meist wird man aber eine **weitgehende Harmonie anstreben**, um handlungsfähig zu sein. Oft ist es dabei aus Sicht des Managements wünschenswert, dass die einzelnen Mitarbeiter möglichst rasch die Ziele von oben übernehmen. Auch umgekehrt ist ein schnelles Berücksichtigen von veränderten Zielen der Mitarbeiter für Organisationen überlebensnotwendig, um ihre Mitarbeiter zu motivieren.

> **Praxistipps**
> Die **Herausforderungen** in der Praxis sind vielfältig und vielschichtig.
>
> - Die **Ziele auf den verschiedenen Ebenen** der Mitarbeiter, Gruppen, Abteilungen, Geschäftseinheiten und Gesamtorganisation sollten so gestaltet sein, dass sie im langfristigen Interesse der Organisation sind.
> - So ist einerseits sicherzustellen, dass die **Ziele auf verschiedenen Ebenen** mit denen der Gesamtorganisation **vereinbar** sind. Sind die Ziele etwa gar nicht bekannt, werden wesentliche Ziele nicht gelebt oder bestehen gar Konflikte zwischen den persönlichen Zielen eines Mitarbeiters und den Zielen der Organisationen, dann ist Fehlverhalten und Konflikt wahrscheinlich.
> - Umgekehrt ist es erfolgsentscheidend, dass Unternehmen die persönlichen **Ziele** (und die dahinter liegenden Motive) **der Mitarbeiter erkennen und berücksichtigen**, damit diese motiviert sind und nicht abwandern zu anderen Arbeitgebern.
> - Aber auch eine **komplette Harmonie aller Ziele** auf allen Ebenen wäre **dysfunktional**. Innovation kommt aus der Veränderung von Zielen und geht meist nur mit Konflikt von statten. Eine Anpassung der Ziele einer Organisation an veränderte Ziele von Mitarbeitern, Kunden und anderen wichtigen Gruppen ist wichtig.

Oft konzentriert man sich auf die offen ausgesprochenen und bekannten Ziele. Viele Ziele am Arbeitsplatz wirken aber im verdeckten – und ohne offen angesprochen zu werden. Diese Macht der impliziten Ziele behandelt der nächste Abschnitt.

14.4 Explizite Ziele, implizite Ziele und Motivation

Einige der Ziele in Unternehmen sind offen ausgesprochen, für viele Ziele gilt das nicht. Dennoch sind sie da und wirken. In der Psychologie spricht man von **expliziten Zielen** und **impliziten Zielen**, die Tab. 14.1 gegenüberstellt.

Meist fokussieren sich Unternehmen und Führungskräfte zu sehr auf explizite Ziele. Sie achten nicht genug darauf, welche Ziele und Verhaltensrichtlinien aus der Teamkultur, der Unternehmenskultur oder aus Nationalkulturen entspringen – und die expliziten Ziele womöglich gefährden. Auch diese impliziten Ziele gilt es daher zu kennen sowie zu beachten und wo möglich zu steuern, damit sie mit den expliziten Zielen in Harmonie sind. Am wichtigsten ist dafür die Teamebene. Wie man dort mit Regeln und Normen umgeht, um die impliziten Ziele in die richtige Richtung zu bringen, findet sich ausführlich im Kap. 11 zu Teams und Motivation.

Schön ist, wenn eine Aufgabe und die mit der Aufgabe direkt verbundenen Ziele so gestaltet sind, dass sie von sich aus die Mitarbeiter motivieren. Das ist nicht immer der Fall. Das nächste Kapitel behandelt daher die Verstärkung von Motivation durch zusätzliche Anreize.

Tab. 14.1 Explizite und implizite Ziele

Explizite Ziele	Implizite Ziele
Ziele werden auf vielfältigste Weise in Organisationen gesetzt, das geschieht bewusst und unbewusst. Explizite Ziele sind den Personen bewusst und werden offen ausgesprochen und formuliert. Diese Ziele existieren beispielsweise in Zielsystemen und Score Cards, in denen diese abgebildet werden. Zusätzlich gibt es diese expliziten Ziele in Mitarbeitergesprächen, bei denen Ziele vereinbart werden. Und explizite Ziele bestehen auf höherer Ebene in der ausformulierten Strategie, Mission und Vision für ein Unternehmen.	Neben den expliziten Zielen bestehen zahlreiche implizite Ziele, die nicht offen ausgesprochen und formalisiert sind. Zum Beispiel Ziele in Form von unausgesprochenen Normen: Wie viel Leistung ist normal, wie gehe ich mit Kollegen und Kunden um, was darf der Chef erfahren und erwarten, was darf der Kunde erwarten etc. Die impliziten Ziele sind wesentlich zahlreicher als die expliziten und regeln sämtliches Verhalten. Diese Ziele sind nicht offen benannt. Dennoch werden sie als Selbstverständlichkeiten betrachtet und Abweichung entsprechend geahndet. Dazu gehören unter anderem die Normen und Regeln der Unternehmenskultur und der einzelnen Arbeitsteams mit ihrer Teamkultur. Auch die Kultur und Werte der Gesellschaft, in denen ein Unternehmen eingebettet ist, bestimmen maßgeblich die impliziten Ziele. Fazit: Implizite Ziele sind mächtig → sie wirken im verborgenen und setzen Maßstäbe.

15 Anreize, die Mitarbeiter motivieren

Wie wirken zusätzliche **Anreize** auf die **Motivation von Mitarbeitern**? Wie können Führungskräfte mit Anreizen gezielt und nachhaltig **Verhalten aufbauen** und die **Leistung** der Mitarbeiter um 30 % oder mehr **steigern**? Dazu das wichtigste in diesem Kapitel.

Die vorangehenden Kapitel haben gezeigt, wie wirkungsvoll eine gute Gestaltung der Arbeitsaufgabe und Ziele für die Motivation der Mitarbeiter sind. Darüber hinaus kann man natürlich mit Anreizen versuchen, die Mitarbeiter zu motivieren. Da es in Organisationen um das Erreichen von Zielen geht, liegt natürlich nahe, die Erreichung von festgelegten Zielen zusätzlich durch äußere Anreize, wie etwa finanzielle Vergütungen, zu belohnen. Ebenfalls liegt nahe, ein Scheitern bei der Zielerreichung zu bestrafen. Letzteres kann mit negativen Anreizen geschehen. Darum geht es in diesem Kapitel.

Der nächste Abschnitt wirft einen Blick auf Anreize in der Praxis.

15.1 Anreize in der Praxis

Ansätze, die versuchen, Mitarbeiter mit Anreizen zu motivieren, haben sich in der Praxis weit verbreitet. Alle Organisationen versuchen auf die eine oder andere Art, Leistung zu belohnen und abweichendes Verhalten zu bestrafen. Das Prinzip von **Zuckerbrot und Peitsche** ist tief in den Unternehmen verinnerlicht (Greene 2011). Viele Entlohnungssysteme und Karrierepfade sind deutlich an diesen Linien entlang aufgebaut. Als Konsequenz haben Unternehmen häufig komplexe **Anreizsysteme** entwickelt. In der Praxis haben sich dabei sehr unterschiedliche Ansätze herauskristallisiert, mit Leistung von Mitarbeitern umzugehen: Manche setzen etwa auf Lob und Anerkennung, andere auf Geld und materielle Anreize und vieles mehr. Diese sehr unterschiedlichen Herangehensweisen haben vermutlich weniger damit zu tun, dass sich Menschen in verschiedenen Unternehmen so in ihrer Reaktion auf Anreize unterscheiden. Grund für diese Vielfalt ist eher, dass das Wissen über Menschen, ihr Verhalten und die Wirkung von spezifischen Anreizen, bei den Verantwortlichen Entscheidern sehr unvollständig ist. Je nach Unternehmenskultur und Menschenbild der Führungskräfte haben diese ihre ganz eigenen Systeme aufgebaut und gestrickt.

In der Praxis haben sich auch einige besonders **prominente Beispiele** für Anreizsysteme gezeigt. **Jack Welch** etwa leitete für 20 Jahre General Electric als CEO. Bekannt ist er unter anderem für seinen Ansatz „Differentiation", besser bekannt als die „**20-70-10 Regel**". Diese besagt, dass jährlich die 20 % hinsichtlich der Zielerreichung leistungsstärksten Mitarbeiter mit finanziellen Boni belohnt werden, die nächsten 70 % bestmöglich gefordert und gefördert werden und die 10 % mit der niedrigsten Zielerreichungsquote entlassen werden. Das zu Grunde liegende Menschenbild ist hier der aus der Ökonomie stammende **Homo oeconomicus**, der sich nur bewegt, wenn der finanzielle Nutzen maximal ist und absolut rational entscheidet. Andere Motive wie Anerkennung oder Freude an der Arbeit spielen in diesem Menschenbild keine Rolle.

Was sagt die Psychologie zu Belohnungen und Bestrafungen? Davon handelt der nächste Abschnitt.

15.2 Belohnung und Bestrafung in der Psychologie

In der Psychologie hat insbesondere eine Strömung, die Motivationssysteme und Menschenbilder in den Unternehmen geprägt: der **Behaviorismus** (Watson 1913). Schon früh zeigten Experimente mit Tieren und Menschen, dass Verhalten welches belohnt wurde, in Zukunft häufiger auftrat, wie Abb. 15.1 symbolisiert.

Verhalten das bestraft wurde, nahm in der Häufigkeit hingegen ab. Allerdings ist die psychologische Perspektive wesentlich breiter als die ökonomische Perspektive, denn sie bezieht sich nicht nur auf finanzielle Konsequenzen, sondern definiert Belohnung und Bestrafung breit. So können beispielsweise auch Lob und Anerkennung Belohnungen im psychologischen Sinne sein, auch wenn man keine direkten ökonomischen Vorteile erhält. Umgekehrt gilt etwa soziale Ausgrenzung als Strafe im psychologischen Sinne, selbst wenn es zu keinen finanziellen Einbußen kommt.

15.2 Belohnung und Bestrafung in der Psychologie

Abb. 15.1 Belohntes Verhalten nimmt bei Tieren und Menschen in der Folge zu. (© Conny Hagen / stock.adobe.com)

In der Psychologie hat sich **operantes Konditionieren** als Methode etabliert. Damit lassen sich mit Belohnung und Bestrafung schrittweise die komplexesten **Verhaltensweisen aufbauen** und stabilisieren oder auch **abbauen**; man spricht von **Shaping** (Skinner 1953). Es lassen sich durchaus beeindruckende Ergebnisse erzielen, die John Watson, einen der Hauptvertreter des Behaviorismus, zu folgender Aussage veranlassten:

> Give me a dozen healthy infants, well-formed, and my own specified world to bring them up in and I'll guarantee to take any one at random and train him to become any type of specialist I might select – doctor, lawyer, artist, merchant-chief and, yes, even beggar-man and thief, regardless of his talents, penchants, tendencies, abilities, vocations, and race of his ancestors (Watson 1930, S. 82).

Diese Ansätze des Konditionierens wurden dann entsprechend auf arbeitende Menschen übertragen (Adam und Scott 1971; Luthans und White 1971), man spricht von **Mitarbeiter-Verhaltens-Modellierung**. Mit diesen Ansätzen lassen sich eindrucksvolle Ergebnisse erzielen – bei verschiedensten Tätigkeiten in unterschiedlichen Branchen und kulturellen Kontexten (Stajkovic und Luthans 2003) zeigen sich Effekte auf das Verhalten im zweistelligen Prozentbereich.

Der nächste Abschnitt zeigt, welche Formen von Belohnungen und Bestrafungen man abgrenzen kann.

15.3 Formen von Verstärkung und Bestrafung

Die Psychologie bezeichnet Belohnungen als Verstärkung. Insgesamt lassen sich im sogenannten **operanten Konditionieren** mehrere Formen der **Verstärkung** und der **Bestrafung** unterscheiden. Tab. 15.1 zeigt diese im Überblick (vgl. Holland und Skinner 1974, S. 218).

Als nächstes eine konkrete Beschreibung der einzelnen Formen mit Beispielen:

Positive Verstärkung. Positive Verstärkung tritt ein, wenn ein positiver (angenehmer) Reiz nach einem Verhalten dargeboten wird. Im Personalbereich wäre das beispielsweise ein Bonus, der für bestimmte Ergebnisse bezahlt wird oder auch ein Lob des Vorgesetzten. Bei einem Fußballspieler wäre das z. B. der Jubel der Fans.

Negative Verstärkung. Eine negative Verstärkung tritt ein, wenn ein negativer (unangenehmer) Reiz reduziert wird. So könnte etwa als Belohnung ein unangenehmer Weg zur Arbeit reduziert werden, indem der Mitarbeiter mehrere Tage von zu Hause aus arbeiten darf. Bei einem Fußballspieler wäre das beispielsweise die Verringerung eines unangenehmen Bestandteiles im Training.

Bestrafung Typ 1. Bestrafung Typ 1 ist das Eintreten eines negativen Reizes. Das wäre beispielsweise ein Tadel durch die Führungskraft oder der Erhalt einer Abmahnung. Im Fußball ist eine gelbe Karte ein gutes Beispiel für Bestrafung Typ 1.

Tab. 15.1 Formen von Verstärkung und Bestrafung

Formen der Verstärkung	Formen der Bestrafung
Positive Verstärkung	**Bestrafung Typ 1**
Eintreten eines positiven Reizes	Eintreten eines negativen Reizes
Negative Verstärkung	**Bestrafung Typ 2**
Entzug eines negativen Reizes	Entzug eines positiven Reizes

Bestrafung Typ 2. Die Bestrafung Typ 2 bezieht sich auf den Entzug eines positiven Reizes. Bei Mitarbeitern könnte das ein Verlust an Status, Verantwortungsbereichen oder Ressourcen sein. Auch die Entfernung aus einem attraktiven Team ist ein Beispiel für Bestrafung Typ 2. Im Fußball wäre das der Entzug von Freude am Spiel durch Sitzen auf der Ersatzbank oder Statusverlust durch Entzug der Kapitänsbinde.

Eine zunehmende **Löschung** eines aufgebauten Zielverhaltens ohne eigenen Belohnungswert tritt ein, wenn längere Zeit keine positiven Konsequenzen mehr erfolgen. Das äußert sich in einer Abnahme der Häufigkeit und/oder Intensität des Zielverhaltens.

Wie lässt sich das Modell in die Praxis bei Mitarbeitern übertragen? Dazu der nächste Abschnitt.

15.4 Operantes Konditionieren von Mitarbeitern

Operantes Konditionieren lässt sich relativ einfach auf den Personalbereich übertragen. Auch hier gibt es positive sowie negative Reize, die dargeboten oder entzogen werden können. Aus der Kombination von angenehmen und unangenehmen Reizen lassen sich sehr wirksame Systeme der **Mitarbeiter-Verhaltens-Modellierung** aufbauen.

Metaanalysen zeigen, dass durch den Einsatz derartiger Systeme die **Leistung** der einzelnen Mitarbeiter **um durchschnittlich mehr als 15 % zunimmt** (z. B. Stajkovic und Luthans 1998), in vielen Fällen auch um wesentlich mehr, um 40 % und darüber. Geht man davon aus, dass die eingesetzten Systeme oft noch relativ unausgereift sind und bei der Erhebung oft erst relativ kurzfristig eingesetzt wurden, zeigen diese Daten, dass sich noch viel mehr erreichen lässt. In einem von Experten implementierten System (Stajkovic und Luthans 2001) konnte alleine mit finanziellen Anreizen die Arbeitsleistung im Schnitt um 37 % gesteigert werden. Lob von der Führungskraft als positiver Reiz steigerte die Leistung für sich alleine um 24 % und eine simple Rückmeldung bzw. Darstellung von Menge und Qualität der Leistung steigerte diese bereits um 20 %. Kombinationen aus verschiedenen positiven Reizen erreichen noch höhere Werte (Stajkovic und Luthans 2003).

Der nächste Abschnitt stellt positive Reize für Mitarbeiter vor.

15.5 Anreize für Mitarbeiter: Positive Reize

Anreize können so vielfältig sein wie das Leben und menschliche Motive selbst. Das beinhaltet natürlich auch exotischere Ansätze wie Sexualität – man denke an die Medienberichte über Lustreisen für Versicherungsmitarbeiter. Hier erfolgt ein Überblick über einige der typischeren und sinnvolleren Ansätze.

Typische **positive Reize** zeigt Tab. 15.2.

Tab. 15.2 Typische positive Reize

Positive Reize für Mitarbeiter	Beispiele
Finanzielle Anreize	Dazu gehören alle direkten oder indirekten (etwa Aktienoptionen) finanziellen Zuwendungen.
Materielle Anreize	Neben Geld gibt es in der Praxis zahlreiche materielle Anreize, wie etwa Dienstwagen oder Smartphones.
Erlebnisse	In der Praxis gibt es zahlreiche Erlebnisse, die als Anreiz eingesetzt werden – etwa die Teilnahme an Reisen oder Veranstaltungen.
Soziale Anreize	Bei sozialen Anreizen ist insbesondere zu denken an – Lob durch den Vorgesetzten und das Team, – Anerkennung und sozialen Status – etwa als Experte für einen bestimmten Bereich oder bestimmte Titel und Auszeichnungen sowie – Macht und Kontrolle über andere Menschen (etwa in Form von Karriere und Führungsverantwortung).
Möglichkeiten zu lernen und sich zu entwickeln	Viele Menschen haben ein ausgeprägtes Motiv zu lernen und zu wachsen. Das kann als Anreiz eingesetzt werden – etwa bei einer Arbeitsaufgabe selbst oder über Fort- und Weiterbildungen.
Anreize der Arbeit selbst	Oft wird vergessen, dass die Gestaltung der Arbeit selbst flexibel ist und eine Menge an angenehmen Reizen liefern kann (Schaufeli et al. 2009). Hierzu gehören: – Bedeutsamkeit (das Gefühl etwas Wichtiges zu tun), – Autonomie und Handlungsspielraum, – Abwechslung bei der Tätigkeit sowie – Herausforderungen und das Erleben etwas zu können (Sichtbarkeit der Ergebnisse und Leistung). Soll ein Verhalten eines Mitarbeiters verstärkt werden, dann bietet es sich an, seine Arbeitstätigkeit selbst als Anreiz zu verändern. Beispiel: Ein Mitarbeiter hat ein Projekt sehr erfolgreich abgeschlossen und bekommt ein noch wichtigeres Projekt (Bedeutsamkeit) und mehr Entscheidungsbefugnisse (Autonomie). Kap. 12 zeigt die entscheidenden Maßnahmen für motivierende Arbeitsaufgaben.

15.5 Anreize für Mitarbeiter: Positive Reize

Solche positiven Anreize können zur Verstärkung von Verhalten dargeboten oder zur Bestrafung entzogen werden. Bei der Übersicht wird schnell klar, dass der häufig anzutreffende **Fokus auf finanzielle und materielle Anreize** eher ein **Zeichen von mangelnder Kreativität** ist und selten der zweckmäßigste Ansatz. So gibt es in Metaanalysen Hinweise darauf, dass Anreize, die nicht finanziell oder materiell sind, mindestens so stark wirken, ja deren Wirkung sogar durch zusätzliche finanzielle Anreize verringert werden kann (Stajkovic und Luthans 1998). Dazu mag auch beitragen, dass **soziale Anreize wie etwa Lob unmittelbar** nach einem gewünschten Verhalten gegeben werden können (im Vergleich zu finanziellen Anreizen am Ende des Monats oder sogar am Jahresende). Zudem beinhaltet richtig umgesetztes Lob **viel Information** für die Mitarbeiter, warum das Verhalten gut war und was noch besser geht. Bei den zunehmend komplexen Arbeitstätigkeiten ist es oft auch nicht mehr einfach möglich, spezifische Ergebnisse klar mit konkreten finanziellen Beträgen zu verknüpfen. Hier lassen sich Lob und Anerkennung **einfacher** und sinnvoller einsetzen. Durch konkretes Lob wird auch ein **Lerneffekt** bei den Mitarbeitern erreicht, die komplexen Aufgaben besser zu beherrschen. Zudem drückt die Führungskraft mit Lob ihren **Glauben an die Leistungsfähigkeit** der Mitarbeiter aus und stärkt deren Selbstbewusstsein.

> **Übung**
>
> In der Regel nutzen Führungskräfte und Unternehmen einen großen Teil der möglichen Anreize nicht – sie konzentrieren sich sogar meist auf die weniger wirksamen und teureren Anreize. Hier setzt diese Übung an.
>
> - Machen Sie eine **Inventur der wünschenswerten Verhaltensweisen** Ihrer Mitarbeiter. Listen Sie diese schriftlich auf.
> - **Ist-Zustand**: Stellen Sie dann jeweils dar, welche positiven Reize systematisch als Konsequenz nach den jeweiligen erwünschten Verhaltensweisen eintreten. Findet Konditionierung mit positiven Reizen überhaupt systematisch statt? Auf welchen Reizen liegt bisher der Fokus?
> - **Soll-Zustand**: Überlegen Sie für sich, wie Sie nach den gewünschten Verhaltensweisen verstärkt kosten-effiziente und wirksame Reize einsetzen können: Reize der Arbeit selbst (z. B. erweiterter Handlungsspielraum), Möglichkeiten zu lernen und sich zu entwickeln und soziale Anreize (z. B. Lob).

- Fangen Sie dann nicht mit allem auf einmal an, sondern experimentieren Sie mit einzelnen der neuen positiven Reize.
- Behalten Sie bei, was gut funktioniert und bauen Sie ein **wirksames Portfolio an Reizen** hinter jedes erwünschte Verhalten.

Positive Anreize für Mitarbeiter sind also unbedingt zu empfehlen. Was aber ist von negativen Anreizen bei Mitarbeitern zu halten? Dieser Frage geht der nächste Abschnitt nach.

15.6 Anreize für Mitarbeiter: Negative Reize

Man könnte meinen: Warum überhaupt mit unangenehmen Reizen beschäftigen, die lassen sich ohnehin nicht sinnvoll bei Mitarbeitern einsetzen! Das stimmt meist. Generell ist es gut, negative Reize zu reduzieren, um die Arbeitsmotivation nicht zu belasten – aber es gibt Ausnahmen, auf die dieser Abschnitt eingeht. Zudem ist es wichtig, negative Reize zu kennen, um zu sehen, welche davon unbeabsichtigt auf die Mitarbeiter wirken. Dabei hilft dieser kurze Überblick, um zu erkennen, welche negativen Anreize es überhaupt gibt.

Tab. 15.3 zeigt typische **negative Reize**.

Derartige **negative Reize** sollten **insgesamt reduziert** sein, um die Motivation zu schützen. Meist wird man daher auf positive Reize setzen und die negativen Reize entziehen. **Unangenehme negative Reize wie Kontrolldruck, Bürokratie und Arbeitsüberlastung wirken verdeckt** auf viele Mitarbeiter, ohne dass es den Führungskräften bewusst ist. So demotivieren diese verdeckt wirkenden negativen Anreize gewünschtes Verhalten von Mitarbeitern und schädigen die Leistungsbereitschaft – etwa indem sie eigentlich **erwünschtes Verhalten** mit übermäßiger Bürokratie **ersticken** und bestrafen. Ähnlich wie bei Unternehmen ist es auch bei ganzen Staaten: Bei Bürgern erwünschte Verhaltensweisen, wie unternehmerische Tätigkeit, Bauvorhaben oder das Bezahlen von Steuern sind oftmals mit hohem Verwaltungsaufwand belegt. Diese verdeckten negativen Reize bestrafen dann unbeabsichtigt das eigentlich erwünschte Verhalten und ersticken die Motivation. Für Mitarbeiter gilt es daher bei allen erwünschten Verhaltensweisen, wie etwa Eigeninitiative und Unternehmertum von Mitarbeitern, die Bürokratie so gering wie möglich zu halten.

15.6 Anreize für Mitarbeiter: Negative Reize

Tab. 15.3 Typische negative Reize für Mitarbeiter

Negative Anreize für Mitarbeiter	Beispiele
Arbeitsüberlastung	Zu geringe Beschäftigung belastet, zu viel Workload aber auch. Das Eintreten von unangenehmen Tätigkeiten nach Verhalten ist ein negativer Reiz. Eine typische Anwendung ist, wenn ein Mitarbeiter ein schädigendes Verhalten gezeigt hat, ihn die Auswirkungen als Extra-Arbeit selbst beheben zu lassen.
Kontrolldruck	Kontrolldruck erleben Menschen meist als unangenehm. Er lässt sich beispielsweise als natürliche Konsequenz zeitlich befristet einsetzen, wenn Mitarbeiter Aufgaben nicht rechtzeitig oder anders als definiert erledigen. Dabei wird der Entscheidungs- und Handlungsspielraum eingeschränkt.
Soziale Ablehnung und Sanktionen	Den meisten Menschen ist nicht egal, was andere über sie denken und wie sich andere ihnen gegenüber verhalten – Ausgrenzung, Mobbing und Konflikt sind typische Formen, wie diese negativen Reize auftreten können. Entsprechend sollten erwünschte Verhaltensweisen als soziale Norm verankert werden. Abweichungen (etwa bei der Arbeitsleistung) bestraft das Team dann automatisch durch soziale Sanktionen (Angefangen von unfreundlichen Blicken bis hin zur direkten Rüge und Aufforderung seinen Beitrag zu leisten). Meist geschieht das ganz selbstverständlich im Team, ohne weiteres Zutun der Führungskraft. Diese Prozesse zeigt Kap. 11 in diesem Fachtext zu Teams, die Mitarbeiter motivieren.
Bürokratie und Verwaltungsaufwand	Verwaltungsaufwand ist eine typische Sanktion. Ein gezielter Einsatz als Strafe scheint wenig sinnvoll in der Praxis – eher wirkt der Aufwand durch Verwaltung und Bürokratie unbeabsichtigt als negativer Reiz und zerstört die Motivation der Mitarbeiter.

Die Bedeutung der negativen Reize liegt daher eher in ihrem unbeabsichtigten und unkontrollierten Wirken an den meisten Arbeitsplätzen. Konkret: In der Praxis wird oftmals unbewusst Verhalten konditioniert – und zwar in die falsche Richtung. Um dieses Risiko geht es im nächsten Abschnitt.

15.7 Schäden in der Praxis durch implizite Anreizsysteme

Für Psychologen ist der **Blick in Organisationen** unter der Perspektive des Konditionierens oft **unfreiwillig komisch** – und traurig zugleich. Es herrscht meist eine unglaubliche Ignoranz für die belohnenden und bestrafenden Konsequenzen hinter relevanten Verhaltensweisen. Dadurch kommen implizite Anreizsysteme zum Tragen und beherrschen das Verhalten der Mitarbeiter. Oft wird **unbeabsichtigt erwünschtes Verhalten bestraft** und **unerwünschtes Verhalten belohnt**.

Ein paar typische **Beispiele**:

- Ein Mitarbeiter, der interner Dienstleister in der IT ist, reagiert sehr langsam auf Anfragen und arbeitet unzuverlässig. Als Folge suchen sich seine Kunden Umwege über andere Personen, die dann seine Aufgaben erledigen. Sein unerwünschtes Verhalten wird also belohnt, die ihm unangenehmen Anfragen landen anderswo (negative Verstärkung). Andere Personen im selben Unternehmen sind offen und hilfsbereit, übernehmen auch Aufgaben, die eigentlich nicht ihr Verantwortungsbereich sind. In der Folge wird diese Arbeit immer mehr zu ihnen verlagert, sie werden mit Arbeit überlastet. Ihr eigentlich erwünschtes Verhalten wird somit bestraft (Bestrafung Typ 1).
- Ein Mitarbeiter kommt der Bitte nach, an einem Außenstandort eine Schulung durchzuführen, für die er eigentlich nicht zuständig ist. Als Konsequenz wird er mit einem großen bürokratischen Aufwand bestraft, die Reisekosten abzurechnen (Bestrafung Typ 1).
- Jemand macht einen guten Vorschlag für eine Innovation im Unternehmen. Als Konsequenz bekommt er den Auftrag, die Idee weiter zu entwickeln, es werden Mitarbeiter eingestellt, die er führen soll, er wird verantwortlich für den Erfolg des Projektes gemacht – alles zusätzlich zu seinen bisherigen Aufgaben, ohne Kompensationen. Der Beitrag zum Erfolg und zur Innovation wurde durch Arbeitsüberlastung bestraft (Bestrafung Typ 1).
- Eine Führungskraft kümmert sich um ihre Mitarbeiter und darum, dass der von ihr verantwortete Bereich erfolgreich läuft. Eine andere Führungskraft spart hier Zeit und kümmert sich vor allem um Networking mit den Vorgesetzten – Karriere macht die zweite Führungskraft. Ihr Verhalten, sich weniger um ihren Bereich und die Mitarbeiter zu kümmern, wurde belohnt (positive Verstärkung).

Jeder Mensch mit Arbeitserfahrung kennt solche und weitere Beispiele, kennt die Namen und Gesichter der Menschen dazu. Keiner redet offen darüber aber die Mitarbeiter durchschauen die verkorksten impliziten Anreizsysteme schnell – und sie richten sich danach. Diese **Ignoranz für Konsequenzen nach relevantem Verhalten richtet gewaltige Schäden an**, denn motiviert wird so in gänzlich falsche Richtungen.

Der folgende Abschnitt stellt die Erfolgsfaktoren für den Einsatz von Anreizen fokussiert dar.

15.8 Erfolgsfaktoren für Anreize und Konditionierung

Für **operante Konditionierung** gibt es bestimmte **Rahmenbedingungen und Erfolgsfaktoren**, die eingehalten werden sollten, damit der Erfolg der Verhaltensänderung maximal ist.

- **Auslösbarkeit**: Es gibt Möglichkeiten das gewünschte Verhalten auszulösen oder es tritt spontan mit einer geeigneten Frequenz auf.
- **Messbarkeit**: Das gewünschte Verhalten ist wenig komplex und die Leistung gut messbar.
- **Konsequenz**: Das gewünschte Verhalten führt tatsächlich zu verstärkenden Konsequenzen.
- **Belohnungswert**: Der Wert dieser verstärkenden Konsequenzen ist groß (d. h. sie sind relevant für die Mitarbeiter).
- **Zeitliche Nähe**: Die zeitliche Nähe zwischen Verhalten und Verstärkung ist eng.
- **Wiederholung**: Die Verstärkung wird häufig wiederholt.
- **Transparenz**: Es besteht ein eindeutiger und für die Zielperson nachvollziehbarer Zusammenhang zwischen dem Verhalten und den verstärkenden Konsequenzen (transparente Kommunikation der Anreize und der Zusammenhänge mit Verhalten). Dieser Punkt ist es auch, der bei Menschen eine Besonderheit darstellt. Tiere können Zusammenhänge nicht rational erkennen, Menschen schon.
- **Dynamik**: Wenn die Möglichkeit besteht, sollten die verstärkenden Konsequenzen die Leistung oder Intensität des Verhaltens dynamisch widerspiegeln, anstatt nur stumpf das Verhalten an sich zu belohnen.

Eine Übertragung der Forschungsergebnisse und der ausgearbeiteten Anwendungsmöglichkeiten in den Personalbereich war nur die logische Konsequenz.

Praxistipps
In der **Praxis** geht man sinnvollerweise in folgenden **Schritten** vor, wenn man Verhaltensweisen bei Mitarbeitern, Kunden oder anderen Gruppen modellieren möchte (Luthans und Kreitner 1985):

1. Als erstes gilt es, das **relevante Zielverhalten zu definieren**, welches man sich von Mitarbeitern wünscht oder aber welches beseitigt werden soll.
2. Im zweiten Schritt wird das **Zielverhalten** mit Indikatoren **messbar gemacht** und man erhebt das Ausgangsniveau.
3. Als dritter Schritt erfolgt eine Inventur, Auswahl und **Gestaltung von** möglichen positiven und negativen **Konsequenzen**, die man hinter das Zielverhalten schalten kann.
4. Viertens gilt es auf das **Zielverhalten** zu warten oder es **aktiv auszulösen**. Dafür ist hilfreich, wenn man den Kontext kennt, in dem das Verhalten auftritt und sogar Möglichkeiten hat, das Verhalten gezielt auszulösen. Oft findet das Verhalten ohnehin schon statt und es geht eher darum, die Häufigkeit des Verhaltens zu beeinflussen.
5. Fünftens erfolgt die **Applikation der Konsequenzen** beim Zielverhalten.
6. Danach erfolgt eine **Evaluation des Zielverhaltens** und der **Aufbau** sowie die Pflege **eines Regelkreises**, der die Zielverhaltensweisen nachhaltig steuern soll.

Vieles, was man heute in Unternehmen beobachten kann, gehorcht solchen oder ähnlichen Systemen – und das mit Erfolg. Positive Effekte von Ansätzen des operanten Konditionierens wurden nachgewiesen für die Arbeitsleistung in Produktion (Welsh et al. 1993), Vertrieb (Luthans et al. 1981) und Kundenservice (Luthans et al. 1991). Auch für verschiedene andere Verhaltensweisen wie Absentismus und Pünktlichkeit (Kempen 1982) sowie das Einhalten von Sicherheitsregeln (Haynes et al. 1982) gibt es deutliche Wirkung. Naturgemäß ist es meist in produzierenden Unternehmen einfacher und üblicher Zielverhalten zu definieren und zu belohnen, als etwa bei Dienstleistungen. Doch das sollte keine Ausrede sein, sich nicht um klare und messbare Ziele zu kümmern und diese mit Konsequenzen zu versehen.

Der nächste Abschnitt diskutiert Einwände und Kritikpunkte an einer operanten Konditionierung von Mitarbeitern.

15.9 Kritik am Konditionieren von Mitarbeitern mit Anreizsystemen

Manche Kritiker empfinden Mitarbeiter-Verhaltens-Modellierung als **ethisch fragwürdig**, empfinden es als Entmenschlichung der Mitarbeiter, als eine Art der Abrichtung wie bei Tieren. Es sollte natürlich bewusst sein, dass diese Systeme ein ganz bestimmtes Menschenbild haben, das Menschen nicht unbedingt vollständig beschreibt.

Diese **unvollständige Berücksichtigung der menschlichen Besonderheit** ist ein berechtigter Kritikpunkt. Tatsächlich gibt es hier einen wesentlichen Vorteil bei Menschen, der bei Tieren bestenfalls sehr eingeschränkt besteht: Bei ihnen können Konsequenzen schon motivieren, bevor ein Verhalten stattfindet – nämlich dann, wenn Menschen wissen, dass diese Konsequenzen erfolgen werden. Es geht also um Erwartungen und transparente Zusammenhänge zwischen Verhalten und bestimmten Konsequenzen. Deshalb ist es auch so wichtig, nicht nur nach einem Verhalten zu belohnen, sondern gleichzeitig mit Erwartungen und Zielen zu arbeiten. Diese wesentliche Ergänzung behandelt Kap. 14 zur Motivation mit Zielen.

Ein anderer Kritikpunkt ist der Fokus auf Konsequenzen und die **Steuerung von außen**. Tatsächlich arbeitet die Praxis oftmals von außen mit teuren Anreizen, um Verhalten aufzubauen und zu motivieren, anstatt auf die Arbeit und die Mitarbeiter selbst zu setzen. Der Gedanke, dass Arbeit Spaß machen könnte oder dass Personen von sich aus motiviert sind, kommt bei diesen Systemen zu kurz – obwohl er eigentlich gut integrierbar wäre, etwa durch Anreize wie mehr Autonomie bei der Arbeit. Es ist also weniger ein Kritikpunkt am Konditionieren von Mitarbeitern an sich, sondern daran, wie es oft gehandhabt wird. Hier besteht Nachholbedarf in der Praxis, die Perspektive zu erweitern und nicht nur auf Anreize von außen zu setzen. Die Möglichkeiten, eine Arbeit an sich motivierend zu gestalten, beschreibt Kap. 12.

Das nächste Kapitel diskutiert eine sich logisch an diese Kritik anschließende Frage: Sind zusätzliche Anreize von außen (extrinsische Motivationssysteme) eher eine Notlösung als ein Königsweg?

Intrinsische und extrinsische Motivation 16

Sind zusätzliche Anreize und Belohnungen wirklich die beste Art zu motivieren? Sollte eine Tätigkeit selbst nicht besser so gestaltet sein, dass sie von sich aus motiviert? Und was hat mehr Einfluss auf die Arbeitsleistung – eine gut gestaltete, motivierende Aufgabe oder attraktive Anreize? Die Antworten dazu in diesem Kapitel.

Kap. 15 hat gezeigt, wie mächtig Anreize von außen sind, etwa Geld oder Anerkennung. Motivation aufgrund von solchen zusätzlichen Anreizen von außen bezeichnet man in der Psychologie als **extrinsische Motivation** (vgl. Deci und Ryan 1985). Hier die Definition:

> Extrinsische Motivation für ein Verhalten stammt aus der Wirkung von Ergebnissen außerhalb des Verhaltens selbst oder der Erwartung dieser Wirkung. Diese Ergebnisse wirken dann als positive (Verstärkung) oder negative (Bestrafung) Anreize.

Dass es **instrumentell** ist, also dazu dient, ein bestimmtes Ergebnis zu erreichen oder zu vermeiden, ist der entscheidende Punkt dafür, damit ein Verhalten extrinsisch motiviert ist.

Dem gegenüber steht Motivation aus einer Tätigkeit selbst, die **intrinsische Motivation** (vgl. Deci und Ryan 1985). Eine Antwort auf die Frage, was Tätigkeiten von sich aus motivierend macht, ist von hohem praktischen Nutzen. So können Arbeitsaufgaben optimiert werden, um die Mitarbeitermotivation optimal anzusprechen (Ryan und Deci 2000). Dieses ist zum Beispiel im Kap. 12 zur Optimierung von Arbeitsaufgaben das zentrale Thema. Im Folgenden die Definition für intrinsische Motivation:

> Intrinsische Motivation für ein Verhalten stammt aus dem Erleben des Verhaltens selbst oder der Erwartung dieses Erlebens.

© Springer-Verlag GmbH Deutschland, ein Teil von Springer Nature 2019
F. Becker, *Mitarbeiter wirksam motivieren*,
https://doi.org/10.1007/978-3-662-57838-4_16

Um diese unterschiedlichen Quellen der Motivation geht es in diesem Kapitel. Der erste Abschnitt diskutiert die Grenzen von extrinsischer Motivation.

16.1 Nutzen und Grenzen extrinsischer Motivation

Das vorangehende Kap. 15 zu Anreizen zeigt, wie mächtig **Anreize von außen wirken**. Man kann damit fraglos viel erreichen – so ist beispielsweise davon auszugehen, dass sie einen großen Anteil bei der Motivation der einfachen Arbeiter beim Bau der Pyramiden oder der chinesischen Mauer ausgemacht haben.

Pecunia non olet (Geld stinkt nicht!) sagten und glaubten die Römer. Und tatsächlich untermauern diese Annahme die neuzeitlichen Forschungsergebnisse aus Metaanalysen. **Finanzielle Anreize** hängen mit der Leistung von Mitarbeitern **positiv** zusammen (Condly et al. 2003).

Und doch: Ansätze zur Motivation, die stark auf Anreize von außen wie Geldbelohnungen bauen, betrachten den Menschen als rein ökonomischen Akteur, als kleinen Taschenrechner, der nur nach seinem (finanziellen) Nutzen handelt. Derartige Ansätze und Annahmen hören sich häufig auf den ersten Blick vernünftig und rational an. Bei genauerem Überlegen tauchen aber schnell sehr kritische Fragen dazu auf: Warum spenden so viele Menschen anonym Geld? Warum arbeiten zahlreiche Menschen ehrenamtlich, ohne Geld zu bekommen? Warum findet überflüssiges und irrationales Konsumverhalten statt, das Geld vernichtet aber nicht einbringt – man denke an teure Spirituosen oder Oldtimer, die Millionen kosten? Warum heiraten Menschen aus Liebe, warum gibt es Kunst und Schmuck – und wieso ist das Fernsehprogramm so wie es ist? Wie könnte es all das geben, wenn Menschen vor allem an Geld interessiert wären?

Offenbar speist sich die Motivation zu vielen Tätigkeiten aus Antrieben, die der ökonomischen Perspektive nicht bekannt sind, aus Antrieben die sich nicht nur auf Geld oder anderen ökonomischen Nutzen beziehen. Dabei ist zu denken an Lob, Anerkennung, Möglichkeiten zu lernen und sich zu entwickeln oder einfach die Erwartung, zukünftig mehr Handlungsspielraum bei Arbeitsaufgaben zu bekommen. So geben Metaanalysen Einblick, dass **auch immaterielle Anreize stark wirken** (Stajkovic und Luthans 1998). Kombinationen aus verschiedenen positiven Reizen erzielen die höchsten Werte (Stajkovic und Luthans 2003).

Fazit: Extrinsische Motivation ist eine **gewaltige Stellschraube für die Motivation von Mitarbeitern**, auf die man meist nicht verzichten möchte. Es sei denn man nimmt reduzierte Leistung im zweistelligen Prozentbereich in Kauf (z. B. Stajkovic und Luthans 1998), in vielen Fällen um mehr als 40 %. Das gilt vor allem dann, wenn man nicht nur auf finanzielle Anreize, sondern breit auf extrinsische Anreize verzichten würde.

Und doch ist extrinsische Motivation **eher ein Zusatz als ein Ausgangspunkt.** Das liegt daran, dass Verhalten oftmals gar keinem Zweck außerhalb des Verhaltens dient, sondern aus sich selbst heraus motivierend ist. Dieses intrinsisch motivierte Verhalten ist Thema im nächsten Abschnitt.

16.2 Intrinsische Motivation

Schon bei Tieren beobachtet man viele **Verhaltensweisen**, die offenbar **aus sich selbst ohne zusätzliche Anreize motiviert** sind, wie Spiel oder die neugierige Erforschung der Umwelt (White 1959). Auch Menschen zeigen Neugierverhalten und Spiel ohne zusätzliche Belohnungen von außen. Das Lernen alleine scheint belohnend genug zu sein. Betrachtet man menschliches Verhalten insgesamt, dann ist es häufig nicht rational auf irgendwelche Zwecke gerichtet: Die Motivation für ein Verhalten muss nicht außerhalb eines Verhaltens liegen, sondern kann im Verhalten selbst liegen. Anders ausgedrückt: Menschen wollen nicht nur Autofahren, um von Punkt A zu Punkt B zu kommen, sondern es reicht mitunter einfach „Freude am Fahren". Und diese Freude gibt es natürlich auch an vielen anderen aus ökonomischer Sicht vollkommen unvernünftigen Dingen, wie ehrenamtlicher Arbeit, riskantem und teurem Sport oder aufwändigem Kochen. Diese **Freude an einer Tätigkeit selbst** bezeichnet man in der Psychologie als **intrinsische Motivation**.

Ein interessanter Punkt ist, dass Verhalten, dass ursprünglich extrinsisch motiviert werden musste, nach einer Weile auch **integriert** werden kann (Ryan und Deci 2000). Es läuft dann ohne weitere äußere Anreize weiter, man fühlt sich vielleicht sogar schlecht, wenn man es nicht ausführt. Das ursprünglich extrinsische motivierte Verhalten ist damit zu einem intrinsisch motivieren geworden. Ein Beispiel aus dem Alltag ist Zähneputzen. Die meisten Kinder mögen es nicht und müssen zunächst von außen dazu bewegt werden, d. h. extrinsisch motiviert werden. Nach einer Weile ist das Zähneputzen intrinsisch motiviert, findet auch ohne Anreize von außen statt – die etwas älteren Kinder fühlen sich sogar schlecht, wenn einmal die Zahnbürste für einen Urlaub vergessen wurde und sie einen Tag nicht Zähneputzen können. **Extrinsische Anreize** können also eine **wichtige Starthilfe** sein, um Gewohnheiten aufzubauen, die dann von selbst weiterlaufen. Die Anwendungen bei Mitarbeitern behandelt Kap. 20 zur Macht der Gewohnheit im Detail.

Es gibt also durchaus auch **Zusammenhänge und Übergänge zwischen extrinsischer und intrinsischer Motivation**. Der folgende Abschnitt konzentriert sich jedoch zunächst auf die Abgrenzung von beiden.

16.3 Abgrenzung von extrinsischer Motivation und intrinsischer Motivation

Was genau sind jetzt die Unterschiede zwischen extrinsischer Motivation und intrinsischer Motivation, wie kommen diese Motivationen zustande und was bedeutet das für die Motivation in der Praxis? Abb. 16.1 zeigt ein Modell zum Überblick.

Diese Elemente und Beziehungen stellt das Modell dar:

- Menschen zeigen **Verhalten**. Beispielsweise programmiert ein Mitarbeiter an einer Software.
- Dieses Verhalten hat von sich aus Ergebnisse, **Verhaltensergebnisse**. In unserem Beispiel eine Software, die elegant programmiert ist, stabil läuft und wie definiert funktioniert.
- Zusätzlich zu diesen Verhaltensergebnissen können noch **Konsequenzen** für die Ergebnisse (und das Verhalten) gesetzt werden. Das können z. B. sein: Das Team des Programmierers bewundert ihn für seine Leistung, der Vorgesetzte lobt ihn, er bekommt eine Beteiligung am mit der Software erwirtschafteten Umsatz.

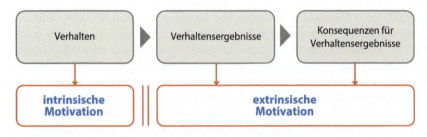

Abb. 16.1 Intrinsische Motivation und extrinsische Motivation von Verhalten

- **Extrinsische Motivation** ist eine Auswirkung von Verhaltensergebnissen und Konsequenzen für Verhalten. Sowohl die Verhaltensergebnisse als auch die zusätzlichen Konsequenzen für die Verhaltensergebnisse liegen nicht im Verhalten selbst, sondern außerhalb. Sie erfolgen zudem meist zeitlich dahinter, erst wenn das Verhalten abgeschlossen ist (und sei es in Form von Zwischenzielen). Extrinsische Motivation wirkt daher sozusagen von hinten aus zukünftigen Erwartungen. Diese Erwartungen und Versprechen „ziehen" einen Mitarbeiter sozusagen durch das Verhalten, man kann es als **Pull-Effekt** bezeichnen. Selbst wenn jemand überhaupt keine Lust auf eine Tätigkeit an sich hat und nicht motiviert ist, können ihn seine Erwartungen für Verhaltensergebnisse und Konsequenzen aus den Ergebnissen durch diese Tätigkeit ziehen.
- **Intrinsische Motivation** ist dagegen eine Auswirkung des Verhaltens an sich. Sie liegt im Verhalten selbst, erfolgt zeitgleich und nicht zusätzlich. So wird der Programmierer, während er die Software erstellt, beispielsweise merken, dass er kompetent ist (Kompetenzerleben), Freiraum haben, alles selber zu entscheiden (Autonomie), und das Gefühl haben, etwas sehr Wichtiges zu tun (Bedeutsamkeit). Das sind Beispiele für in einer Aufgabe selbst liegende Aspekte, die motivierend wirken – in dem Fall auf die intrinsische Motivation.

Intrinsische Motivation bezieht sich also auf Motivation, die aus einer Aufgabe selbst entspringt, etwa weil diese als bedeutsam erscheint und Freiraum bei den Entscheidungen bietet. Extrinsische Motivation dagegen speist sich aus den Ergebnissen eines Verhaltens (etwa einem hochwertigen Ergebnis) und zusätzlichen Konsequenzen von außen – typischerweise Anreize wie Geld.

Der nächste Abschnitt klärt die Frage: Was hat mehr Einfluss auf die Arbeitsleistung – eine gut gestaltete, motivierende Aufgabe oder attraktive Anreize?

16.4 Intrinsische und extrinsische Motivation: Einfluss auf die Leistung

Intrinsische und extrinsische Motivation – welche ist wichtiger? Die Antwort auf diese Frage ist oberflächlich betrachtet einfach: Beide haben im Durchschnitt **etwa den gleichen Einfluss auf die Leistung**, wenn man mehrere tausend Untersuchungen in einer Metaanalyse auswertet (Cerasoli et al. 2014). Soll man also immer beide gleich stark beachten? Nein, wie tief-gehende Auswertungen und die Abb. 16.2 zeigen.

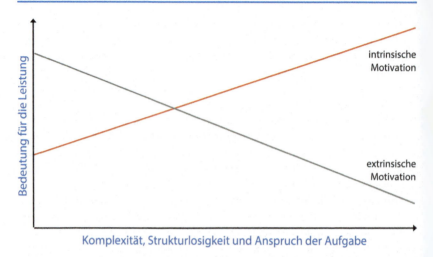

Abb. 16.2 Bedeutung von intrinsischer und extrinsischer Motivation bei verschiedenen Aufgaben

Für die Motivation von Kitarbeitern heißt das konkret:

- **Intrinsische Motivation** ist statistisch am bedeutsamsten **bei anspruchsvollen, komplexen Aufgaben**, bei denen Mitarbeiter viel Freiraum bzw. Eigenverantwortung haben. Die Steuerung von innen ist hier auch besonders wichtig, da man von außen nur schwer Leistung messen und belohnen kann. Dass diese Art von Tätigkeiten zunimmt (durch Automatisierung und Verlagerung in Niedriglohnländer), fördert die Bedeutung von intrinsischer Motivation weiter. Aber auch bei wenig anspruchsvollen, gut strukturierten Tätigkeiten zeigt sich immer noch ein bedeutender Zusammenhang mit der Arbeitsleistung. Geht es darum, Mitarbeiter zu motivieren, wird man also immer auf intrinsische Motivation achten.
- **Extrinsische Motivation** hat statistisch eine umso stärkere Bedeutung, **je einfacher und strukturierter Tätigkeiten sind**. Hier lässt sich auch am besten Leistung definieren, messen und incentivieren. Bei diesen Tätigkeiten wird man daher extrinsische Anreize einsetzen.

Bei anspruchsvollen, komplexen Aufgaben, bei denen Mitarbeiter viel Freiraum bzw. Eigenverantwortung haben, ist der Zusammenhang mit der Leistung positiv aber schwach. Das kann auch daran liegen, dass es hier eben meist nicht sinnvoll gelungen ist, Leistung zu definieren und zu messen. Die Vorausset-

16.4 Intrinsische und extrinsische Motivation: Einfluss auf die Leistung

zung ist also, Leistung sinnvoll zu definieren und messbar zu machen – dann kann man gut extrinsische Anreize einsetzen. Wo das nicht gelingt, sollte man sich diesen Aufwand und die Kosten sparen.

Bei Mitarbeiter steht natürlich die Arbeitsleistung im Vordergrund. Aber auch für die Bereiche Bildung und Sport haben sich vergleichbare Zusammenhänge gezeigt

Tab. 16.1 Extrinsische und intrinsische Motivation im Vergleich

Intrinsische Motivation	Extrinsische Motivation
– Intrinsische Motivation bezieht sich auf Motivation, die **aus einer Aufgabe selbst** entspringt, etwa weil diese bedeutsam erscheint und Freiraum bei den Entscheidungen bietet. – Personen, die aus intrinsischer Motivation Verhalten zeigen, sind im Vergleich mit extrinsisch motivierten Personen **zufriedener** mit ihrer Tätigkeit (genießen den Weg), verfolgen die Ziele **hartnäckiger**, freuen sich mehr über das Erreichen eines Zieles und **verkraften Misserfolg besser** (z. B. Ryan und Connell 1989; Sheldon et al. 2004). – Und natürlich hat intrinsische Motivation einen sehr **deutlichen Effekt auf die Arbeitsleistung** (Cerasoli et al. 2014). Hier zahlt sich der höhere persönliche Einsatz von intrinsisch motivierten Mitarbeitern aus. – Dabei wirkt sie sich vor allem auf die **Qualität der Arbeit** aus (Cerasoli et al. 2014). Qualität lässt sich schwerer als Quantität extern kontrollieren, steuern und belohnen. – Intrinsische Motivation ist vor allem **wirksam bei komplexen Tätigkeiten**, die ein hohes Maß an **Eigenverantwortung**, Kreativität und Autonomie verlangen. Bei diesen sorgt sie für die nötige **innere Steuerung der Mitarbeiter**.	– Extrinsische Motivation speist sich aus den **Ergebnissen eines Verhaltens** (etwa einem hochwertigen Produkt) und zusätzlichen Konsequenzen von außen – typischerweise Anreize wie Geld. Auch Lob und Anerkennung von anderen sind klassische extrinsische Anreize. Dazu zählt alles, was von außerhalb eines Verhaltens selbst kommt, um das Verhalten zu motivieren. – Extrinsische Motivation ist, wenn man es hart formuliert, dann das Mittel der Wahl, **wenn es nicht gelingt, Arbeitstätigkeiten selbst motivierend genug zu gestalten** – oder wenn man **die falschen Mitarbeiter** ausgewählt hat, die keinen eigenen Antrieb für die Arbeitsaufgaben mitbringen. – Extrinsische Motivation ist eine **wunderbare Ergänzung** zur intrinsischen Motivation. Sie liefert in der Regel (die Ausnahmen diskutiert der nächste Abschnitt) einen **zusätzliche Motivationsschub** (Cerasoli et al. 2014). – Sie wirkt vor allem auf die **Quantität der Leistung** (Cerasoli et al. 2014). – Extrinsische Motivation ist daher vor allem **wirksam bei strukturierten Tätigkeiten**, die **wenig Selbständigkeit** erfordern. Bei diesen lässt sich meist von außen die Leistung gut messen und incentivieren – und damit letztendlich die **Mitarbeiter von außen steuern**.

(Cerasoli et al. 2014). Intrinsische und extrinsische Motivation scheinen also bereichsübergreifend wichtig zu sein.

Tab. 16.1 fasst die **wesentlichen Eigenschaften** von extrinsischer Motivation und intrinsischer Motivation zusammen.

Wirkt doppelt also besser? Der nächste Abschnitt diskutiert die Wechselwirkungen von intrinsischer und extrinsischer Motivation.

16.5 Wechselwirkungen zwischen extrinsischer und intrinsischer Motivation: Korrumpierender Effekt

Wäre der Mensch rational, müsste man annehmen, dass intrinsische und extrinsische Anreize voneinander ganz unabhängig sind und sich sinnvoll ergänzen. Ganz nach dem Motto: Doppelt wirkt besser! Nach neueren Analysen scheint dies in der Regel auch zuzutreffen (Stajkovic und Luthans 2003; Cerasoli et al. 2014). Die empirische Lage zeigt aber auch Ausnahmen davon und dass unter bestimmten Bedingungen extrinsische Anreize die Motivation sogar abwürgen. Das zeigt folgendes Beispiel.

> **Beispiel**
> Ein Beispiel, das auf einem klassischen Experiment basiert (Lepper et al. 1973): Die Kinder in einem Kindergarten lieben es, zu malen. Sie malen einfach von sich aus, nehmen sich Papier und Stifte und genießen den Prozess. Sie sind also im besten Sinne intrinsisch motiviert, zu malen.
> Die Erzieherin kommt jetzt auf die Idee, das Verhalten (Malen) zusätzlich (extrinsisch) zu motivieren. Am Montag nächster Woche fängt sie an. Sie verspricht den Kindern für jedes gemalte Bild jeweils fünf Gummibärchen und teilt diese dann aus. Was passiert? Die Kinder malen noch mehr, aber die Bilder werden einfacher und weniger komplex – es geht ja jetzt um die Gummibärchen und weniger um den Spaß am Malen. Darin spiegelt sich die Wirkung extrinsischer Anreize auf Quantität wieder. Bis zum Ende der Woche nimmt die Malleistung auch wieder ab, denn die Kinder gewöhnen sich an Gummibärchen – diese werden nicht mehr als etwas besonders empfunden.

16.5 Wechselwirkungen zwischen extrinsischer und intrinsischer Motivation

Zu Beginn nächster Woche kommt der Paukenschlag: Es gibt keine Gummibärchen mehr! Die meisten Kinder, die vorher ohne extrinsische Anreize gerne gemalt haben, hören jetzt auf zu malen. Es gibt ja keine Gummibärchen mehr dafür! Die intrinsische Motivation für ein Verhalten wurde also durch extrinsische Anreize zerstört.

Offenbar bestehen **Wechselwirkungen** zwischen intrinsischer Motivation und extrinsischer Belohnung. Dabei hat sich in zahlreichen Untersuchungen gezeigt, dass ein ursprünglich intrinsisch belohnendes Verhalten seine motivierenden Eigenschaften verloren hat, nachdem zusätzlich extrinsische Belohnungen erfolgt sind (vgl. z. B. Deci et al. 1999), (Abb. 16.3).

Anders formuliert: Wenn ein Verhalten, das Menschen von sich aus bereits gerne machen, zusätzlich materiell belohnt wird, reduziert das mitunter die intrinsische Motivation. Das fällt zunächst nicht auf, da ja jetzt eine zusätzliche extrinsische Belohnung das Verhalten motiviert und aufrecht erhält. Fällt die äußere Belohnung

Abb. 16.3 Kinder malen gerne. Aber was passiert, wenn man das Malen zusätzlich belohnt – und das dann plötzlich wieder einstellt? (© JenkoAtaman / stock.adobe.com)

später aber weg, dann wird das Verhalten eingestellt, auch wenn es zuvor ganz ohne Belohnung gerne gemacht wurde. Man bezeichnet das als **korrumpierenden Effekt** extrinsischer Belohnung auf die intrinsische Motivation zu einem Verhalten. Zusätzliche extrinsische Belohnungen wie Geld können also sogar schädlich für die Motivation sein. Diese Auffassung hat sich relativ weit und undifferenziert in der Praxis verbreitet – ein Fehler.

Sind extrinsische Anreize also ein zweischneidiges Schwert, das einen auch selber schneidet, indem es die intrinsische Motivation abwürgt? Die Wechselwirkungen sind wesentlich komplexer, als zunächst gedacht. So hat sich beispielsweise gezeigt, dass immaterielle extrinsische Anreize wie etwa das Lob eines Vorgesetzten oder die Zustimmung der sozialen Gruppe sogar die intrinsische Motivation steigern können. Materielle extrinsische Anreize wie Geld scheinen dagegen mitunter intrinsische Motivation zu untergraben (Deci et al. 1999). Eine aktuelle Metaanalyse kommt zu dem Schluss, dass **extrinsische Belohnung meistens sogar einen positiven Effekt auf intrinsische Motivation hat** – und zwar immer dann, wenn die **Belohnung nicht für das Verhalten an sich, sondern für die konkrete Leistung** erfolgt (Cameron et al. 2001). Es ist also sinnvoll, zu belohnen, wie viel jemand leistet, etwa, dass er eine gute Lösung entwickelt oder eine bestimmte Arbeitsmenge in einer hohen Qualität erledigt. Die aktuellste und größte Metaanalyse zu dem Thema zeigt, dass extrinsische Anreize die intrinsische Motivation meist steigern (Cerasoli et al. 2014).

Fazit: Ein **Verzicht auf extrinsische Anreize**, aus Angst die intrinsische Motivation zu untergraben, **wäre ein großer Fehler**, der viel mehr Chancen kostet, als Risiken reduziert. Extrinsische Anreize sind kein zweischneidiges Schwert, vor dem man sich in Acht nehmen müsste, sondern eher **eine mächtige Streitaxt** mit einer sehr scharfen Klinge. Diese hilft Unternehmen und Führungskräften im Wettbewerb zu siegen. Die Wahrscheinlichkeit, sich an der stumpfen Seite selbst zu verletzen, ist denkbar gering – aber bei sehr idiotischem Vorgehen nicht ausgeschlossen. Im Folgenden daher die wichtigsten Tipps.

> **Praxistipps**
> Stellt man intrinsische und extrinsische Motivation gegenüber, dann ergeben sich folgende Leitgedanken für die Praxis:
>
> - **Intrinsische Motivation** ist der **Königsweg** bei der Motivation von Mitarbeitern. Sie hat einen deutlichen Effekt auf die Arbeitsleistung

(Cerasoli et al. 2014). Insbesondere bei komplexen Aufgaben mit hohem Anspruch an die Qualität der Umsetzung sorgt intrinsische Motivation für den nötigen persönlichen Einsatz der Mitarbeiter. Hier ist meist hohe Eigenverantwortung und Autonomie gegeben, man muss daher auf die innere Steuerung durch intrinsische Motivation zurückgreifen. Aber auch bei einfachen und klar strukturierten Aufgaben finden sich deutliche Effekte. Insgesamt legt die Forschung nahe, **grundsätzlich auf intrinsische Motivation bei Arbeitsaufgaben zu achten**. Zudem geht es ja nicht nur um die Arbeitsleistung. Auch Ziele wie Spaß an der Arbeit und das Wohlergehen der Mitarbeiter sprechen für eine starke Betonung von intrinsischer Motivation in der Praxis. Es gibt zudem keinerlei Hinweise auf Nachteile oder Wirkungslosigkeit abhängig von demographischen Merkmalen der Personen oder Aufgaben.

Extrinsische Anreize erfordern dagegen aufwändigere Kontrolle (z. B. wann und in wie weit jemand ein Ziel erreicht oder Verhalten gezeigt hat) und teilweise kostspielige Anreize (z. B. Geld). Wenn zusätzlich auch die bestrafenden Reize eingesetzt werden sollen, kommen dazu noch menschlich unangenehme Situationen.

Je besser also intrinsische Motivation gelingt, desto weniger muss mit hohem Aufwand extrinsisch motiviert werden. Zudem sind höhere Arbeitszufriedenheit, engagiertere Zielverfolgung und mehr Resistenz bei Misserfolg weitere gute Gründe, um auf intrinsische Motivation zu setzen. Leitfrage sollte dafür sein: Wie kann ich das gewünschte Verhalten so gestalten, dass es von sich aus Freude macht? Also das Prinzip „Freude am Fahren" auf die Arbeit übertragen.

- In der Regel ist **extrinsische Motivation** in der Praxis **zusätzlich sinnvoll**. Sie ist sogar notwendig bei Personen, die keine intrinsische Motivation für ihre Arbeit mitbringen und bei Arbeitsaufgaben, die generell kaum Motivationspotenzial bieten und stark strukturiert sind. Und sind wir ehrlich – solche Personen und Arbeitsaufgaben sind nicht selten in der Praxis. Extrinsische Anreize scheinen bei den jüngeren Generationen an Arbeitnehmern sogar eher verstärkt gefragt zu sein (Twenge et al. 2010). Viele Aufgaben von Mitarbeitern sind auch nicht unbedingt so gestaltet, dass man von intrinsischer Motivation ausgehen kann. Hier ist (falls eine Optimierung der Aufgaben nicht möglich ist) notgedrungen auf extrinsische Anreize zurück zu greifen.

Typischerweise sind extrinsische Anreize besonders gut bei quantitativen Tätigkeiten (Gilliland und Landis 1992), die weniger komplex und eher anspruchslos sind. Dann sollte man mit Anreizen von außen arbeiten. Geeignete Maßnahmen und Ansatzpunkte dazu beschreibt das vorangehende Kap. 15 zum Einsatz von Anreizen.

Wichtig bei extrinsischen Anreizen ist, die konkrete Leistung und nicht Verhalten an sich zu belohnen. Zudem sollte man auch immaterielle Anreize wie Lob, Anerkennung und Status, sowie Lernmöglichkeiten und Handlungsspielraum nutzen.

- Die Regel ist eine **positive Synergie zwischen extrinsischen Anreizen und intrinsischer Motivation**. Generell ist es daher sinnvoll, intrinsisch motivierende Tätigkeiten mit sozialen extrinsischen Anreizen zu verbinden – wie dem Lob der Führungskraft oder Anerkennung durch die anderen im Team. Meist sind auch Geld und andere materielle Anreize ein wichtiger und sinnvoller Baustein.

Alles in allem ist die verbreitete Annahme, dass finanzielle Anreize die intrinsische Motivation zerstören, übertrieben. Das gilt nur unter relativ engen Bedingungen, die man leicht vermeiden kann. Was man also nicht tun sollte: Bei Menschen, die etwas gerne von sich aus intrinsisch motiviert machen, finanziell zusätzlich motivieren – und dann diese finanziellen Anreize wieder abschaffen. Es besteht dann das Risiko, den ursprünglich bestehenden Eigenantrieb dadurch zu zerstören. Aber wer gibt schon seinen Mitarbeitern etwas, nur um es ihnen später wieder weg zu nehmen?

Wir kennen jetzt die äußeren Einflüsse auf die Motivation. Wie aber sieht es mit den Einflüssen von innen aus, welche Bedeutung hat der einzelne Mensch und seine Eigenschaften für die Motivation? Dazu alles in den folgenden Kapiteln.

Eigenschaften motivierter Mitarbeiter 17

Welche Eigenschaften haben motivierte Mitarbeiter? Woran kann man motivierte Mitarbeiter erkennen? Welcher Bewerber wird motiviert arbeiten, welcher nicht – und warum? Was haben Eigenschaften (Abb. 17.1) motivierter Mitarbeiter mit dem Schlagwort „Burnout" zu tun? Darum geht es in diesem Kapitel.

Jede Führungskraft macht diese Beobachtung: Manche Mitarbeiter „geben Gas" und arbeiten hoch motiviert, andere dümpeln träge vor sich hin – und das unter gleichen Bedingungen. Der Gedanke ist naheliegend – und doch wenig beachtet: Motivation liegt nicht nur am Umfeld, sondern auch an der Person des Mitarbeiters, am einzelnen Menschen und seinen Eigenschaften.

Abb. 17.1 Motivierte Mitarbeiter haben besondere Eigenschaften – unter anderem, positive Emotionen. (© nakophotography / stock.adobe.com)

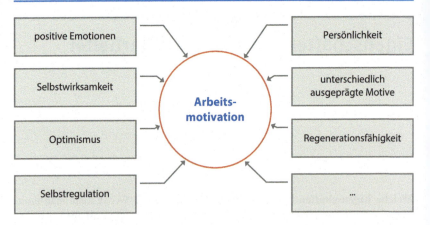

Abb. 17.2 Eigenschaften von Mitarbeitern und Arbeitsmotivation

Es geht also um die Fragen: Welche Mitarbeiter sind motiviert – und welche nicht? An welchen Eigenschaften kann man motivierte Mitarbeiter erkennen?

Mittlerweile gibt es einen breiten Überblick zu Eigenschaften, die mit der Arbeitsmotivation von Menschen zusammenhängen. Die wichtigsten davon zeigt Abb. 17.2.

Erkenntnisse zu motivationsrelevanten Merkmalen von Mitarbeitern stammen dabei aus ganz unterschiedlichen Forschungsströmungen – etwa zu Emotionen am Arbeitsplatz oder zur Persönlichkeit von Mitarbeitern – und sind in diesem Kapitel erstmals zusammengefasst dargestellt. Es liefert damit einen Überblick über die wesentlichen **Eigenschaften von Mitarbeitern, die mit deren Arbeitsmotivation zusammenhängen**.

Wie können Führungskräfte gezielt an diesen motivationsrelevanten Eigenschaften ansetzen? Dazu die folgende Übung.

Übung

Da Eigenschaften von Mitarbeitern deutlich mit der Arbeitsmotivation zusammenhängen, kann man hier wirksam für mehr Motivation ansetzen. Das betrifft zum einen die bereits vorhanden Mitarbeiter, worum es in dieser Übung geht.

- Die für die Arbeitsmotivation **wesentlichen Eigenschaften** von Mitarbeitern sind in den folgenden Abschnitten klar aufgelistet. Hilfreich zur Orientierung sind vor allem die Tabellen zu jeder der Eigenschaften. Gehen Sie für jeden Ihrer Mitarbeiter durch, in wie weit die Aspekte in den Fragen der rechten Spalte der Tabellen **aktuell** erfüllt sind; gerne in Form eines Prozentwertes zwischen 0 und 100.
- Überlegen Sie bei Mitarbeitern und Eigenschaften, deren Ausprägung wenig günstig für Motivation ist, welche der einzelnen Eigenschaften sich wie **entwickeln** lassen. An Emotionen, Selbstwirksamkeit, Optimismus und Regenerationsfähigkeit und der Berücksichtigung von Motiven kann man gut ansetzen. Dabei werden Ihnen das Kap. 18 zu Motivation mit Emotion und das Kap. 19 zu Selbstwirksamkeit und Motivation hilfreich sein, ebenso wie das Kap. 10, das transformationale Führung beschreibt. Persönlichkeitsmerkmale lassen sich dagegen bei Erwachsenen kaum verändern.
- Nutzen Sie die das Gespräch mit den einzelnen Mitarbeitern – etwa das Jahresgespräch. Beschreiben Sie dort Ihre Beobachtungen und **beziehen Sie den Mitarbeiter in seine Entwicklung ein** – etwa wie er sich besser von der Arbeit regenerieren und wieder Kraft schöpfen kann oder wie er seine Aufgaben rechtzeitig beginnen und dran bleiben kann, ohne sich ständig ablenken zu lassen (Selbstregulation).
- Wenn ein Aspekt in der Gesamtbetrachtung bei vielen Mitarbeitern auftritt, dann machen Sie ihn in einem Workshop zum Thema – beispielsweise unter der Überschrift Selbstmanagement.

Soweit ein paar Ansatzpunkte für die Entwicklung der vorhandenen Mitarbeiter. Maßnahmen für die Personalauswahl folgen dann unten in den Praxistipps.

Es folgt ein detaillierter Blick auf motivationsrelevante Eigenschaften von Menschen. Jeder davon ist ein eigener Abschnitt gewidmet. Danach geht der Text auf das Thema Burnout ein und schließlich auf die Frage, inwieweit man Mitarbeiter überhaupt motivieren kann.

Es geht los mit der Rolle von Emotionen für die Arbeitsmotivation.

17.1 Emotionen und Arbeitsmotivation

Forschungen zu Emotion und Motivation legen nahe, dass hoch aktivierte Mitarbeiter mit **positiven Emotionen** aus Sicht der Arbeitsmotivation zu bevorzugen sind. Positive Emotionen sind verbunden mit hoher Motivation am Arbeitsplatz (z. B. Balducci et al. 2010; Sonnentag et al. 2008), negative Emotionen sind verknüpft mit geringer Motivation am Arbeitsplatz (z. B. Halbesleben et al. 2009; Parker et al. 2010). Das negative Emotionsspektrum hängt negativ mit der Leistungsmotivation bei der Arbeit, dafür aber positiv mit Burnout zusammen (Reijseger et al. 2013).

Aus diesen Daten lässt sich folgern, dass Unternehmen gezielt das emotionale **Empfinden der Mitarbeiter gestalten** sollten – ähnlich wie das bei Kunden in Verkaufsumgebungen gang und gäbe ist.

Emotionen sollten nicht nur wegen dem einzelnen Mitarbeiter beachtet werden, der diese in sich trägt. Die **emotionale Ausstrahlung** auf die Kollegen im Team ist genauso wesentlich, denn Emotionen strahlen aus und stecken andere Mitarbeiter an (Barsade 2002) – mit allen Konsequenzen für deren Arbeitsmotivation. Daher sollte bei der Personalauswahl bereits darauf geachtet werden, welche **Grundemotionen** jemand in sich trägt und ausstrahlt. Das sollte spätestens in der Probezeit geschehen.

Tab. 17.1 Wichtige Aspekte bei Emotionen von Mitarbeitern

Eigenschaft motivierter Mitarbeiter	Wichtige Aspekte
Emotionen	– Bewegt sich die Emotion der einzelnen Mitarbeiter vorwiegend im positiven Bereich? – Ist die Emotion der Mitarbeiter weniger durch positive Entspannung und mehr durch positive Erregung gekennzeichnet? – Fördert die Arbeitsumgebung der Mitarbeiter diese Emotionen? – Ist die Umgebung frei von Personen, die ungeeignete Emotionen ausstrahlen?

Tab. 17.1 zeigt die für Motivation relevanten Aspekte bei der Emotion von Mitarbeitern.

Wegen der hohen Bedeutung, gibt es in diesem Text das Kap. 18 rund um Emotionen und Motivation.

Der nächste Abschnitt stellt das Konzept der Selbstwirksamkeit vor.

17.2 Selbstwirksamkeit bei Mitarbeitern

Eine weitere für die Arbeitsmotivation wichtige Eigenschaft von Menschen ist **Selbstwirksamkeit**. Das Konzept der Selbstwirksamkeit beschreibt die Überzeugung einer Person, dass sie Herausforderungen kompetent lösen kann (Chen et al. 2001). Selbstwirksamkeit ist also eine **Bewertung der eigenen Person** und ist unterschiedlich stark ausgeprägt bei verschiedenen Menschen. Hohe Werte führen hier zu einer Reihe positiver Effekte, wie größere Anstrengung beim Verfolgen von Zielen, die Auswahl von realistischen Zielen und eine erhöhte Anstrengung bei Misserfolg (Stajkovic und Luthans 1998).

Wesentlich ist hier, Mitarbeiter mit **hoher aber realistischer** Selbstwirksamkeit auszuwählen. Denn mit Selbstüberschätzung sind, wie zu erwarten, eine Reihe negativer Konsequenzen verbunden (Vancouver et al. 2002).

Zusätzlich kann und sollte Selbstwirksamkeit bei Mitarbeitern systematisch aufgebaut und **entwickelt** werden. Genau das hat vermutlich Barack Obama bei seinen Anhängern versucht mit dem Slogan „Yes, we can!". Führungskräfte können das Thema Selbstwirksamkeit im kleinen Kreis der Mitarbeiter sehr intensiv vorantreiben. Diesen Prozess stellt Kap. 19 zu Selbstwirksamkeit und Motivation vor.

Tab. 17.2 zeigt wichtige Aspekte bei der Selbstwirksamkeit von Mitarbeitern.

Tab. 17.2 Wichtige Aspekte bei Selbstwirksamkeit

Eigenschaft motivierter Mitarbeiter	Wichtige Aspekte
Selbstwirksamkeit	– Haben die Mitarbeiter bei ihren Aufgaben den festen Glauben: „Ich kann das!"? – Fördern Führungskräfte durch systematische Entwicklung, sinnvolles Lob und Anerkennung das Selbstvertrauen der Mitarbeiter? – Bieten die Arbeitsaufgaben den Mitarbeitern Möglichkeiten für Erfolgserlebnisse?

Weiter geht es mit einem Abschnitt zur Bedeutung von Optimismus für die Motivation.

17.3 Arbeitsmotivation durch Optimismus

Im Gegensatz zur Selbstwirksamkeit, die sich auf die Bewertung der eigenen Person bezieht, bezieht sich Optimismus auf die **Bewertung des Umfelds**. Für die Bewertung des Arbeitsumfelds spielt daher der **Optimismus** von Mitarbeitern eine große Rolle (Xanthopoulou et al. 2007; Hakanen und Lindbohm 2008). Optimisten glauben, dass ihre Arbeitssituation günstig ist, dass widrige Umstände vorübergehend und veränderbar sind (Seligman 1999). Optimismus hängt mit hoher Arbeitsmotivation zusammen: Wer glaubt „Ich habe ein gutes Team, ich habe Glück gehabt, die anderen wollen mich unterstützen und mögen meine Ideen!" arbeitet engagierter.

Auch beim Optimismus gibt es natürlich eine schädliche Übertreibung, die zu unvernünftigem Entscheidungsverhalten und weniger Erfolg und Leistung führt (Peterson 2000). Ziel ist es also, Mitarbeiter mit **gesundem Optimismus** auszuwählen. Pessimisten schaden dagegen ihrer eigenen Motivation und auch der von anderen Mitarbeitern.

Tab. 17.3 zeigt die zentralen Aspekte zum Optimismus von Mitarbeitern.

Umgangssprachlich nennt man es Disziplin, in der Wissenschaft Selbstregulation. Dazu der folgende Abschnitt.

Tab. 17.3 Wichtige Aspekte beim Optimismus von Mitarbeitern

Eigenschaft motivierter Mitarbeiter	Wichtige Aspekte
Optimismus	– Ist bei den einzelnen Mitarbeitern das Bild der Welt und der Situation im Unternehmen durch gesunden Optimismus gekennzeichnet? – Vermitteln die Personen im Arbeitsumfeld eines Mitarbeiters eine positive Perspektive auf die Situation im Unternehmen?

17.4 Selbstregulation und Mitarbeitermotivation

Unterschiedliche Motive sind nicht nur ein Segen, sondern oft auch ein Kampf. Selbstregulation beschreibt, wie sehr eine Person ihre Aufmerksamkeit, ihr Denken und ihr Verhalten bei Motivkonflikten steuern kann, um Ziele zu erreichen. Umgangssprachlich wird man das oft als **Disziplin**, Durchhaltewille oder Willenskraft bezeichnen. Diese Fähigkeit ist sehr wichtig im modernen Leben. Sie ermöglicht, unmittelbare Motive und Impulse zu beherrschen, um langfristige wichtige Ziele zu erreichen.

Hohe Selbstregulation hängt daher zusammen mit Arbeitsmotivation und dem **pünktlichen Beginnen und kontinuierlichem Umsetzen von Arbeitsaufgaben** (Steel 2007) aber auch mit guten sozialen Beziehungen, Schulerfolg und vernünftigem Umgang mit Geld. Mangelnde Selbstregulation geht dagegen einher mit negativen Verhaltensweisen wie impulsivem Essen, übermäßigem Alkohol- und Drogenkonsum, verbaler und physischer Gewalt sowie riskantem Sexualverhalten (Tice und Bratslavsky 2000). Offenbar gelingt es Personen mit niedriger Selbstregulation nicht, ihre augenblicklichen Bedürfnisse zu beherrschen, um langfristige Ziele zu erreichen. Ihr Leben wird zu einem zusammenhanglosem Verhaltensablauf, der nur dazu dient, gerade aktuelle Motive, Bedürfnisse und Impulse zu befriedigen. Das nachhaltige Verfolgen von mittel- und langfristig sinnvollen Zielen im beruflichen, sozialen oder auch gesundheitlichen und finanziellen Bereich bleibt so aus.

Es gibt also zusammengenommen allen Grund, bei der **Personalauswahl** darauf zu achten, dass Bewerber hohe Werte in der Selbstregulation haben. Arbeit

Tab. 17.4 Wichtige Aspekte bei der Selbstregulation von Mitarbeitern

Eigenschaft motivierter Mitarbeiter	Wichtige Aspekte
Selbstregulation	– Frustrationstoleranz: Sind Mitarbeiter in der Lage, augenblicklich unangenehme Situationen zu ertragen, um langfristige Ziele zu erreichen? – Durchhaltevermögen: Geben die Mitarbeiter auch bei Widerstand und Herausforderungen nicht bei ihren Aufgaben auf? – Fokus: Fällt es Mitarbeitern leicht, auch bei Ablenkung, fokussiert an einer Aufgabe zu arbeiten? – Umgang mit Misserfolg: Erholen sich Mitarbeiter nach Misserfolg rasch und machen weiter? – Generelle Disziplin: Zeigen Mitarbeiter auch abseits der Arbeit diszipliniertes Verhalten (etwa bei Kauf und Konsum, Sport, Ernährung, Umgang mit Alkohol und Nikotin)?

macht nicht nur immer Spaß – und selbst wenn, muss man anderen Verlockungen widerstehen, die vielleicht gerade noch mehr Spaß machen (etwa private Internetnutzung während der Arbeitszeit). Der Weg zum Erfolg erfordert oft auch, konzentriert die Zähne zusammen zu beißen und sich durch zu kämpfen.
Tab. 17.4 fasst zentrale Punkte zur Selbstregulation zusammen.

Der nächste Abschnitt stellt die Forschungsergebnisse zu Persönlichkeitsfaktoren und Arbeitsmotivation vor.

17.5 Persönlichkeit und Motivation

Arbeitsmotivation hängt auch mit der **Persönlichkeit** von Menschen zusammen. Insbesondere die Persönlichkeitsfaktoren Gewissenhaftigkeit, Extraversion und emotionale Stabilität hängen positiv mit Arbeitsmotivation zusammen (z. B. Judge et al. 2007; Macey und Schneider 2008; Kim et al. 2009).

Gewissenhaftigkeit beschreibt die Gründlichkeit, mit der Personen ihre Aufgaben erledigen. Diese Eigenschaft hat bei einzelnen Mitarbeitern positiven Einfluss auf deren Arbeitsleistung (Hurtz und Donovan 2000) und ist ebenso positiv mit der Leistung von ganzen Teams verknüpft, wenn sie im Durchschnitt hoch bei den Teammitgliedern ist.

Extraversion beschreibt, wie sehr jemand den Kontakt mit anderen Menschen sucht und es genießt, im Mittelpunkt zu stehen (der Gegenpol auf dieser Persönlichkeitsdimension ist Introversion). Offenbar streben extrovertierte Menschen nicht nur mehr Kontakt mit anderen an, sondern sind auch motivierter bei der Arbeit.

Emotionale Stabilität bezeichnet die Tendenz, auch in schwierigen Situationen ruhig und gelassen zu bleiben. Vielleicht hängt dieses Persönlichkeitsmerkmal auch deshalb mit der Arbeitsmotivation zusammen, weil sich emotional stabile Mitarbeiter durch widrige Umstände nicht so leicht aus dem emotionalen Gleichgewicht bringen und demotivieren lassen.

Persönlichkeitseigenschaften sind mittlerweile relativ zuverlässig und leicht zu messen. Mit Blick auf die Arbeitsmotivation sollte man **Mitarbeiter auswählen** mit hohen Werten auf den Persönlichkeitsdimensionen Gewissenhaftigkeit, Extraversion und emotionale Stabilität.

Tab. 17.5 fasst wesentliche Punkte zu Persönlichkeit und Motivation von Mitarbeitern zusammen.

Wenig überraschend ist es, dass die unterschiedlichen Motive von Menschen sich auf die Arbeitsmotivation auswirken. Dazu der nächste Abschnitt.

Tab. 17.5 Wichtige Aspekte bei der Persönlichkeit von Mitarbeitern

Eigenschaft motivierter Mitarbeiter	Wichtige Aspekte
Persönlichkeit	– Gewissenhaftigkeit: Besteht bei Mitarbeitern eine starke Tendenz, gründlich zu planen, sorgfältig zu arbeiten und auf Details zu achten? – Extraversion: Gehen Mitarbeiter gerne auf Menschen zu, öffnen sie sich anderen gegenüber und genießen sie die Arbeit mit anderen Menschen? – Emotionale Stabilität: Sind Mitarbeiter wenig launisch, nervös oder aufbrausend? Reagieren die Mitarbeiter robust auf Stress?

17.6 Motive und Arbeitsmotivation

Die psychologische Forschung hat gezeigt, dass verschiedene Menschen **unterschiedlich stark ausgeprägte Motive** haben (etwa Leistungsmotivation). Entsprechend sind natürlich verschiedene Personen im gleichen Kontext unterschiedlich stark motiviert (z. B. Minton et al. 1980), was jede Führungskraft beobachten kann. Dies hat auch zur Konsequenz, dass verschiedene **Mitarbeiter auf andere Anreize reagieren**. In diesem Kontext hat sich gezeigt, dass man Motive trainieren kann (Miron und McClelland 1979) – auch das führt wieder zu unterschiedlichen Motiven bei Mitarbeitern.

Es ist also naheliegend, bereits bei der **Personalauswahl** für bestimmte Arbeitsaufgaben auf die Motive von Menschen zu achten. Sonst kann es leicht passieren, dass die falschen Mitarbeiter den falschen Anreizen ausgesetzt sind und nichts leisten.

Tab. 17.6 fasst wichtige Aspekte bei Motivation von Mitarbeitern zusammen.

Das ganze Wochenende durchgefeiert und am Montag motiviert bei der Arbeit? Eher nicht, wie der nächste Abschnitt verdeutlicht.

Tab. 17.6 Wichtige Aspekte bei Motiven von Mitarbeitern

Eigenschaft motivierter Mitarbeiter	Wichtige Aspekte
Motive	– Was ist über die Motive einzelner Mitarbeiter bekannt? – Wie stark sind bestimmte Motive bei Mitarbeitern ausgeprägt (insbesondere Leistung, Macht und soziale Anbindung)? – Wie stark ist die Überlappung der Motive von Mitarbeitern mit dem, was die Arbeitsaufgaben anbieten können?

Tab. 17.7 Wichtige Aspekte zur Regenerationsfähigkeit von Mitarbeitern

Eigenschaft motivierter Mitarbeiter	Wichtige Aspekte
Regenerationsfähigkeit	– Erholen sich Mitarbeiter in ihrer Freizeit gut von Stress und Arbeitsbelastung? – Haben Mitarbeiter Strategien und Gewohnheiten entwickelt, die ihnen helfen, sich von Arbeitsbelastung nachhaltig zu regenerieren?

17.7 Keine Motivation ohne Regeneration

Eigentlich liegt es auf der Hand und jeder kennt es: Wie motiviert ist man am Montag in der Arbeit, wenn man das ganze Wochenende wenig geschlafen und viel gefeiert hat? Entsprechendes zeigt auch die Forschung: Mitarbeiter mit der Fähigkeit, in der Freizeit von der Arbeit sinnvoll psychologisch abzuschalten und sich nachhaltig zu **regenerieren**, sind bei der Arbeitstätigkeit motivierter (Sonnentag 2003; Sonnentag et al. 2010).

Auch dies ist also ein Merkmal, bei dem es sich lohnt, Mitarbeiter zu **entwickeln und** schon bei der **Personalauswahl** darauf zu achten. Interessant ist, dass hier in der Praxis noch nicht viel systematisch getan wird – obwohl es eigentlich jede Führungskraft aus eigener Erfahrung kennt, wie wichtig nachhaltige Regeneration am Feierabend ist, um am nächsten Arbeitstag wieder motiviert zu starten.

Tab. 17.7 zeigt die wichtigen Aspekte zur Regenerationsfähigkeit von Mitarbeitern.

Der Zustand „Burnout" ist durch eine negativ ausgeprägte Mischung der hier genannten Eigenschaften gekennzeichnet. Darum geht es im nächsten Abschnitt.

17.8 Burnout als Zustand von Mitarbeitern

Wie hängt **Burnout mit Eigenschaften von Mitarbeitern** zusammen? Die vorangehenden Abschnitte haben Eigenschaften gezeigt, die positiv mit der Arbeitsmotivation zusammen hängen. Burnout ist durch eine Kombination negativer Ausprägungen dieser Merkmale geprägt (Maslach et al. 2001):

- Pessimismus und Zynismus,
- negative Emotion und
- geringe Selbstwirksamkeit.

17.8 Burnout als Zustand von Mitarbeitern

Wie **entsteht Burnout**? Motivation ist prima – so heißt es meist unkritisch in der Praxis. Dass dies nicht so sein muss, zeigt dieser Abschnitt.

Es gibt auch einen „**schwarzen Weg der Motivation**", der zu hoher Leistungsmotivation führt. Dieser baut auf hohen Druck über Kontrolle, Belohnungen und Bestrafungen von außen (extrinsische Motivation) und geringen Selbstwert der Mitarbeiter, der psychologisch an der Leistung festgemacht wird.

Besonders kritisch ist, wenn dieser **Druck** bei einer **schlecht gestalteten Arbeitsaufgabe** besteht, die psychologisch nicht optimiert wurde und daher gekennzeichnet ist durch Aspekte wie (vgl. Crawford et al. 2010):

- zu hohe Anforderungen,
- Hindernisse und Barrieren,
- überhöhter Zeitdruck,
- wenig Kontrolle über die Aufgabe (geringe Autonomie) und
- niedrige Passung zur Motivation des Mitarbeiters.

Manche Führungskräfte pressen Mitarbeiter mit hohem Druck in solche Aufgaben. Es ergibt sich das Bild von jemandem, der gegen eine Wand gepresst wird. Eine Weile können sich Menschen zwingen, solche Aufgaben zu bearbeiten. Aber das hat **psychologische und physiologische Kosten**. Der Mitarbeiter wird dann tatsächlich mehr oder weniger psychologisch „zerdrückt" zwischen dem hohen Druck und der unattraktiven, vielleicht unlösbaren Aufgabe. Als Konsequenz können psychische und emotionale Erschöpfung, Depressionen und physiologische Erkrankungen (etwa Herz-Kreislauf) auftreten (Melamed et al. 2006). Wenn hier von Mitarbeitern die Rede ist, soll das nicht darüber hinwegtäuschen, dass der Druck auf Führungskräfte oftmals sogar noch höher ist – und das Risiko für Burnout ebenfalls.

Fazit: Burnout hat viel mit den beschriebenen Eigenschaften zu tun. Er ergibt sich nicht zuletzt daraus, dass Führungskräfte und Mitarbeiter zu wenig zur Optimierung der genannten Eigenschaften unternehmen.

Der nächste Abschnitt geht kurz auf eine Frage ein, die aus wissenschaftlicher Sicht überflüssig sein sollte – aber in der Praxis viel Verwirrung stiftet: Kann man Mitarbeiter vielleicht gar nicht motivieren?

17.9 Kann man Mitarbeiter etwa gar nicht motivieren?

Zuletzt zur Frage: **Kann man Mitarbeiter überhaupt motivieren?** Man begegnet immer wieder Menschen, die allen Ernstes glauben „Mitarbeiter kann man nicht motivieren. Die sind entweder motiviert oder eben nicht." Der zweite Satz stimmt und hat viel mit den hier beschriebenen Eigenschaften von Menschen zu tun. Der erste Satz ist aber schlichtweg falsch. Warum soll die Tatsache, dass Menschen unterschiedlich sind, verschiedenen Voraussetzung zur Arbeitsmotivation mitbringen und unterschiedlich auf Anreize reagieren, bedeuten, dass man sie gar nicht motivieren kann? Das ist einerseits logisch nicht sauber und in etwa auf einem Level mit der Aussage „Kinder sind unterschiedlich, also bringt Erziehung eh nichts."

Zudem widerspricht diese Annahme auch massiv der Datenlage, die deutlichste positive Effekte von unterschiedlichen Maßnahmen auf die Motivation und Leistung von Mitarbeitern zeigt (z. B. die Metaanalyse von Stajkovic und Luthans 2003). Wer glaubt, man könne Mitarbeiter nicht motivieren, verzichtet also auf ein breites Portfolio wirksamer Maßnahmen zur Leistungssteigerung.

So hat beispielsweise das Kap. 10 zu motivierender Führung bereits deutlich gemacht: Man kann **überlegene Ergebnisse** erzielen, **wenn man an den Mitarbeitern selbst ansetzt**, diese verändert. Resultat dieser **transformationalen Führung** ist unter anderem

- eine höhere Arbeitsmotivation (Aryee et al. 2012),
- Engagement über den eigenen Tätigkeitsbereich hinaus (Sosik 2005),
- höhere Leistung als traditionell geführte Mitarbeiter (z. B. MacKenzie et al. 2001; Gong et al. 2009; Avolio 2010) und
- verbesserte Leistung auf Teamebene (Lim und Ployhart 2004).

Transformationale Führung wirkt genau auf einige der in diesem Kapitel geschilderten Eigenschaften: Emotionen (etwa durch die emotionalisierenden und ambitionierten Visionen und Charisma), Selbstwirksamkeit (z. B. über hohe Leistungserwartungen), Optimismus (z. B. darüber, bestehende Denkmodelle, Normen und Sichtweisen, was möglich ist, in Frage zu stellen) und eine Veränderung der Motive (etwa über die Ideologisierung der Mitarbeiter).

Mitarbeiter unterscheiden sich also grundlegend in ihren Eigenschaften, ihren Motiven und ihrer Motivation – und das hat Konsequenzen für ihr Verhalten und ihre Leistung am Arbeitsplatz. Was kann und sollte man aus diesen Forschungsergebnissen folgern und was nicht? Dazu alles in den Tipps.

Praxistipps
Der einzelne Mitarbeiter und seine Eigenschaften finden in der Praxis zu wenig Beachtung, wenn es um Mitarbeitermotivation geht. Wegen der deutlichen Ergebnisse und Zusammenhänge von persönlichen Merkmalen der Mitarbeiter mit deren Arbeitsmotivation sollte hier ein stärkerer Fokus liegen.

- Es liegt auf der Hand, dass die hier aufgelisteten Punkte wichtige Anhaltspunkte für die Auswahl von Mitarbeitern sind. **Personalauswahl** dreht sich meist um Kompetenzen und Merkmale, die damit zusammenhängen. Es ist aber darüber hinaus sinnvoll, verstärkt Eigenschaften von Mitarbeitern zu berücksichtigen, die sich auf deren Motivation auswirken.
  Relativ gut messbar für die Personalauswahl sind die **Persönlichkeit** und die **emotionale Grundstimmung**.
  Ob jemand eine **optimistische Sicht** auf die Welt und auf das Unternehmen hat, lässt sich leicht in einem Gespräch herausfinden, wenn man etwas zuhört.
  Die Fähigkeit der **Selbstregulation** kann man erheben, wenn man Mitarbeiter begleitet und beobachtet (z. B. beim Essen und Trinken von Alkohol), durch Fragen zu Sport und Ernährung oder auch durch ganz direkte Fragen: „Uns ist es wichtig, dass Mitarbeiter Dinge zu Ende bringen, die sie angefangen haben, auch wenn es Herausforderungen gibt. Woran kann ich an Ihrem Lebenslauf erkennen, dass Sie jemand sind, der Dinge durchzieht, auch wenn es hart wird? Wie haben Sie das damals geschafft, was haben Sie dafür getan?"
  Ebenso lässt sich **Regenerationsfähigkeit** durch Fragen etwas abklopfen: „Wie sieht bei Ihnen eigentlich ein typisches Wochenende aus?" oder „Wie sieht bei Ihnen eigentlich ein typischer Feierabend aus?" oder „Was unternehmen Sie, um sich von einer anstrengenden Arbeitszeit zu erholen?". In der Regel sind Bewerber auf diese Fragen nicht vorbereitet und man erhält schnell ein Bild, ob jemand vernünftige Ansätze zur Regeneration hat (und dazu auch tiefergehende Fragen beantworten kann) oder eben nicht.
- Auch **Personalentwicklung** kann an einigen der genannten Merkmale andocken. Entwickeln kann man beispielsweise gut Aspekte wie Selbstwirksamkeit (den Glauben, etwas schaffen zu können), die Fähigkeit sich

von der Arbeit zu erholen oder auch den erfolgreichen Umgang mit Motivkonflikten (etwa zwischen Arbeit und Privatleben).
- Mit dem richtigen **Führungsstil** können Führungskräfte zusätzlich vermeiden, dass Burnout entsteht. Einerseits ist darauf zu achten, dass Aufgaben psychologisch optimiert sind und zu den Mitarbeitern passen. Dafür geben das Kap. 12 zur motivierenden Gestaltung von Aufgaben und das Kap. 13 zu passenden Aufgaben für Mitarbeiter die entscheidenden Hinweise. Zusätzlich sollte der Führungsstil nicht zu sehr auf Druck setzen. Dabei liefert das Kap. 10 zu Führung, die motiviert, die wesentlichen Informationen.
- Da **Emotionen** mit Arbeitsmotivation zusammenhängen, liegt es nahe, das emotionale Klima am Arbeitsplatz stärker zu beachten und zu gestalten. Hier gibt es in der Praxis oft einen krassen Gegensatz bei den Anstrengungen, die man bei Kunden auf der einen Seite und bei den eigenen Mitarbeitern auf der anderen Seite unternimmt. Die selben Unternehmen, die jede Anstrengung unternehmen, damit sich die Kunden in der gewünschten Weise fühlen, sind hier bei den eigenen Mitarbeitern oft relativ uninteressiert. Aber warum sollte man hier nicht die gleichen Anstrengungen unternehmen wie bei Kunden? Nur weil man vordergründig von Kunden Geld möchte und Mitarbeiter Geld kosten? Wer als Unternehmer nicht nur Gehalt zahlen, sondern Leistung zurück haben möchte, sollte sich eben auch um positive Emotionen am Arbeitsplatz kümmern – und wenn es nur aus reinem Eigennutz ist.

Ein Thema, dass auch Bezug zu Eigenschaften von Mitarbeitern hat, sind **Gewohnheiten**. Eigentlich sind Gewohnheiten Verhaltensweisen. Da sie aber so stabil und wiederkehrend sind und mit wenig Bewusstsein ablaufen, sind sie fast wie Eigenschaften von Menschen. Das Kap. 20 zur Macht der Gewohnheiten im Text zeigt dann, dass Menschen sinnvolle und weniger zweckmäßige **Gewohnheiten** haben können. Gewohnheiten sind regelmäßige Verhaltensweisen, die von einer bestimmten Situation spontan ausgelöst werden und dann vom Bewusstsein weitgehend unkontrolliert gleichförmig ablaufen. Diese Gewohnheiten können starken Einfluss auf die Motivation entwickeln, so ist ungefähr die Hälfte des täglichen Verhaltens von Menschen durch weitgehend unbewusste Gewohnheiten geprägt (Wood et al. 2005). Diese Macht der Gewohnheiten wirkt auch am Arbeitsplatz, denn viele Verhaltensweisen von Mitarbeitern sind weniger durch bewusste Entscheidungen gesteuert, sondern stark gewohnheitsgetrieben: Die Verrichtung der

Arbeit selbst, Sozialverhalten und Kommunikation, das Beachten bzw. Missachten von Vorschriften, Leistungsverhalten, Fremdbeschäftigung während der Arbeitszeit, Weiterbildung und vieles mehr.

Die folgenden Kapitel vertiefen einige der in diesem Kapitel angeführten motivationsrelevanten Eigenschaften: Emotionen, Selbstwirksamkeit und Gewohnheiten.

Los geht es im nächsten Kapitel mit der Rolle von Emotionen für die Arbeitsmotivation.

Motivation mit Emotion: Wie Gefühle Mitarbeiter motivieren

18

Wie können Emotionen die Mitarbeiter motivieren? **Maximale Motivation** ohne **Emotionen** ist kaum vorstellbar. Nicht umsonst beinhaltet schon das Wort Emotion das Wort „motion". Betrachtet man Zeugnisse großer Leistungen der Menschheit, dann sind diese allem voran emotionsgetrieben. Sicher gab es auch rationale Gründe für den Bau der Pyramiden, die Opferbereitschaft für die Idee des römischen Reiches, die Erstellung der chinesischen Mauer oder die Mondlandung. Doch all diese Leistungen sind ohne die Zutat von sehr starken Emotionen nicht vorstellbar. So mag die Angst der Pharaonen vor dem Tod oder einem schlechten Leben danach, die Begeisterung der Bauherren für das Machbare und vermutlich Angst und Zwang von zehntausenden mehr und minder freiwilligen Arbeitern hinter dem Bau der Pyramiden stehen. Auf der anderen Seite ist das relativ emotionslose auf rationalen Interessen aufgebaute Gebilde der europäischen Union ein gutes Beispiel für den Verzicht auf Motivationspotenzial, wenn Emotionen ausgeklammert werden. Rationale Interessen können sich schnell ändern und dann geht man eben schnell wieder aus dem Staatenbund (wie z. B. England). Diese Schwäche wird besonders deutlich, wenn die politischen Gegenspieler eben schon sehr stark Emotionen einsetzen und bedienen. Etwas wirklich Nachhaltiges, wie das römische Reich oder die Pyramiden, verlangt also offenbar mehr als rationale Interessen, um die Mitglieder zum äußersten zu motivieren. So setzen charismatische und transformationale Führungskräfte besonders an den Emotionen der Mitarbeiter an, um ihre Wirkung zu entfalten. Das hat bereits das Kap. 10 zu Führung, die Mitarbeiter motiviert, gezeigt. Um Emotionen als wichtige Triebfeder für Motivation – darum geht es in diesem Kapitel.

© Springer-Verlag GmbH Deutschland, ein Teil von Springer Nature 2019
F. Becker, *Mitarbeiter wirksam motivieren*,
https://doi.org/10.1007/978-3-662-57838-4_18

18.1 Emotionen als blinder Fleck der Motivationsforschung

Was in der Praxis und bei logischer Betrachtung auf der Hand liegt, ist **von der Wissenschaft** bisher noch **stiefmütterlich** behandelt: Die meisten klassischen Ansätze und Theorien zur Motivation konzentrieren sich nicht auf Emotionen. Im Vordergrund stehen die Inhalte der Motive (z. B. Maslow 1954; McClelland 1961; Herzberg 1972) und rationale Entscheidungen von Menschen, die Ziele verfolgen (z. B. Ajzen 1991; Heckhausen 1999; Latham 2004). Damit wird zumindest zwischen den Zeilen unterstellt, dass Menschen sich rein an logischen Abwägungen orientieren – und wenn sie überhaupt Emotionen empfinden, diese keine große Rolle für die Motivation spielen. Bisherige Forschung zur Motivation hat also überwiegend einen blinden Fleck, was Emotionen betrifft. Dennoch gibt es ein paar erste Erkenntnisse zur Rolle von Emotionen für die Motivation von Mitarbeitern, die im Folgenden aufgeführt sind.

Der nächste Abschnitt zeigt, wie dramatisch sich positive und negative Emotionen auf die Psychologie von Mitarbeitern auswirken.

18.2 Negative und positive Emotionen: Wirkungen und Zusammenhänge

Eine einfache und naheliegende Art, um Emotionen zu klassifizieren, ist, ob Menschen diese als **positiv** (etwa Entspannung, Freude, Begeisterung) oder **negativ** (etwa Erschöpfung, Trauer, Panik) erleben. Tatsächlich konzentriert sich viel Forschung zu Emotionen auf diese Achse. **Positive Emotionen** sind dabei mit einer Reihe von **vorteilhaften Eigenschaften** verbunden (vgl. Fredrickson 2009):

- Positive Emotionen führen zu einem **breiteren Aufmerksamkeitsfokus** und
- **kreativerem Denken**.
- Auch bewirken positive Emotionen Schutz und Förderung von **sozialen Ressourcen** (positive Beziehung zu anderen Menschen) und von
- **persönlichen Ressourcen** (Unempfindlichkeit gegen Stress, höhere Selbstwirksamkeit, bessere Gesundheit).

Bei **negativen Emotionen** zeigen sich gegenteilige Effekte (Bledlow et al. 2011). Forschungsergebnisse zeigen zudem, dass positive Emotionen zu Erfolg führen – stärker als andersherum Erfolg zu positiven Emotionen führt (Lyubomirsky et al.

2005). Das gilt nicht nur für Erfolg am Arbeitsplatz, sondern auch im privaten, persönlichen Bereich – etwa bei sozialen Beziehungen.

Auch die Motivation am Arbeitsplatz folgt dem hier dargestellten Muster (Christian et al. 2011). Positive Emotionen sind **verbunden mit hoher Motivation am Arbeitsplatz** (z. B. Balducci et al. 2010; Sonnentag et al. 2008), negative Emotionen sind verknüpft mit niedriger Motivation am Arbeitsplatz (z. B. Halbesleben et al. 2009; Parker et al. 2010).

Im nächsten Abschnitt erweitert sich die Perspektive: Das Ausmaß an Erregung hat eine wichtige Funktion bei der Wirkung von Emotionen.

18.3 Emotionales Erleben als Gesamtbild

Ein kurzer Blick auf die beispielhaft angegebenen Emotionen zeigt auch, dass eine einfache Klassifizierung anhand von positiv vs. negativ für das Thema Motivation nicht ausreicht. Manche der positiven emotionalen Zustände haben sicher eine starke Wirkung auf die Motivation – etwa Begeisterung, andere wohl eher weniger – etwa Entspannung. Das gleiche Bild zeigt sich bei den negativ geprägten emotionalen Zuständen: Angst kann stark motivieren, Erschöpfung aber nicht.

Möchte man Emotion und Motivation sinnvoll zusammenführen, dann ist als weitere Achse **Erregung** notwendig (z. B. Russell 1980). In der Psychologie spricht man von **Aktivierung** oder auf Englisch von „arousal". Menschen erleben Aktivierung als Erregung bzw. Wachheit. Die Alltagssprache und damit auch die Perspektive vieler Menschen ist hier oft recht undifferenziert: Man schläft oder man ist wach. Tatsächlich ist „Wachheit" aber ein Kontinuum, man kann sehr unterschiedlich wach oder müde sein. Das Kontinuum reicht von sehr ruhig bis sehr aufgeregt. Schon früh wurde Aktivierung mit Emotion in Verbindung gebracht und beobachtet, dass Aktivierung das emotionale Erleben verändern kann (z. B. Schachter und Singer 1962).

Emotionen lassen sich tatsächlich sehr gut entlang der zwei geschilderten Achsen (positives vs. negatives Erleben und hohe vs. niedrige Erregung) abbilden (Russell 1980). Auf das entstehende Feld lassen sich alle Emotionen abbilden. Besonders markante Erlebenszustände bilden einen Kreis um eine Mitte, die einen Null-Punkt darstellt, ohne emotionales Empfinden. Diese markanten emotionalen Zustände zeigt Tab. 18.1.

Tab. 18.1 Emotionales Erleben als Gesamtbild

Negativ	Neutral	Positiv
Hohe Erregung/negativ Viele negative Emotionen haben hohe Aktivierung, z. B. Wut oder Panik. Ein beispielhaftes Adjektiv ist „**wütend**".	**Hohe Erregung/neutral** Sehr gut beschreibt diesen Zustand das Adjektiv „**erregt**".	**Hohe Erregung/positiv** Ein gut beschreibendes Adjektiv ist hier „**begeistert**".
Mittlere Erregung/negativ Das Wort „**traurig**" beschreibt gut eine negative Emotion mit mittlerer Aktivierung.	**Mittlere Erregung/neutral** In diesem Zustand besteht keine besondere Emotion.	**Mittlere Erregung/positiv** Für diesen Zustand steht das Adjektiv „**erfreut**"
Niedrige Erregung/negativ Negative Emotionen können auch mit geringer Aktivierung einhergehen. Der Begriff „**deprimiert**" trifft das emotionale Empfinden hier sehr gut. Auch Langeweile und Erschöpfung finden sich in diesem Bereich.	**Niedrige Erregung/neutral** Mit „**ruhig**" ist dieser Zustand gut beschrieben.	**Niedrige Erregung/positiv** Das Wort „**entspannt**" trifft diese Emotion besonders gut.

Menschen sind in der Lage, Mischemotionen zu empfinden, etwa einen Horror-Film zu sehen und gleichzeitig Angst und Genuss zu empfinden. Meist ist aber eine Emotion dominant, so dass man der Einfachheit halber von einem dominanten Punkt in dem Spektrum zu jedem Zeitpunkt bei einem Menschen ausgehen kann.

Wie aber hängen die verschiedenen emotionalen Zustände mit Motivation zusammen? Der nächste Abschnitt verbindet das emotionale Erleben konkret mit der Motivation von Mitarbeitern.

18.4 Mit Emotionen motivieren: Welche emotionale Atmosphäre fördert Motivation?

Wie kann man Mitarbeiter mit Emotionen motivieren? Manche emotionalen Zustände schaden der Motivation, andere nutzen ihr (vgl. Schaufeli 2013).

Nahe liegt, dass **negative Emotionen mit geringer Erregung** (z. B. deprimiert) mit schwacher Motivation zusammenhängen. So denkt man hier nicht umsonst schnell an das Gefühlsspektrum von Erschöpfung und Antriebslosigkeit. Tatsächlich zeigt sich, dass dieses Emotionsspektrum negativ mit der Leistungsmotivation

18.4 Welche emotionale Atmosphäre fördert Motivation?

bei der Arbeit und positiv mit Burnout zusammenhängt (Reijseger et al. 2013). Nicht nur für das persönliche Wohlbefinden, sondern auch mit Blick auf die Motivation sollte daher dieses Gefühlsspektrum vermieden werden.

Hoch motivierte Mitarbeiter finden sich dagegen häufig im gegenpoligen emotionalen Spektrum, bei den **positiven Emotionen mit hoher Erregung** (z. B. begeistert). Dieser Gefühlszustand zeigt sich bei Menschen, die intrinsisch motiviert arbeiten, weil die Arbeit sie fordert und psychologisch gut gestaltet ist. Die Kapitel in diesem Text zu psychologischer Arbeitsgestaltung (Kap. 12), intrinsischer Motivation (Kap. 16) und Selbstwirksamkeit (Kap. 19) hängen mit diesem Gefühlszustand zusammen.

Aber hohe Motivation von Mitarbeitern geht nicht immer mit positiven Emotionen einher. Auch Mitarbeiter mit **negativen Emotionen und hoher Aktivierung** sind häufig hoch motiviert. Dazu gehören etwa Menschen, die durch starken Druck angetrieben werden und Emotionen wie Angst fühlen. Der Bezug zur extrinsischen Motivation mit Belohnungen und Bestrafungen von außen ist offensichtlich. Und der Druck kann auch von innen kommen – etwa bei **Workaholics**. Workaholics arbeiten nicht aus Freude, sondern weil ihr Selbstwert daran hängt und sie Versagensängste haben. Sie arbeiten obsessiv vor sich hin – auch über die Belastungsgrenzen hinaus (Van Beek et al. 2012).

Insgesamt lässt sich festhalten, dass für Leistungsmotivation Emotionen mit hoher Erregung notwendig sind. Bei diesen erregenden Emotionen gibt es **zwei Wege** zur Motivation, die auch mit unterschiedlichen Motivationstechniken verknüpft sind (Abb. 18.1).

- Einen „**weißen Weg der Motivation**", der auf Leidenschaft durch intrinsische Motivation, hohe Selbstwirksamkeit der Mitarbeiter und psychologisch sinnvolle Aufgabengestaltung setzt.
- Und einen „**schwarzen Weg der Motivation**", der rund um Druck von außen über Belohnungen, Bestrafungen und Kontrolle (extrinsische Motivation) oder auch Druck von innen über geringen Selbstwert, der an der Leistung fest gemacht wird, funktioniert.

Neben der langfristigen emotionalen Atmosphäre spielen auch kurzfristige Emotionen eine Rolle bei der Arbeitsmotivation. Davon handelt der nächste Abschnitt.

Abb. 18.1 Der „schwarze Weg der Motivation" baut auf negative Emotionen und schädigt die Mitarbeiter langfristig. (© kieferpix / stock.adobe.com)

18.5 Kurzfristige Emotionen als Triebfeder der Arbeitsmotivation

Mitarbeiter erfahren am Arbeitsplatz zwar eine generelle **emotionale Grundstimmung** – aber Emotionen ändern sich auch um diese Grundstimmung herum im Tagesablauf. Menschen versuchen generell, negative Emotionen zu reduzieren und zu vermeiden und positive Emotionen zu erreichen und zu behalten. Zahlreiche menschliche Verhaltensweisen dienen dieser **Affektregulation**: Getrieben vom Versuch, Emotionen zu beeinflussen, gehen Menschen ins Kino, hören Musik, suchen Erfolg und Anerkennung bei der Arbeit. So können **kurzfristig auftretende negative Emotionen** bei der Arbeit dazu motivieren, etwas zu verändern (Bledlow et al. 2011). Emotionen, negative wie positive, werden somit zur Triebfeder der Arbeitsmotivation. Negative Emotionen treiben dazu an, sie zu beseitigen und zu vermeiden, positive Emotionen treiben dazu an, sie aufzusuchen und zu behalten. Die gesuchten positiven Emotionen können z. B. durch das Erfolgserlebnis an

18.5 Kurzfristige Emotionen als Triebfeder der Arbeitsmotivation

sich, soziale Reaktionen im Umfeld (Anerkennung) oder materielle Belohnungen eintreten.

Praxistipps

Emotionen sind eine mächtige Ressource, wenn es darum geht, Mitarbeiter am Arbeitsplatz zu motivieren. Aus den hier dargestellten Forschungsergebnissen lassen sich folgende **praktische Maßnahmen** ableiten:

- Neue Forschungsergebnisse und die Alltagserfahrung lassen uns **an einer rein rationalen Perspektive auf Motivation zweifeln**. Wer sich rein auf rationale Aspekte verlässt, um Mitarbeiter zu motivieren, verzichtet auf viel. Er wird im Wettbewerb mit anderen Organisationen scheitern, die starke Emotionen bei den Mitgliedern wachrufen und für ihre Ziele einsetzen.
- Am Arbeitsplatz sollten generell **positive Emotionen gefördert** werden, um von den damit verbunden positiven Aspekten (höhere Arbeitsmotivation, breiterer Aufmerksamkeitsfokus, höhere Kreativität und mehr Offenheit für Neues) zu profitieren. Bei Kunden ist es meist Standard, sich darum zu kümmern, dass sie positive Emotionen haben. Bei Mitarbeitern herrscht hier oftmals noch ein Defizit – häufig aus der falschen Annahme, dass Gehalt genügt. Das Motto ist dann: „Wir bezahlen die Leute doch gut. Also sollen sie auch was leisten!"
- Emotionen kommen auch von innen. Bei der **Personalauswahl** sollte darauf geachtet werden, dass Mitarbeiter eine **positive emotionale Grundstimmung** zeigen, idealerweise sogar im eher aktivierten Spektrum. Mit dieser emotionalen Stimmung gehen viele positive Effekte einher, auch erhöhte Arbeitsmotivation.
- Zusätzliche Bedeutung erhält die Beachtung von emotionalen Stimmungen bei der Personalauswahl dadurch, dass **Emotionen „ansteckend"** sind, sich von einem Menschen auf andere Personen in dessen Umfeld übertragen (z. B. Barsade 2002). Ein Mitarbeiter mit geeigneter emotionaler Grundstimmung beeinflusst seine Umgebung emotional ebenfalls in die gewünschte Richtung.
- **Negative Emotionen** können durchaus **auch einen Platz bei der Arbeit** haben. Wichtig ist, dass sie vorübergehend sind und klar durch die Arbeitsaufgabe gelöst werden können. Sie eignen sich beispielsweise dann, wenn es klare Wege für die Mitarbeiter gibt, die negativen Emotionen in

positive Emotionen umzuwandeln, indem sie Arbeitsaufgaben gut erfüllen und Ziele erreichen. Positive Emotionen können dann folgen – etwa in Form von Erfolgserlebnissen und zusätzlichen Anreizen wie Lob.
- Bei den meisten Mitarbeitern und Tätigkeiten wird der „**weiße Weg der Motivation**" der wirksamste sein. Dieser setzt auf Leidenschaft durch intrinsische Motivation, hohe Selbstwirksamkeit der Mitarbeiter und psychologisch optimierte Aufgabengestaltung. Das emotionale Klima ist hier positiv mit hoher Aktivierung.
- Wenn menschliche Aspekte zweitrangig sind und die Leistung im Vordergrund steht, könnte rund um negative Emotionen ein „**schwarzer Weg der Motivation**" aufgebaut werden. Druck von außen über Kontrolle, Sanktionen und Belohnungen kennzeichnen diesen Ansatz ebenso, wie abhängige Mitarbeiter mit geringen Selbstwert. Es gibt Führungskräfte, die so durchaus einiges erreichen und auch Mitarbeiter, die ein sehr starkes Maß der Abhängigkeit zu solchen Personen entwickeln, sozusagen „gar nicht weg wollen" – ein Sklaventreiber mit seinen Sklaven. Bei bestimmten Arbeitstätigkeiten mit sehr geringem Motivationspotenzial und bei Mitarbeitern, die vollkommen falsch ausgewählt wurden, kann dies aus kurzfristigen Leistungsgesichtspunkten ein Mittel sein – ob es **ethisch** gerechtfertigt ist, wird man bei uns im Kulturkreis vordergründig **verneinen**. Dennoch gibt es auch hier nicht wenige Führungskräfte, die so führen – und meistens wird weggesehen. Als Konsequenz für die Mitarbeiter können psychische und emotionale Erschöpfung, Depressionen und physiologische Erkrankungen (etwa Herz-Kreislauf) auftreten (Melamed et al. 2006). Ein **hoher Preis** für die Mitarbeiter und auch für die langfristigen Interessen des Unternehmens.

Es folgt ein Kapitel zur Selbstwirksamkeit von Mitarbeitern, also für wie handlungsfähig sich Mitarbeiter selbst halten. Welche konkreten Vorteile bietet hohe Selbstwirksamkeit und wie lässt sich diese bei Mitarbeitern steigern?

Selbstwirksamkeit und Motivation 19

Wie beeinflusst **Selbstwirksamkeit** die **Motivation** von Menschen und welche Maßnahmen fördern die Selbstwirksamkeit? Darum geht es in diesem Kapitel.

Maßgeblich für die Motivation ist die Erwartung, dass ein Verhalten tatsächlich gut ausgeführt werden kann. Es geht hier um die feste Überzeugung, etwas zu **können**. In der Psychologie hat sich das Konzept der **Selbstwirksamkeit** entwickelt, um diesen Zustand zu beschreiben (vgl. Stajkovic und Luthans 1998). Die **Definition von Selbstwirksamkeit** ist:

> Selbstwirksamkeit ist der Glaube einer Person, dass sie fähig ist, eine bestimmte Aufgabe in einem bestimmten Kontext erfolgreich zu erledigen.

Abb. 19.1 Entwicklung und Wirkungen von Selbstwirksamkeit

Selbstwirksamkeit hat bedeutende Auswirkungen auf das Verhalten von Mitarbeitern, ist bereits bei der Personalauswahl zu berücksichtigen und kann mit geeigneten Maßnahmen entwickelt werden. Abb. 19.1 zeigt das im Überblick.

Um diese Themen geht es in den folgenden Abschnitten. Es geht los mit einem Abschnitt zu den Auswirkungen von Selbstwirksamkeit.

19.1 Auswirkungen von Selbstwirksamkeit

Selbstwirksamkeit hat **Auswirkungen auf das Verhalten** von Mitarbeitern. Personen mit hoher Selbstwirksamkeit zeigen Verhaltensweisen, die man am Arbeitsplatz als positiv bewerten kann (vgl. z. B. Stajkovic und Luthans 1998):

- Menschen mit hoher Selbstwirksamkeit suchen sich **realistische und anspruchsvolle Ziele** aus. Sie suchen eine Übereinstimmung ihrer Fähigkeiten mit den Anforderungen von Aufgaben. Personen mit niedriger Selbstwirksamkeit wählen dagegen häufig entweder zu leichte oder auch zu schwere Ziele.
- Diese Personen zeigen eine höhere **Ausdauer**, verfolgen Ziele hartnäckiger, steigern ihre Anstrengung in schwierigen Situationen und geben nicht auf. Sie halten bei Misserfolg eher an ihren Zielen fest und versuchen es erneut. Dabei suchen sie nach neuen und besseren Strategien und verbessern ihre Leistung.
- Bei negativer Rückmeldung von Führungskräften und Kollegen **erhöhen** Mitarbeiter mit hoher Selbstwirksamkeit ihre **Anstrengung**. Sie glauben, dass sie es schaffen können und wollen das den anderen beweisen. Personen mit geringer Selbstwirksamkeit dagegen reduzieren ihre Anstrengung.
- Menschen mit hoher Selbstwirksamkeit haben eine höhere **Resilienz** gegenüber negativen Situationen, ein dickeres Fell. Soziale Konflikte, Stress und Misserfolge, haben ihnen nicht so viel an, sie raffen sich auf und versuchen die Situationen zu verändern (Luthans 2002). Wo andere Mitarbeiter aufgeben (Sweetman und Luthans 2010) oder sogar Burnout erfahren, kämpfen sie weiter (Bakker et al. 2005).

Tab. 19.1 stellt hohe und niedrige Selbstwirksamkeit gegenüber.

Diese Verhaltensweisen, zu denen Selbstwirksamkeit führt, beeinflussen letztendlich die Leistung der Mitarbeiter positiv (Bandura 1997). Es ist also erstrebenswert, Mitarbeiter mit hoher Selbstwirksamkeit zu haben – mit folgender **Einschränkung**: Selbstwirksamkeit darf nicht zu Selbstüberschätzung ohne jeden Realitäts-

Tab. 19.1 Verhalten bei hoher vs. niedriger Selbstwirksamkeit

Hohe Selbstwirksamkeit	Geringe Selbstwirksamkeit
– Wählen anspruchsvolle aber realistische Ziele aus	– Wählen meist zu leichte oder (interessanterweise) auch zu schwere Ziele
– Zeigen eine höhere Ausdauer, verfolgen Ziele hartnäckiger	– Geben bei Herausforderungen schnell auf
– Halten an ihren Zielen fest, wenn sie diese Ziele zunächst nicht erreicht haben	– Wählen leichtere Ziele, wenn sie Ziele nicht erreicht haben
– Erhöhen ihre Anstrengung, wenn Ergebnisse nicht gut genug sind	– Reduzieren die Anstrengung, wenn Ergebnisse nicht gut genug sind
– Sind robust bei negativen Ereignissen	– Geben bei negativen Ereignissen schnell auf

bezug werden. **Selbstüberschätzung** hat negative Auswirkungen auf die Leistung (z. B. Vancouver et al. 2002), etwa indem zu schwere Aufgaben ausgewählt werden oder zu viele Aufgaben auf einmal.

Zur Erhöhung der Selbstwirksamkeit bei Mitarbeitern gibt es sowohl Ansatzpunkte bei der Personalauswahl als auch bei der Personalentwicklung. Es folgt ein Abschnitt zur Berücksichtigung von Selbstwirksamkeit bei der Personalauswahl.

19.2 Selbstwirksamkeit und Personalauswahl

Selbstwirksamkeit hängt mit erstrebenswerten Verhaltensweisen zusammen, wie Ausdauer bei der Zielverfolgung und erhöhter Anstrengung, wenn ein Ergebnis nicht befriedigend ist (Abb. 19.2). Daher ist es im Interesse von Führungskräften, möglichst Mitarbeiter mit hoher Selbstwirksamkeit auszuwählen.

Interessant für die Personalauswahl ist zudem folgender Befund: Selbstwirksamkeit hängt mit **relativ unveränderlichen Persönlichkeitseigenschaften** zusammen. Zusammenhänge zeigen sich beispielsweise mit der allgemeinen **Intelligenz** und den Persönlichkeitsdimensionen **Gewissenhaftigkeit**, **Extraversion** und **emotionale Stabilität** (z. B. Judge et al. 2007). Personen mit hohen Werten auf diesen Persönlichkeitsdimensionen haben also meist eine höhere Empfindung von Selbstwirksamkeit als Menschen mit niedrigen Werten auf diesen Dimensionen. Wegen der hohen angeborenen Anteile dieser genannten Persönlichkeitsdimensionen, ist ein entsprechend hoher unveränderlicher Anteil bei der Selbstwirksamkeit zu erwarten (vgl. z. B. die Übersichten von Asendorpf 2007, S. 343). In der Zusammen-

Abb. 19.2 Selbstwirksamkeit führt zu hoher Ausdauer bei der Zielverfolgung. (© crazymedia / stock.adobe.com)

schau sollte also eine Personalauswahl, die auf Mitarbeiter mit hohen Werten bei der allgemeinen Intelligenz und den Persönlichkeitsdimensionen Gewissenhaftigkeit, Extraversion und emotionale Stabilität achtet, zu motivierteren Mitarbeitern führen.

Der angeborene Anteil bei den genannten Eigenschaften macht Personalauswahl umso bedeutsamer. Es gilt, von Haus aus die richtigen Mitarbeiter auszuwählen, um eine gute Basis zu haben. Diese gilt es dann weiter zu fördern und zu entwickeln. Der nächste Abschnitt diskutiert entsprechende Möglichkeiten, um Selbstwirksamkeit zu entwickeln.

19.3 Selbstwirksamkeit entwickeln

Selbstwirksamkeit sollte, wie der vorangehende Abschnitt zeigt, unbedingt schon bei der Personalauswahl berücksichtigt werden. Zusätzlich kann sie in der **Personalentwicklung** noch weiter gefördert werden. Dabei bieten sich folgende **Ansatzpunkte zur Erhöhung der Selbstwirksamkeit** an (vgl. auch Bandura 1997):

Erfahrung und Erfolgserlebnisse. Übung und Erfahrung mit einer Aufgabe nimmt Ängste und Hemmungen und führt durch Erfolgserlebnisse und Routine zu einem Gefühl der Beherrschung bei den Mitarbeitern. Ähnlich wie bei einer

19.3 Selbstwirksamkeit entwickeln

Person mit Führerschein, die nie fährt, erstickt auch bei Mitarbeitern durch zu starke Schonung und Behütung die Selbständigkeit und das Selbstvertrauen.

Wichtig ist natürlich, dass die Erfahrungen positiv sind. Es ist also gut, regelmäßig Erfolgserlebnisse zu haben. Besser ist es noch, zusätzlich regelmäßig daran zu erinnern – etwa als Führungskraft oder Kollege. Erfolge sollten benannt und gefeiert werden, um Selbstwirksamkeit zu fördern.

Kompetenzen aufbauen. Selbstwirksamkeit ist nicht vollkommen von der Realität losgelöst, sondern hängt stark mit den tatsächlichen Kompetenzen zusammen. Sie kann zwar in Einzelfällen weit von der Realität abweichen, was dann als Selbstüberschätzung oder Selbstunterschätzung auffällt – aber in der Regel folgt Selbstwirksamkeit den Kompetenzen. Das liefert einen wichtigen Ansatzpunkt, um Selbstwirksamkeit zu fördern: Den Aufbau von Kompetenzen. Kompetenzen machen auch die im vorangehenden Punkt genannten Erfolgserlebnisse wahrscheinlicher. Ein weiterer angenehmer Nebeneffekt für die Motivation ist dabei, dass Kompetenzen selbst das betreffende Verhalten motivieren. Wer etwas gut kann, wird es auch gerne praktizieren – wer etwas nicht gut beherrscht, wird es meist ungern ausführen.

Vorbilder. Beobachtung von anderen, ähnlichen Personen, die erfolgreich ein Verhalten zeigen, stärkt den Glauben an die eigene Kompetenz. Nach dem Motto „Wenn der das kann, kann ich das auch!" wird die Selbstwirksamkeit gesteigert. Diese Strategie setzt auch Werbung ein, etwa um Ängste von bestimmten Zielgruppen abzubauen. So setzte der Internetanbieter AOL gezielt auf Boris Becker mit dem Spruch „Bin ich schon drin?" für die Bewerbung seiner Internetangebote. Mit dieser Strategie wollte AOL bei weniger technisch affinen Personen Selbstwirksamkeit aufbauen. Diese Zielgruppe sollte nicht mehr die Befürchtung haben, wegen der mangelnden Fähigkeit nicht mit dem Produkt umzugehen zu können, sondern denken: „Wenn sogar der das kann, kann ich das erst recht!"

Erwartungen von anderen. Positive Erwartungen des sozialen Umfeldes an die Leistungsfähigkeit eines Mitarbeiters strahlen auf diesen aus. Das gilt umso mehr, wenn diese Erwartungen in Form von **Ermutigungen** geäußert werden. Dieser Effekt wird als so genannte **sich selbsterfüllende Prophezeiung** (auch Rosenthal-Effekt) erforscht und hat sich in zahlreichen Kontexten bestätigt; unter anderem bei Schülern und Mitarbeitern. Dabei zeigt sich kontinuierlich, dass positive Erwartungen an eine Person, die Entwicklung und das Verhalten der Person auch in diese Richtung führen. Niedrige Erwartungen bewirken das Gegenteil. Bei Gruppen von Schülern wurden Lehrern beispielsweise zufällig bestimmte erfundene Werte für deren Leistungsfähigkeit mitgeteilt. Es zeigt sich, dass die Lehrer die Schüler nicht nur entsprechend behandelten und bewerteten. Man beobachtete darüber hinaus, dass tatsächlich die Schüler objektiv eine bessere Leistung entwickelten, wenn die Lehrer positive Vorabinformationen hatten. Dagegen zeigten diejenigen Schüler später eine schlechtere Leistung, bei denen Lehrer fälschlicherweise übertrieben negative Erwartungen hatten (Rosenthal und Jacobson 1966; Rist 2000). Bei Mitarbeitern sind besonders die positiven Erwartungen der Führungskraft wichtig. Führungskräfte, die an ihre Mitarbeiter glauben, strahlen das aus. Damit fördern sie bei den Mitarbeitern das Gefühl der Selbstwirksamkeit.

Alles in allem kann Selbstwirksamkeit also durchaus in gewissem Umfang entwickelt werden.

Praxistipps
Für die Motivation in der Praxis sind folgende Gedanken zentral:

- Es lohnt sich **Selbstwirksamkeit** bei Mitarbeitern zu erhöhen. Die Forschungsdaten dazu zeigen, dass Selbstwirksamkeit eine entscheidende Rolle bei Motivation und Verhalten von Menschen spielt. Hohe Selbstwirksamkeit ist mit einer Reihe positiver Aspekte bei Motivation und Verhalten verbunden.
- Offenbar kann bereits die **Personalauswahl für die Selbstwirksamkeit** der Mitarbeiter einen entscheidenden Beitrag leisten. Es besteht ein deutlicher Zusammenhang der Selbstwirksamkeit mit weitgehend unveränderlichen Merkmalen von Personen. Es gilt Mitarbeiter auszuwählen mit hohen Werten bei der allgemeinen Intelligenz und den Persönlichkeitsdimensionen Gewissenhaftigkeit, Extraversion und emotionaler Stabilität. Sämtliche dieser Eigenschaften kann man schnell und sauber mit psychologischen Tests messen.
- Unabhängig davon kann und sollte man auch bei bereits vorhandenen Mitarbeitern die **Selbstwirksamkeit fördern**. Dafür sind diese Aspekte zentral: Erfolgserlebnisse bei der Tätigkeit, Entwicklung und Aufbau von relevanten Kompetenzen, Präsenz von erfolgreichen Vorbildern und der Glaube von anderen an den Erfolg und die Kompetenz der Person.

19.3 Selbstwirksamkeit entwickeln

Selbstwirksamkeit ist also eine wesentliche Triebfeder der Arbeitsmotivation. Aber nicht jedes Verhalten von Mitarbeitern beruht auf bewussten Überlegungen und Entscheidungen. Das nächste Kapitel zeigt die Macht der Gewohnheit – und wie diese Mitarbeiter und deren Motivation im Griff hat.

Die Macht der Gewohnheit   20

Die **Macht der Gewohnheit** prägt unseren Alltag – sei es unsere Arbeit, unser Konsumverhalten oder der Kontakt mit anderen Menschen. Wie kann man **Gewohnheiten** nutzen, um nachhaltig zu **motivieren** – und wie stehen Gewohnheiten der **Motivation von Mitarbeitern** entgegen? Jeder Praktiker, der mit Mitarbeitern zu tun hat, sollte sich für Gewohnheiten interessieren – wie sie entstehen, was sie aufrecht erhält und wie sie sich ändern lassen. Davon handelt dieses Kapitel.

20.1 Bedeutung von Gewohnheiten in Alltag und Arbeitsleben

Menschen entscheiden sich nicht immer wieder ganz neu, sondern neigen dazu, Entscheidungen zu wiederholen, selbst wenn sich Rahmenbedingungen ändern. Das macht vergangenes Verhalten zu einem der besten Prädiktoren, wenn man zukünftiges Verhalten vorhersagen möchte (Sutton 1994; Norman und Conner 1996). Die **Macht der Gewohnheit** steht daher außer Frage – und das betrifft sämtliche Lebensbereiche. Menschen bilden ausgesprochen schnell Gewohnheiten in ihrem täglichen Leben. Diese betreffen das Arbeitsverhalten genauso wie Ernährung, Einkauf, die Verwendung von Technologie oder Sport. Ungefähr die Hälfte des täglichen Verhaltens von Menschen ist durch derartige Gewohnheiten geprägt (Wood et al. 2005), wie Abb. 20.1. verdeutlicht.

Gewohnheiten sind dann hilfreich und entsprechend häufig anzutreffen, wenn Herausforderungen bzw. **Aufgaben bekannt** und sehr ähnlich sind. Ein **typischer Alltag ist genauso aufgebaut**. Er ist von sehr ähnlichen, wiederkehrenden Aufgaben geprägt, die mit Gewohnheiten gelöst werden. Beispielsweise steht man jeden Morgen auf, zieht sich in der gewohnten Reihenfolge und Weise an, begleitet das

Abb. 20.1 Gewohnheiten haben mehr Macht über menschliches Verhalten, als sich die meisten bewusst machen. (© Nejron Photo / stock.adobe.com)

gewohnte Frühstück vielleicht immer mit einem Kaffee und putzt sich die Zähne mit seiner Zahncreme einer bestimmten Lieblings-Marke. Die Liste könnte beliebig verlängert werden, denn unser Alltagsleben ist geprägt von Gewohnheiten.

Auch ein typischer Arbeitstag ist von sehr ähnlichen, wiederkehrenden Aufgaben geprägt. Daher spielen Gewohnheiten auch eine große **Rolle bei Mitarbeitern**.

> **Beispiele**
> Ein paar **typische Bereiche**, in denen Gewohnheiten am Arbeitsplatz eine Rolle spielen:
>
> - Sozialverhalten (z. B. Zuhören, Ausreden lassen, Höflichkeit und Wertschätzung)
> - Leistungsverhalten (z. B. Umfang, Präzision und Qualität der Arbeitsergebnisse)

- Arbeitsprozesse (z. B. Festhalten an unterlegenen Abläufen – etwa alter Software oder Schreiben ohne Zehnfingersystem)
- Fremdbeschäftigung bei der Arbeit (z. B. Umgang mit Smartphones)
- Interaktion (z. B. wie viel man mit wem redet, Informationen zurückhalten, nicht loben, jedem alles erzählen)
- Veränderung (z. B. wie geht man mit Veränderungen um, Widerstand)
- Pünktlichkeit (z. B. permanentes Zuspätkommen)
- Sicherheit (z. B. gewohnheitsmäßiges Missachten von Vorschriften)

Aus den Gewohnheiten der einzelnen Mitarbeiter und Teams entsteht dann die Unternehmenskultur als kollektive Gewohnheiten und Normen, wie man sich im Unternehmen verhält.

Bei Gewohnheiten gibt es Licht und Schatten. Sie sind wichtige Ansatzpunkte, um Verhalten nachhaltig zu motivieren und zu festigen – andererseits stehen sie oft dem zu motivierenden Zielverhalten entgegen.

- Die **positive Macht** der Gewohnheiten: Wer Erfolg will, braucht Gewohnheiten, sei es beim Sport, bei der Zahngesundheit, beim Lernen in Schule und Studium, Sicherheit im Auto (z. B. Gurt-Anlegen, Schulterblick, Alkoholkonsum) oder eben bei beruflichen Herausforderungen. Unregelmäßiges Joggen oder Zähneputzen nutzt vergleichsweise wenig im Vergleich zu gut eingeschliffenen Gewohnheiten.
- Die **dunkle Macht** der Gewohnheiten: Gewohnheiten dominieren das Verhalten der Menschen – häufig selbst dann noch, wenn die Ziele und Absichten der Menschen dagegen stehen (z. B. Ji und Wood 2007; Gardner et al. 2011). Starke Gewohnheiten laufen häufig einfach unbeirrt weiter, egal was sich die betroffenen Personen vornehmen (Verplanken und Aarts 1999) – typische Alltagsbeispiele dafür sind Rauchen, zu spät ins Bett zu gehen, Unpünktlichkeit oder schlechte Ernährung. Friedrich Nietzsche hat die Hartnäckigkeit der Gewohnheiten schön auf den Punkt gebracht mit der bekannten Aussage „Viele sind hartnäckig in Bezug auf den einmal eingeschlagenen Weg, wenige in Bezug auf das Ziel."

Dies macht Gewohnheiten zu einem entscheidenden Thema für die **Motivation** von Mitarbeitern. Der folgende Abschnitt stellt daher die Eigenschaften von Gewohnheiten dar.

20.2 Eigenschaften von Gewohnheiten

Gewohnheiten kann man grob als Häufigkeit bisherigen Verhaltens definieren. Je häufiger ein Verhalten bereits ausgeführt wurde, desto eher ist es eine Gewohnheit (Triandis 1980). Natürlich kann man auch feiner definieren.

> Gewohnheiten sind regelmäßige Verhaltensweisen, die von einer bestimmten Situation spontan ausgelöst werden und dann vom Bewusstsein weitgehend unkontrolliert gleichförmig ablaufen.

Mit Gewohnheiten ist es also fast wie mit einem Schallplattenspieler, der eine zerkratzte Platte abspielt und immer die gleiche Spur wiederholt. Der Kratzer löst die immer gleiche Sequenz an Verhalten aus, es gibt keine Kontrolle darüber.

Gewohnheiten sind Verhaltensweisen mit **charakteristischen Eigenschaften** (vgl. Ronis et al. 1989):

- Die Entscheidung dazu findet schnell, mit minimaler Aufmerksamkeit (nebenbei) statt (Bargh und Gollwitzer 1994).
- Ein bestimmter bekannter Kontext (Reizkonfiguration) löst sie automatisch aus (Shiffrin und Dumais 1981; Wood und Neal 2007). Dieser auslösende Kontext kann alle möglichen Reize beinhalten (Neal et al. 2006), wie etwa sensorische Reize (visuelle, auditive, taktile, olfaktorische, gustatorische), vorangehendes Verhalten und innere Zustände (z. B. Emotionen, Motive oder Erinnerungen). Wenn wir in einen dunklen Raum gehen (auslösender Kontext), betätigen wir beispielsweise automatisch den Lichtschalter, ohne bewusst darüber nachzudenken.
- Sie laufen ohne großen gedanklichen Aufwand und mit wenig Bewusstsein ab (James 1890, S. 114; Wegner und Bargh 1998; Wood und Rünger 2016). Das entlastet das Gehirn und reduziert die Ermüdung.
- Sie finden regelmäßig in gleicher Form statt, wenn der auslösende Kontext wiederholt gegeben ist – weil er von selbst entsteht oder weil Personen den Kontext sogar aktiv aufsuchen und herstellen.
- Sie sind immer dann hilfreich, wenn Aufgaben bekannt und sehr ähnlich sind.

20.2 Eigenschaften von Gewohnheiten

Tab. 20.1 Gewohnheiten vs. kontrollierte Prozesse

Gewohnheiten	Kontrollierte Prozesse
Schnelle und unbewusste Initiierung	Bewusster, mitunter aufwändiger Entscheidungsprozess vor dem Beginn
Eine bestimmte bekannte Situation (Kontext) löst sie automatisch aus	Eine unbekannte Situation (Kontext) steht als Herausforderung am Anfang
Kaum gedanklicher Aufwand, wenig bewusste Aufmerksamkeit	Hoher kognitiver Aufwand, bewusste Aufmerksamkeit
Finden regelmäßig in gleicher Form statt	Sind Unikate, finden nur einmal oder sehr selten in gleicher Form statt
Dann hilfreich, wenn Aufgaben bekannt und sehr ähnlich sind	Dann hilfreich, wenn Aufgaben neu und unbekannt sind
Können parallel mit anderen geistigen Prozessen ablaufen	Verlangen hohe Aufmerksamkeit, lassen kaum Platz für andere gleichzeitige Prozesse
Sind unflexibel und passen sich kaum an veränderte Bedingungen an	Sind flexibel und passen sich schnell an veränderte Bedingungen an
Belasten Aufmerksamkeit und Konzentration wenig	Ermüden die Aufmerksamkeit und Konzentration
Sind willentlich kaum kontrolliert	Unterliegen der willentlichen Kontrolle

- Da sie wenig Aufmerksamkeit benötigen, können Gewohnheiten parallel mit anderen Prozessen und Tätigkeiten ablaufen.
- Sie sind nur schwer zu ändern und passen sich kaum an veränderte Bedingungen an.
- Es besteht wenig willentliche Kontrolle darüber.

Das **Gegenteil von Gewohnheiten** sind **kontrollierte Prozesse**. Diese haben typischerweise die entgegengesetzten Eigenschaften. Tab. 20.1 fasst die Unterschiede zusammen.

Gewohnheiten laufen also weitgehend **automatisch ohne Bewusstsein** ab – deswegen haben wir so viele davon, deshalb sind sie oft so unvernünftig und daher lassen sie sich nur so schwer ändern. So werden sich die meisten Menschen keine Gedanken mehr machen, ob sie sich überhaupt die Zähne putzen sollen, ob sie ohne Zahncreme die Zähne putzen und so weiter. Die Situation (Aufstehen für Anziehen, Frühstück für Kaffee) genügt jeweils, um das gewohnte Verhalten auszulösen. Auch viele Kaufentscheidungen sind weitestgehend automatisiert, Menschen haben dann häufig ihre Stammmarken und legen diese in den Einkaufswagen, ohne zu überlegen. Das Gleiche gilt für den Konsum von Produkten und Dienstleistungen.

Praxistipps
Gewohnheiten sind der entscheidende Zugang, um langfristig Verhalten von Mitarbeitern zu verändern. Was ist dabei zu beachten?

- Gewohnheiten sind **weitreichend**: Sie bestimmen ungefähr die Hälfte des Verhaltens von Mitarbeitern. Die meisten Entscheidungen treffen Mitarbeiter mit sehr geringem gedanklichen Aufwand, sie sind automatisiert. So führt das Motiv, zum Arbeitsplatz zu kommen, meist gewohnheitsmäßig zu einem bestimmten Verhalten – etwa mit dem Auto los zu fahren. Darüber erfolgt kein großes Nachdenken mehr. Das bleibt oft dann noch so, wenn ggf. neue Alternativen auftreten, die wesentlich günstiger sind – etwa ein neuer Bahnhof. Ähnliches gilt für die Arbeitsabläufe selbst. So lange nichts dramatisches passiert, behalten Mitarbeiter stumpf ihre gewohnten Abläufe bei. Führungskräfte sollten sich daher fragen: Welche Gewohnheiten bestimmen das Verhalten meiner Mitarbeiter? Hoffentlich die richtigen.
- Gewohnheiten sind **hartnäckig**: Verhalten bleibt mitunter selbst dann so bestehen, wenn die ehemals guten Gründe dafür wegfallen. Manche Personen verharren dann beispielsweise auf einem Arbeitsplatz, selbst wenn der ehemals sympathische Chef durch einen neuen Vorgesetzten ersetzt wurde, der sich durch Mobbing und Cholerik auszeichnet. Wer sich bei der Motivation von Mitarbeitern nur auf rationale Argumente verlässt, verliert. Selbst wenn Mitarbeiter über Gewohnheiten nachdenken und Absichten fassen, Verhalten zu ändern, laufen die Gewohnheiten häufig einfach weiter oder sie kommen nach kurzer Zeit wieder als Sieger zurück.
- Gewohnheiten sind **Chancen**: Bei gewünschten Verhaltensweisen bieten Gewohnheiten eine riesige Chance, um dieses langfristig und stabil zu verankern. Bei jedem gewünschten Verhalten sollten Führungskräfte überlegen, dieses in den Bereich der Gewohnheiten zu schieben. Dazu später mehr in diesem Kapitel.
- Gewohnheiten sind **Risiken**: Treten unerwünschte Verhaltensweisen in Form von Gewohnheiten auf, ist eine Veränderung umso herausfordernder. Führungskräfte und ganze Unternehmen stehen oft hilflos vor der Aufgabe, hartnäckiges Verhalten bei Mitarbeitern (aber auch bei Kunden) zu verändern.

Auch zeigen sich Gewohnheiten oftmals überraschend robust gegen starke Argumente und sogar gute Absichten und Ziele der Betroffenen. Häufig fallen Mitarbeiter, wenn sie eine Gewohnheit geändert haben, nach kurzer Zeit wieder zurück in das alte Muster. Es ist also sinnvoll, von Anfang an die richtigen Gewohnheiten aufzubauen. Wie das geht, das zeigt der nächste Abschnitt.

20.3 Gewohnheiten bei Mitarbeitern aufbauen

Wie kann man bei Mitarbeitern Gewohnheiten aufbauen? Gewohnheiten bilden sich, wenn Menschen unter ähnlichen Bedingungen wiederholt das gleiche Verhalten zeigen (Wood und Rünger 2016). Gewohnheiten herzustellen, ist so etwas wie der heilige Gral bei der Mitarbeiterführung und Marketing und eine hohe Kunst. Gewünschte Verhaltensweisen sollten etabliert und dann in den Bereich der Gewohnheit geschoben werden. Damit ist das neue Verhalten stabil und dauerhaft motiviert. Führungskräfte können das erreichen, wenn sie die Prinzipien dazu kennen. Hier als Ansatzpunkt die entscheidenden **drei Phasen der Gewohnheitsbildung**:

1. **Initiierung**. Gewohnheiten brauchen eine **Starthilfe**. Wichtig ist, dass ein Verhalten zuerst einmal initiiert wird. Dabei versucht man oft mit rationalen Argumenten oder direkten Appellen Menschen von einem neuen Verhalten zu überzeugen. Angesichts der Schwierigkeiten, die viele Menschen haben, sich entsprechend ihrer guten Absichten zu verhalten (z. B. Ji und Wood 2007; Gardner et al. 2011), verlangt die Gewohnheitsbildung zusätzliche Maßnahmen zum Start eines neuen Verhaltens. Das kann sozialer Druck sein (alle Mitarbeiter gemeinsam gehen zu einer Weiterbildung) oder Überrumpelung (man bekommt auf einmal eine neuen Tätigkeit vom Chef aufgedrückt). Ein bekanntes Beispiel sind die Mitarbeiter der Lufthansa, die Kunden abfangen und überzeugen, am Check-In Automaten ihre Bordkarte zu holen, anstatt wie gewohnt zum Schaltermitarbeiter zu gehen. Der erste Versuch sollte gelingen und keine negativen Erfahrungen bringen. Genau dafür stehen die Mitarbeiter der Lufthansa dann genau neben dem Kunden und begleiten ihn.
2. **Stabilisierung**. Viele neuen Verhaltensweisen werden schnell wieder aufgegeben. Um Gewohnheiten zu bilden, brauchen sie daher Stabilisierung. Deshalb gilt es, das Verhalten möglichst bald wieder und wieder zu wiederholen, keine langen Pausen entstehen zu lassen. **Pausen sind tödlich**. Gewohnheiten am Arbeitsplatz zu ändern, ist deshalb leichter als bei Flugreisenden. In der Regel findet das relevante Verhalten der Mitarbeiter häufiger statt (im Gegensatz zum

Check-in bei Flugreisen). Man muss „nur" dafür sorgen, dass es in der neuen veränderten Art stattfindet, notfalls indem man jemanden daneben stellt – oder alte Abläufe physisch unmöglich bzw. sehr aufwändig macht. Das Motto: Wenn die Schlange am Schalter lang genug ist, geht der Fluggast schon zum Automaten.

Erfolgreiches Umsetzen des Verhaltens baut dann wachsende Fähigkeiten, wachsendes Wissen und Selbstwirksamkeit auf. Wiederholtes Scheitern dagegen reduziert das Selbstvertrauen und die Wahrscheinlichkeit, dass ein Verhalten erneut auftritt (Abramson et al. 1978). Deswegen sind realistische Ziele bei neuen Verhaltensweisen zu setzen.

Der Ablauf des neuen Verhaltens sollte möglichst **standardisiert** erfolgen. Veränderungen und Probleme im Ablauf führen wieder zum bewussten Nachdenken der Mitarbeiter über ein Verhalten und gefährden damit die Fortsetzung.

Auch das **soziale Umfeld** spielt eine große Rolle bei der Stabilisierung. Dabei ist zu achten auf Lob und soziale Anerkennung (Zugehörigkeit) für das neue Verhalten. Besonders irritierend sind Personen im sozialen Umfeld, die sich anders verhalten und damit erfolgreich sind – man denke an die zersetzende Wirkung von Schülern in einer Klasse, die den Unterrichtsaktivitäten nicht folgen und keine Konsequenzen dafür erhalten, ja, vielleicht sogar noch Anerkennung von den Mitschülern und die Aufmerksamkeit der Lehrer gewinnen.

3. **Automatisierung.** Mit Wiederholung und Einübung eines Verhaltens in einer bestimmten Situation, wird die Entscheidung dazu zunehmend weniger bewusst und findet ganz automatisch und schnell statt. Sie kann dann ganz nebenbei und mit minimaler Aufmerksamkeit stattfinden. Das neue Verhalten ist damit zur Gewohnheit geworden. Damit das Verhalten automatisch ausgeführt wird, ist ein **spezifischer auslösender Kontext** wichtig. Dieser Kontext weckt dann automatisch entsprechende Gedanken und das Verhalten. Oft ist es das Ziel, ein Verhalten mit möglichst vielen auslösenden Kontexten zu verknüpfen – etwa bei Konsumenten. Auch beim Militär setzt man auf Gewohnheiten, dort nennt man das Drill – Denken ist in bestimmten Situationen unerwünscht, einfach weil der Gegner sonst schneller ist. Für Führungskräfte ist also die entscheidende Frage: Welche automatisierten Prozesse löst der Kontext „Arbeitsplatz" und bestimmte Situationen dort bei den Mitarbeitern aus?

Das folgende Beispiel zeigt nochmal die **drei Phasen der Gewohnheitsbildung**.

> **Beispiel**
> Dieser Prozess der Gewohnheitsbildung soll an einer bekannten Gewohnheit illustriert werden, dem Rauchen:
>
> 1. **Initiierung.** Ein Jugendlicher fängt bewusst an zu rauchen, zündet erste Zigaretten an. Ein entsprechend positiv aufgeladenes emotionales Image (Unabhängigkeit, Erwachsensein, selbst entscheiden etc.) und direkte Aufforderung von seinen Freunden (Leventhal und Cleary 1980) haben das Verhalten ausgelöst. Vielleicht hat man ihn auch eher überrumpelt, indem man ihm einfach eine Zigarette in die Hand gedrückt hat.
> 2. **Stabilisierung.** Später sind die Entscheidungen limitiert. Der junge Mann steht immer bei Rauchern in der Schulpause, er bekommt ein Gefühl der Zugehörigkeit, kann soziale Tauschbeziehungen eingehen (schenkt und bekommt Zigaretten). Rauchen beginnt dann andere Motive zu befriedigen – der junge Mann hat etwas zu tun (Beschäftigung), reduziert Sucht-Verlangen und lenkt sich bei Stress damit ab (Ikard et al. 1969).
> 3. **Automatisierung.** In der finalen Phase der Automatisierung hat der neue Raucher dann oftmals eine Zigarette in der Hand, ohne überhaupt bewusst zu wissen, wie diese dort hingekommen ist. Dieser Mangel an Aufmerksamkeit und Bewusstsein ist typisch für Gewohnheiten. Rauchen wird dann automatisch von bestimmten auslösenden Kontexten gestartet: Das Mittagessen ist zu Ende, die Arbeit ist zu Ende, man steht mit Kollegen vor dem Bürogebäude, man wartet auf den Bus, man ist angekommen mit dem Bus, man fühlt sich angespannt, man ist gelangweilt, man wacht nachts auf (Ikard et al. 1969).

Nicht nur das Rauchen ist eine schädliche und negative Gewohnheit bei Mitarbeitern. Es stellt sich also die Frage: Wie beseitigt man unerwünschte Gewohnheiten?

20.4 Gewohnheiten bei Mitarbeitern abbauen

Oft versucht man schlechte Gewohnheiten mit sachlichen Argumenten zu ändern, man appelliert an Rationalität und Vernunft, ganz nach dem Motto „Rauchen schadet Ihrer Gesundheit". Viele Gewohnheiten starten tatsächlich ursprünglich mit bewussten und überlegten Entscheidungen und absichtlichem Verhalten (Aarts und

Dijksterhuis 2000): Etwa das Verwenden von Zahnseide oder das Benutzen des Autos statt der Bahn für den Weg zur Arbeit. Nach einer Reihe von Wiederholungen werden diese Verhaltensweisen dann zu Gewohnheiten. Sie laufen dann aber größtenteils unbewusst ab, sobald eine bestimmte auslösende Situation eintritt. Das bedeutet nicht, dass Gewohnheiten gänzlich unbewusst ablaufen müssen. Sie haben aber einen starken unbewussten Anteil und bewusste Aufmerksamkeit ist in der untergeordneten Rolle (Wegner und Bargh 1998).

Dieser Mangel an Aufmerksamkeit und willentlicher Kontrolle führt aber dazu, dass viele Gewohnheiten bestehen bleiben, auch wenn die betreffende Person ihre Einstellung dazu geändert hat – etwa gegenüber dem Rauchen. Entsprechend ist der Zusammenhang zwischen Einstellungen und Verhalten bei Gewohnheiten oftmals gering – und noch so gute **rationale Argumente wirken kaum** auf das Verhalten, wenn es einmal zur Gewohnheit geworden ist. Das trifft auch bei gut eingewöhnten Arbeitsabläufen von Mitarbeitern zu. Diese finden relativ unberührt von den Einstellungen der Mitarbeiter statt (Schachter et al. 1961).

Argumente können daher zwar helfen, ein neues Verhalten zu starten, sie sind aber eher **ungeeignet**, um später Gewohnheiten wieder zu ändern. Menschen verändern dann vielleicht ihre Intentionen und Absichten, nehmen sich vielleicht sogar vor, etwas zu ändern – aber das gewohnte Verhalten läuft einfach weiter oder kommt schon nach kurzer Zeit zurück. Die Gewohnheit siegt. Wie kann man also vorgehen, was wirkt tatsächlich, um **Gewohnheiten aufzubrechen und abzubauen**?

- **Emotionen.** Starke **emotionale Botschaften**, die wirklich durchschlagen, sind wesentlich wirksamer als rationale Argumente. Die Bedrohung oder Chance muss emotional groß genug wahrgenommen werden, dass eine aktive Entscheidung erforderlich scheint (Beach und Mitchell 1978; Petty et al. 1981). So spielt es keine Rolle, dass jährlich in Europa 1000 mal mehr Personen durch Verkehrsunfälle verletzt werden und sterben als durch Terrorismus. Die emotionale Wirkung der Bilder zählt – und so ist die Furcht vor Terrorismus größer und die Bereitschaft deshalb sein Verhalten zu ändern. Vergleichbare Effekte haben sich gezeigt, als durch die BSE-Fälle der Markt für Rindfleisch kollabiert ist oder als wegen ein paar Toten durch Durchfallerkrankungen kaum mehr Gurken in Europa gekauft wurden, weil diese eine Weile fälschlicherweise als Quelle galten. Diese Beispiele haben gemeinsam: Rational vergleichsweise geringe Risiken – emotional starke Botschaften. Insofern sind die aktuellen Grusel-Bilder auf den Zigarettenpackungen als wirksamer einzuschätzen als die rationalen Argumente, auf die man sich zuvor verlassen hat, um Raucher von ihrer Gewohnheit abzubringen.

20.4 Gewohnheiten bei Mitarbeitern abbauen

Soll also Verhalten von Mitarbeitern geändert werden, dann ist es wichtig, die **Kommunikation** dafür stark zu **emotionalisieren, Risiken und Chancen erlebbar** zu machen.

- **Soziale Ächtung.** Parallel zur Emotionalisierung können Verhaltensweisen auch **sozial geächtet** und stigmatisiert werden. Die besonderen gelben Rechtecke auf Bahnsteigen und Glaskästen auf Flughäfen für Raucher sind dafür ein gutes Beispiel. Raucher werden so aus der Gemeinschaft isoliert und sichtbar gemacht. In chinesischen Schulklassen waren früher die Namen aller Schüler an der Klassenwand. Die leistungsschwächsten mit den schlechtesten Verhaltensweisen bekamen eine schwarze Markierung an ihren Namen. Die Lehrer luden alle Eltern der Schüler regelmäßig gemeinsam in das Klassenzimmer, ein Gesichtsverlust für die betreffenden Familien (Ma und Becker 2015).
- **Transparenz.** Unerwünschtes Gewohnheitsverhalten kann man messen und **sichtbar machen**. Das erinnert die betreffenden Personen und ihr Umfeld immer wieder daran, zeigt Fortschritte aber auch Verschlechterungen an. Gibt es z. B. in einem Team ein Problem mit Unpünktlichkeit, dann sollte dieses Gewohnheitsverhalten der einzelnen Mitarbeiter sichtbar gemacht werden. Das hilft dem einzelnen sich daran zu erinnern und sich das Verhalten bewusst zu machen – und es fördert die soziale Ächtung und Sanktionierung.
- **Physische Störung.** Der Ablauf der gewohnten Verhaltensweise kann **physisch gestört** oder sogar verhindert werden. Rauchverbote in vielen Bereichen sind hierfür ebenso Beispiele, wie die Verbote von Smartphones in Büroumgebungen oder während Meetings, um zu verhindern, dass sich die Mitarbeiter fremdbeschäftigen.
- **Veränderung des Kontextes.** Gewohnheiten laufen automatisch ab, sobald ein bestimmter Kontext sie startet. Deshalb bekämpft man Gewohnheiten, indem man **auslösende Kontexte beseitigt** oder zumindest reduziert. Ein Smartphone, das in einem Workshop nicht mehr auf dem Tisch liegt, ist ein auslösender Kontext weniger. Wechseln Menschen ihre Umgebung, etwa durch Umzug oder Urlaub, stellen sie öfter Gewohnheiten ein oder verändern diese (Thrailkill und Bouton 2015). Analog können eine neue Arbeitsumgebung oder ein neuer Computer-Desktop bei einer Veränderung der Arbeitsprozesse unterstützen, um alte Gewohnheiten abzulegen.

Fazit: Welche Gewohnheiten bei Mitarbeitern man auch immer bekämpfen möchte – veränderte Absichten alleine gewinnen nur im Konflikt mit Gewohnheiten, wenn sie extrem stark sind. Neues Verhalten muss dann erst mit großem Bewusstseinsaufwand betrieben werden, bis neue Gewohnheiten die alten überschreiben. So viel Willenskraft haben nur wenige Mitarbeiter. Deshalb setzen sich alte Gewohnheiten oft wieder durch und sind hartnäckig. Der Wettbewerbsvorteil von Gewohnheiten ist klar: Sie erfordern keine Selbstdisziplin, sind robust gegenüber Ablenkungen und kommen auch nach langer Zeit wieder zu Tage. Deshalb kann man sich nicht auf überzeugende Argumente verlassen. Eine **Kombination der hier genannten Maßnahmen** ist am sinnvollsten, **um Gewohnheiten zu bekämpfen**.

Praxistipps
Um Entscheidungen und Verhalten sinnvoll zu motivieren, braucht es die Macht der Gewohnheit. Wie sollte man vorgehen? Natürlich ist Praxis nicht gleich Praxis. Dennoch gibt es ein paar Gemeinsamkeiten bei Gewohnheiten, so unterschiedlich die Aufgaben von Mitarbeitern auch sein mögen. Hier ist ein Beispiel mit Vertriebsmitarbeitern gewählt, ähnlich wird es aber auch bei Produktion, Einkauf, Verwaltung und anderswo laufen.

- **Kombiniertes Vorgehen**: Dem Ziel neue Gewohnheiten aufzubauen, sind oft alte Gewohnheiten im Weg. Meist wird man daher die genannten Maßnahmen zum Aufbau von Gewohnheiten mit den Maßnahmen zum Abbau von Gewohnheiten kombinieren.
- Emotionaler **Kick-off**: Sollen neue Verhaltensweisen (etwa im Umgang mit Kunden) übernommen werden, dann helfen reine Argumente wenig. Ein emotionaler Kick-off, am besten in der Gruppe mit allen Mitarbeitern, ist sinnvoll. Ein Beispiel: Alle Mitarbeiter mit Kundenkontakt aus einer Niederlassung besuchen gemeinsam einen Workshop „Kundenpsychologie". An Übungen, Videos und Simulationen erfahren sie dort selbst emotional, welche Unterschiede es im Kundenerleben macht, wenn der Vertrieb Kundenpsychologie beachtet – oder nicht beachtet bzw. falsch einsetzt. In diesem Kontext können Video-Mitschnitte aus dem Kundenkontakt, die von „falschen Kunden" mit versteckter Kamera aufgenommen wurden, hilfreich sein. So erleben die Mitarbeiter, welchen Schaden alte Gewohnheiten anrichten – und welchen Unterschied die neuen Verhaltensweisen machen.
- **Initiierung und Stabilisierung**: Übungen initiieren die neuen Verhaltensweisen schon im Workshop, die Teilnehmer entwickeln für sich erste Erfahrungen und Bausteine zum mitnehmen in die Praxis. Zurück in der Niederlassung steht den Verkaufsmitarbeitern ein Coach zur Seite, wenn sie mit Kunden zu tun haben. Den Kunden stellt man den Coach als „neuen Kollegen" vor „der heute mal zusieht, wenn es für Sie in Ordnung ist".

Nach den Kundenkontakten gibt der Coach Rückmeldung zu den neuen Verhaltensweisen, um diese weiter zu stabilisieren. Jemanden daneben zu stellen, hört sich erst mal nach viel Aufwand an. Es ist aber unbedingt sinnvoll, um das neue Verhalten wirklich zu starten, Erfolgserlebnisse zu garantieren und zu stabilisieren. Es muss kein externer Coach sein, es können kompetente Kollegen sein, das ganze Team – oder wer auch immer. Wichtig ist, dass jemand dabei ist. Sonst wird kein neues Verhalten stattfinden bzw. schnell wieder in den alten Trott zurück-geändert. Gewohnheiten bilden sich erst, wenn Menschen unter ähnlichen Bedingungen wiederholt das gleiche Verhalten zeigen. Genau dafür sorgt diese zusätzliche Person.

- **Transparenz**: Transparenz über das eigene Verhalten spielt zusätzlich eine wesentliche Rolle. Das kann kurzfristig der Coach übernehmen, langfristig eine Software-Plattform, die jedem Mitarbeiter ganz transparent die Ziele und seinen aktuellen Stand widerspiegelt.
- **Sozialer Druck**: Gruppendruck, Lob und Anerkennung sind wichtig. Wenn andere ihr Verhalten ebenfalls ändern, kann man sich dem schwer entziehen. Schon der gemeinsame Kick-off und dann das gemeinsam veränderte Verhalten in der Praxis erzeugen Druck auf den einzelnen, mitzumachen. Wichtig ist, dass es keine Abweichler gibt und dass Mitmachen zu Erfolg und Anerkennung führt. Idealerweise gelingt es einen positiven Wettbewerb zwischen den Mitarbeitern einzuführen.
- Auch weitere der genannten Ansatzpunkte, wie **physische Störung** des unerwünschten Verhaltens oder eine **Änderung des Kontextes** (z. B. ein neu gestalteter Verkaufsraum, wenn man auch mit dem Kunden anders umgehen soll) können sinnvoll im Gesamtmix der Maßnahmen sein.

Sollen Mitarbeiter wirksam motiviert werden, dann ist natürlich wichtig, wie stark Motivation insgesamt ausgeprägt ist. Das nächste Kapitel beschreibt daher die Messung der Mitarbeitermotivation und die Analyse von Einflüssen darauf.

Mitarbeitermotivation messen 21

Wie lässt sich **Mitarbeitermotivation messen** und Motive analysieren – und wie kann man die **Einflüsse auf Motivation** bei den einzelnen Mitarbeitern berücksichtigen? Die Antworten in diesem Kapitel.

In der Praxis ist natürlich interessant, wie motiviert die einzelnen Mitarbeiter sind. Aber dieses Wissen alleine genügt nicht – die entscheidende Frage ist dann natürlich: Was konkret tun, wenn die Motivation der Mitarbeiter niedrig ist? Dafür ist es wichtig, mehr über die Eigenschaften der einzelnen Mitarbeiter und ihr konkretes Umfeld zu erfahren.

Ein Rückblick auf das Kap. 6 zur Frage „Was motiviert Mitarbeiter?" ist sinnvoll, um zu verstehen, wie man Motivation messen kann und welche relevanten Eigenschaften Mitarbeiter haben.

Die Einflüsse auf Motivation lassen sich in zwei wichtige Kategorien abgrenzen: **äußere Einflüsse** und **innere Einflüsse**. Motivation entsteht dann aus dem Wechselspiel von Einflüssen im Umfeld und Eigenschaften der einzelnen Mitarbeiter.

Motivierende äußere Einflüsse im Umfeld von Mitarbeitern sind beispielsweise die Gestaltung der Arbeitsaufgabe (z. B. Christian et al. 2011; Bakker und Demerouti 2007). Wichtige innere Einflüsse auf die Arbeitsmotivation von Mitarbeitern sind beispielsweise Emotionen (z. B. Sonnentag et al. 2008; Bledlow et al. 2011).

Es gibt viele weitere äußere und innere Einflüsse auf die Motivation von Mitarbeitern. Tab. 21.1 zeigt die wichtigsten Einflüsse auf die Motivation von Mitarbeitern nochmal im Überblick.

Zunächst ein Abschnitt dazu, wie einzelne Führungskräfte mehr über die Motivation ihrer **einzelnen Mitarbeiter** erfahren.

Tab. 21.1 Einflüsse auf die Motivation von Mitarbeitern

Äußere Einflüsse auf Motivation (Umfeld)	Innere Einflüsse auf Motivation (Person)
Die wesentlichsten Einflüsse auf Motivation im Umfeld von Mitarbeitern sind: – das Arbeitsumfeld, in dem Mitarbeiter arbeiten – die Führung, die Mitarbeiter erleben – Teams, denen ein Mitarbeiter angehört – die Gestaltung der Arbeitsaufgaben – Ziele, die Mitarbeiter haben (oder nicht haben) – Anreize (in Form von Belohnungen und Bestrafungen) – das Unternehmen (die Organisation), das mit seiner Kultur die obigen Aspekte prägt	Wesentliche innere Einflüsse auf Motivation beim einzelnen Mitarbeiter sind: – Emotionen, die der Mitarbeiter empfindet – Selbstwirksamkeit (die Überzeugung, selbst etwas zu können und kompetent zu sein) – Gewohnheiten des Mitarbeiters – die Persönlichkeit des Mitarbeiters – Regenerationsfähigkeit (die Fähigkeit, sich von Arbeit und Belastungen zu erholen) – Optimismus (die Überzeugung, positive äußere Rahmenbedingungen zu haben) – Selbstregulation (die Fähigkeit, aktuelle Motive zu unterdrücken, um langfristige Ziele zu erreichen) – einzelne Motive des Mitarbeiters und deren Stärke

21.1 Als Führungskraft die Motivation der einzelnen Mitarbeiter verstehen

Schon bei einem Mitarbeiter sind verschiedene Einflüsse an der Motivation zu einem Verhalten beteiligt. Bei verschiedenen Menschen wirken dann erst recht sehr unterschiedliche Einflüsse auf die Motivation. Unterschiede in den Motiven hängen oft auch mit Eigenschaften von Mitarbeitern zusammen. Typischerweise interessieren sich beispielsweise jüngere Mitarbeiter mehr für Weiterbildungsangebote, Aufgaben, bei denen sie sich entwickeln und Rückmeldung zu ihren Leistungen. Auch mit der Nationalkultur, dem Geschlecht und den Werten von Menschen ändern sich Motive und Motivation.

Kurz gesagt: Mitarbeiter gehen also mit den unterschiedlichsten Eigenschaften zur Arbeit und Anreize wirken entsprechend anders.

Was bedeutet das für die **Führungspraxis**? Nur wenn es gelingt, die Motivation der Mitarbeiter und Einflüsse darauf zu verstehen, kann das Verhalten in die erwünschte Richtung gelenkt werden, wie Abb. 21.1 darstellt. Findet diese Analyse der einzelnen Mitarbeiters nicht statt, bleiben Anreize oft wirkungslos oder läuft das Verhalten der Mitarbeiter in die falsche Richtung.

21.1 Als Führungskraft die Motivation der einzelnen Mitarbeiter verstehen

Abb. 21.1 Führungskräfte sollten herausfinden, was ihre Mitarbeiter motiviert und demotiviert. (© DragonImages / stock.adobe.com)

Wie können Führungskräfte mehr über die Motivation einzelner Mitarbeiter und Einflüsse darauf erfahren? Dazu gibt es für Führungskräfte folgende **Ansätze**:

Befragung. Das **Befragen** der einzelnen Mitarbeiter nach der Bedeutung und Wichtigkeit von Aspekten der Arbeit und des Arbeitsumfeldes ist sicher der einfachste, schnellste und billigste Weg. Warum nicht als Führungskraft einfach mal fragen: „Wie haben Sie sich bei der Tätigkeit im Projekt xy gefühlt? Was hat Ihnen besonders Spaß gemacht? Gibt es etwas, was gebremst und gestört hat?"

Das geht zwar schnell und einfach, ist aber auch fehleranfällig. Bei einer Befragung sind Mitarbeiter mitunter nicht ehrlich (sagen beispielsweise den Vorgesetzten ungern, wenn sie eine Arbeit nicht motiviert) oder können die eigenen Motive schwer beschreiben. Auch stufen Mitarbeiter oft alles Mögliche als sehr wichtig ein (man nennt das Anspruchsinflation), dafür nennen sie mitunter sehr entscheidende Inhalte und Motive überhaupt nicht – etwa weil die Motive sozial stigmatisiert und tabuisiert sind oder weil die Motive ihnen selbst nicht bewusst sind.

Workshops mit Teams. In **Workshops** mit ihrem Team können Führungskräfte systematisch motivationsrelevante Themen gemeinsam mit den Mitarbeitern angehen – etwa das Arbeitsumfeld, das Team oder die Gestaltung von Arbeitsaufgaben. Dafür bieten die einzelnen Kapitel in diesem Text und die darin enthaltenen Übungen eine sehr gute Arbeitsstruktur. Thema der Workshops wäre jeweils, wie die Mitarbeiter die einzelnen Aspekte aktuell erleben und wo sie sich Veränderungen wünschen. In diesen Wünschen spiegeln sich die Motive und Eigenschaften der Mitarbeiter konkret wieder.

Auch hier besteht natürlich das Risiko, dass Mitarbeiter bestimmte Themen nicht ansprechen, etwa weil sie sich scheuen, Dinge anzusprechen, für die sie soziale Sanktionen befürchten und sich nicht „outen" wollen. Ein typisches Beispiel sind Normen im Team. Wer wird schon öffentlich ansprechen, dass andere eine niedrige Leistungsnorm haben und ihn sanktionieren, wenn er mehr arbeitet?

Beobachtung. Frei nach dem Motto „An ihren Früchten sollt ihr sie erkennen!" kann auch die **Beobachtung** von Mitarbeitern, ihrem Verhalten und den Ergebnissen des Verhaltens Rückschlüsse auf die Motivation und andere Eigenschaften zulassen. Man merkt meist schnell, bei welchen Tätigkeiten ein Mitarbeiter besonders engagiert ist, positive Emotionen ausstrahlt – und umgekehrt, was ihn offenbar weniger motiviert. Führungskräfte können hier auch ein wenig **testen**, indem sie Mitarbeitern einfach unterschiedliche Aufgaben anbieten und zuteilen und dann beobachten, wie die Reaktionen und das Verhalten sind. So einfache Aspekte, wie ein Mitarbeiter, der sich immer sehr langsam zum Arbeitsplatz aber sehr schnell davon weg bewegt, können schon wertvolle Hinweise geben. Auch die sonstige Körpersprache kann ein nützlicher Lieferant von Informationen zu Motiven sein. Wird die Pupille eines Mitarbeiters größer, wenn ein bestimmtes Projekt erwähnt wird? Beugt er sich vor und öffnet die vorher verschränkten Arme, wenn eine Karrieremöglichkeit angesprochen wird?

Wichtig ist hier, seine Analysen auf wiederholte Ereignisse zu stützen und sich immer bewusst zu machen: Verhalten und dessen Ergebnisse haben viele Ursachen, nicht nur die Motivation (z. B. auch Fähigkeiten oder die aktuelle Situation des Mitarbeiters).

Viele der genannten Ansätze können einfach im Arbeitsalltag nebenbei erfolgen oder auch in formelle Instrumente wie einem Mitarbeiter-Jahresgespräch integriert werden. Die folgende Übung greift die Ansätze der Befragung und Beobachtung auf.

Übung

Üben Sie **Gespräche**, um die Motive von Mitarbeitern herauszufinden. Nutzen Sie dabei Fragen wie:

- Wenn Sie an Ihre aktuellen Tätigkeiten denken – was macht Ihnen hier besonders Freude, was sind eher die Schattenseiten?
- Wo würden Sie sich beruflich in fünf Jahren gerne sehen? Was ist es genau, dass Sie an dieser Tätigkeit/Position reizt?

Fragen Sie auch regelmäßig **nach abgeschlossenen Projekten**, was die Mitarbeiter besonders gefreut hat. Aus dem, was diese nennen – aber auch aus dem, was sie nicht nennen, können Sie einiges über die Motive Ihrer Mitarbeiter lernen. Üben Sie, **genau zuzuhören** und **Interesse zu zeigen**.

Schärfen Sie zudem Ihre **Beobachtungsgabe**. Achten Sie genau darauf, wie Mitarbeiter reagieren, wenn sich bestimmte Dinge ereignen oder angesprochen werden. Natürlich erlauben einmalige Reaktionen noch kein verlässliches Bild – wohl aber wiederholte Beobachtungen, am besten kombiniert mit Befragungen. Besonders wichtig sind alle Signale für Offenheit oder Verschlossenheit in diesem Kontext. Offenheit verrät meistens eine Motivation – Verschlossenheit symbolisiert Ablehnung.

Körpersprache, die Offenheit/Verschlossenheit signalisiert:

- offene Arme/verschränkte Arme
- offene Beine/verschränkte Beine
- Vorbeugen/Zurücklehnen, wenn etwas angesprochen wird
- offene zugewandte Augen/Wegblicken oder Augen schließen

Darüber hinaus kann die rechte Hand Hinweise geben. Diese wird von der linken Hirnhälfte gesteuert und verrät oftmals unbewusst Absichten und wie positiv jemand etwas sieht (z. B. Casasanto 2011). Zieht der Mitarbeiter die rechte Hand zurück, wenn Sie eine Tätigkeit ansprechen – oder geht die Hand etwas nach vorne und greift symbolisch auf dem Tisch nach dem Projekt?

In der **Regel** reicht das hier beschriebene Vorgehen vollkommen aus: Die Führungskraft **kennt die wichtigen Einflüsse** auf die Arbeitsmotivation aus der Tabelle oben im Detail und **berücksichtigt diese Prinzipien im Führungsverhalten**. Sie analysiert zudem **wichtige Unterschiede** in der Motivation und den Motiven der einzelnen Mitarbeiter über **Befragung** und **Beobachtung**. In bestimmten Situationen setzt sie zusätzlich einen **Workshop** an, bei dem das **ganze Team** ein wichtiges Thema (etwa Ziele oder das Arbeitsumfeld) diskutiert und Ansätze zur Optimierung entwickelt.

Im nächsten Abschnitt zur Frage, wie man Arbeitsmotivation über viele Mitarbeiter hinweg standardisiert misst.

21.2 Arbeitsmotivation bei Mitarbeitern übergreifend messen

Was gemessen wird, bekommt mehr **Aufmerksamkeit** und lässt sich dann auch systematisch **managen**. Daher ist es verständlich, dass bei vielen Unternehmen die Mitarbeitermotivation fester Teil in den Informationssystemen ist (z. B. Dashboards, Cockpits oder Score Cards). Zum **Messen der Arbeitsmotivation** liegen viele **Ansätze** vor. Man kann sie in drei übergreifende Gruppen gliedern:

Zugang über innere Einflüsse. Einige Ansätze versuchen **Arbeitsmotivation über innere Einflüsse** zu erfassen (z. B. Shirom 2003; Schaufeli und Bakker 2003; May et al. 2004; Rich et al. 2010). Dabei spielen Emotionen, Absorption und Flow-Erleben, physische Zustände und kognitive Aspekte (etwa wahrgenommene Bedeutsamkeit der Tätigkeit und Selbstwirksamkeit) eine Rolle. Die Auswahl der Aspekte ist in den vorliegenden Instrumenten relativ willkürlich. Gemeinsam ist diesen Ansätzen der Versuch, Arbeitsmotivation zu erfassen, indem man Eigenschaften und Zustände von Menschen erfasst, die damit zusammenhängen.

Wenn hier niedrige Werte auftauchen, gibt das in der Praxis wichtige Hinweise, bei welchen Eigenschaften von Mitarbeitern man stärker ansetzen sollte, um Motivation zu erhöhen.

Zugang über äußere Einflüsse. Andere Ansätze versuchen **Arbeitsmotivation über äußere Einflüsse** zu erfassen, indem sie Aspekte im Umfeld erheben, die damit zusammenhängen. Dazu gehört die internationale Umfrage zur Arbeitsmotivation der Gallup Organisation (Crabtree 2013). Das verwendete Instrument misst nicht direkt die Arbeitsmotivation, sondern fragt die Mitarbeiter vor allem nach äußeren Einflüssen auf die Arbeitsmotivation (Schaufeli 2013). Das beinhaltet z. B. Fragen nach Zielen, Ressourcen für die Arbeit, Führung, Anerkennung und zum Team (Harter et al. 2006).

Niedrige Werte geben hier in der Praxis nützliche Hinweise, bei welchen Aspekten im Umfeld der Mitarbeiter man ansetzen könnte, um Motivation zu erhöhen.

Direkte Frage. Man kann Mitarbeiter natürlich auch einfach **direkt nach ihrer Arbeitsmotivation fragen**, vielleicht sogar mit nur einer Frage: „Ich bin motiviert, bestmögliche Arbeitsleistungen zu erbringen." Das Ganze z. B. auf einer Skala von 1 „trifft überhaupt nicht zu" bis 5 „trifft voll zu".

Was ist von diesen Ansätzen zu halten? Dazu die Tipps für die Praxis.

> **Praxistipps**
> Arbeitsmotivation lässt sich übergreifend mit verschiedenen Ansätzen messen. Meist findet das über Online-Befragungen statt. Was davon macht wirklich Sinn?
>
> - Die vorliegenden Instrumente, die **Arbeitsmotivation über innere Einflüsse und Zustände** erfassen, sind **nicht befriedigend**. Die Auswahl der Zustände scheint je nach Instrument eher willkürlich, manche Einflüsse sind enthalten, andere fehlen. Daher gibt es je nach Instrument große Unterschiede in den Inhalten, die abgefragt werden. Zudem enthalten die Instrumente – möchte man nur die Arbeitsmotivation an sich abgreifen – zu viele Fragen. Das belastet die Mitarbeiter, ohne einen großen Mehrwert gegenüber einer einzelnen direkten Frage zu liefern.
> In der Regel hängt Motivation mit den inneren Einflüssen stark zusammen. Man kann daher davon ausgehen, dass die Messung mit diesem Zugang (sofern die relevanten Aspekte umfassend abgefragt werden) meist valide ist, dass also wirklich die Arbeitsmotivation gemessen wird. Eine Ausnahme bilden Führungsstile, die rund um Druck von außen über Belohnungen, Bestrafungen und Kontrolle (extrinsische Motivation) aufgebaut sind. Diese können zu hoher extrinsischer Motivation führen, die aber mit ungünstigen inneren Zuständen einher geht – z. B. niedriger

Selbstwirksamkeit, negativen Emotionen, geringer Absorption und Hingabe an die Arbeit.

Diese Ansätze wird man nur einsetzen, wenn man die Ausprägung bestimmter innerer Einflüsse auf Motivation im Unternehmen abgreifen möchte (etwa Emotionen, Selbstwirksamkeit, Optimismus, Flow-Erleben ...). Dann sollte man die vorhandenen veröffentlichten Instrumente aber weiterentwickeln, da sie bisher eine zu begrenzte Auswahl der wichtigen Aspekte enthalten.

- Die vorliegenden Instrumente, die **Arbeitsmotivation über äußere Einflüsse** erfassen, sind ebenfalls **nicht befriedigend**. Die Auswahl der erhobenen Aspekte ist willkürlich und die Instrumente enthalten in der Regel wichtige Themen nicht. Auch hier gilt: Möchte man nur die Arbeitsmotivation messen, dann sind diese Instrumente zu umfangreich. Man konfrontiert die Mitarbeiter mit unangemessen vielen Fragen. Zudem besteht ein weiteres Risiko: Der Ansatz misst nicht die eigentliche Motivation der Mitarbeiter, sondern ob und wie viel für die Motivation von außen getan wird. Das ist ein großer Unterschied. Es kann sein, dass Mitarbeiter wegen günstiger innerer Einflüsse auch unter schlechten Bedingungen motiviert sind. Umgekehrt ist es auch möglich, dass Mitarbeiter unter eigentlich guten Bedingungen nicht motiviert sind.

  Diese Ansätze sind daher nur sinnvoll, wenn man wirklich die Ausprägung bestimmter äußerer Einflüsse auf Motivation im Unternehmen erheben möchte (etwa Aufgabengestaltung, psychologisch optimierte Ziele, Führungsstile ...). Dafür sollten die vorhandenen veröffentlichten Instrumente aber erweitert werden, da sie alle große Lücken bei wichtigen Aspekten haben.

- Wenn es nur darum geht, Arbeitsmotivation zu messen – ohne gleich Ansatzpunkte zu gewinnen, um zu handeln – dann sollte man in der Praxis **direkte Fragen einsetzen**. Mit der Frage „Ich bin motiviert, bestmögliche Arbeitsleistungen zu erbringen." gibt es gute Erfahrungen. Als Antwortmöglichkeit hat sich eine Fünfer-Skala bewährt – von 1 „trifft überhaupt nicht zu" bis 5 „trifft voll zu". Diese Frage zeigt gut, wie es um die Arbeitsmotivation steht. Und sie belastet die Mitarbeiter kaum, es ist ja nur eine Frage. Das Ganze kann dann vielleicht sogar wöchentlich eine entsprechende Stichprobe an Mitarbeitern bequem per Smartphone beantworten. Gibt es bei einer Mitarbeitergruppe oder in einem Bereich

> eine auffällige Abweichung, dann kann man dort (und nur dort) intensiver nachforschen. So hat man immer zeitnah die relevanten Informationen zum Stand der Motivation, ohne Mitarbeiter über Gebühr zu belästigen.

Mit einer entsprechenden Messung ist also die Motivation der Mitarbeiter bekannt. Was aber tun, um **konkrete Ansatzpunkte zu gewinnen**, um die Motivation zu steigern? Hier ist es wichtig, die konkreten Einflüsse auf die Motivation der Zielgruppe zu kennen. Dazu die folgenden Praxistipps.

Praxistipps
Die Arbeitsmotivation ist gemessen. Wie kommt man jetzt zu **konkreten Maßnahmen**? Dafür hat sich ein **Ansatz** bewährt, bei dem mehrere Dinge systematisch ineinander greifen.

1. Erstens ist es wichtig, die **Arbeitsmotivation** quantitativ zu erfassen. Wie das geht, hat der vorherige Abschnitt gezeigt. Dazu ist eine einzelne Frage sinnvoll, die regelmäßig von einer entsprechenden Stichprobe an Mitarbeitern beantwortet wird. Eine Möglichkeit ist, das monatlich zu erheben.
2. Zudem ist in größeren Zeitintervallen erforderlich, die einzelnen **Einflüsse auf die Arbeitsmotivation** abzubilden (konkret die äußeren Einflüsse sowie die inneren Einflüsse). Diesen **Ist-Zustand der Einflüsse** erhebt man wesentlich seltener, da es viel mehr Fragen sind. Einmal im Jahr oder alle zwei Jahre reicht in den meisten Fällen. Die oben in der Tab. 21.1 aufgelisteten Inhalte sind genau das, was hier erhoben werden sollte. Für alle diese äußeren Einflüsse auf Arbeitsmotivation (z. B. Arbeitsumfeld, Führung und die Arbeitsaufgaben) und inneren Einflüsse auf die Arbeitsmotivation (z. B. Emotionen, Selbstwirksamkeit und Selbstregulation) gilt es entsprechend valide Fragen aufzubauen.
3. Gleichzeitig sollte man die Mitarbeiter bei den einzelnen Einflüssen nicht nur angeben lassen, wie sie diese aktuell erleben (Ist-Zustand), sondern jeweils angeben lassen, ob und in welche Richtung sie sich Veränderung wünschen (**Soll-Zustand der Einflüsse**). Aus diesen Wünschen der Mitarbeiter und dem Ist-Zustand bekommt man ein sehr gutes Bild von den wichtigsten Handlungsfeldern für mehr Arbeitsmotivation.

4. Ist der Datensatz groß genug, dann empfiehlt sich eine **statistische Treiberanalyse**, die den Ist-Zustand der Einflüsse in Beziehung setzt zur direkten Frage nach der Arbeitsmotivation. Liegen zusätzlich sogar harte Leistungsdaten vor, die man auf Team- oder Abteilungsebene statistisch in Beziehung zu den abgefragten Einflüssen setzen kann, dann ist das umso besser. So können zusätzlich zu den Angaben der Mitarbeiter auch statistische Hinweise auf wichtige Motivationstreiber gewonnen werden.

Das abschließende Kapitel fasst wesentliche Erkenntnisse zur wirksamen Motivation von Mitarbeitern aus allen vorherigen Kapiteln zusammen.

22 Erkenntnisse: Mitarbeiter wirksam motivieren

Die Forschung zur Motivation von Mitarbeiter liefert **klare Ergebnisse mit hoher Relevanz für die Praxis**. Dieses abschließende Kapitel fasst zentrale Erkenntnisse aus den einzelnen Kapiteln nochmals prägnant zusammen.

Mitarbeitermotivation liegt im Trend.
Die Bedeutung der Motivation von Mitarbeitern nimmt weiter zu. Dazu tragen vielfältige Faktoren bei. Forschungsdaten zeigen deutliche Zusammenhänge zwischen der Motivation von Mitarbeitern und Zielen wie Arbeitsleistung, Innovationen, Kundenzufriedenheit oder Produktivität. Zudem gibt es allgemeine Trends, die Mitarbeitermotivation erfolgsentscheidend machen: Abnehmende Kontrolle über hochqualifizierte Arbeit, Wettbewerb um die Talente und neue Führungsphilosophien. Dennoch gibt es Barrieren, die eine Anwendung der Möglichkeiten für Mitarbeitermotivation in vielen Unternehmen bremsen. Dazu gehören Fehlannahmen, wie man Mitarbeiter motivieren kann – aber auch, dass es oft einfach niemanden in den Unternehmen gibt, der voll für dieses Thema zuständig und qualifiziert ist.

Mitarbeitermotivation wirkt nicht nur auf die Arbeitsleistung.
Motivation dient nicht nur dazu, Verhalten aufzubauen, sondern sollte auch eingesetzt werden, um unerwünschtes Verhalten zu reduzieren. Das ist mindestens genauso entscheidend. Dabei ist an vielfältige Verhaltensweisen von Mitarbeitern zu denken, die gefördert (etwa Arbeitsleistung, selbständige Arbeit und wertschätzende Kommunikation) oder reduziert (etwa Absentismus, Kündigung oder Mobbing) werden sollen.

Motivation ist nur ein Einfluss auf Verhalten unter vielen.
Mitunter wird unerwünschtes Verhalten voreilig an mangelnder Motivation festgemacht. Ganz nach dem biblischen Motto: „An ihren Früchten sollt ihr sie erkennen." Dabei bestehen zahlreiche andere Einflüsse auf das Verhalten von Men-

schen, wie etwa Kompetenzen, das soziale Umfeld und dessen Reaktionen und die Situation mit ihren Möglichkeiten und Zwängen. Verhalten ist also multikausal. Motivation ist dabei ein wichtiger aber nicht der einzige Einfluss. Wer von den Ergebnissen eines Verhaltens direkt auf die zu Grunde liegende Motivation schließt, liegt daher häufig falsch.

Motive sind eine wichtige Basis für Motivation.
Motivation ist die Richtung, Intensität und Ausdauer einer Verhaltensbereitschaft hin zu oder weg von Zielen. Motivation entsteht unter anderem aus dem Wechselspiel von gerade aktiven Motiven bei einem Menschen. Motive sind die einzelnen, isolierten Beweggründe menschlichen Verhaltens. Isolierte Motive können zum Beispiel das Motiv nach sozialer Anerkennung oder nach Leistung sein. In der Praxis sollte man die bei einer Zielgruppe ausgeprägten Motive identifizieren. Anhand der Ergebnisse kann man dann fundiert entscheiden, welchen Mitarbeiter man für eine Tätigkeit auswählt und wie man spezifische Mitarbeiter motiviert. Ansonsten bleiben Anreize und Maßnahmen leicht wirkungslos, da sie an den Motiven der Mitarbeiter vorbei gehen.

Inhaltstheorien sind Ideengeber mit Risiken.
Erste Motivationstheorien versuchten Motive rein theoretisch inhaltlich zu klassifizieren und Motive zu identifizieren, die für alle Menschen gelten. Dieser Ansatz theoretisch geprägter Inhaltstheorien der Motivation ist wissenschaftlich gescheitert. Vertreter dieses Ansatzes, wie die Bedürfnispyramide von Maslow (Maslow 1954), bieten aus heutiger Sicht allenfalls als Ideengeber für die Praxis einen begrenzten Nutzen. Eine naive Anwendung von Inhaltstheorien, eröffnet Risiken. Sie führen zu falschen Annahmen und damit zu schlechten Entscheidungen rund um die Motivation von Mitarbeitern. Maßnahmen laufen dann ins Leere oder erzielen sogar gegenteilige Effekte als die gewünschten.

Verbreitete Irrtümer und Fehlannahmen bedrohen eine wirksame Mitarbeitermotivation.
Eine Hauptursache für Fehler bei der Motivation von Mitarbeitern sind unzutreffende Menschenbilder, an die die verantwortlichen Entscheider hartnäckig glauben. So glaubt eine Führungskraft, dass Mitarbeiter vor allem auf äußere Anreize, insbesondere Geld, reagieren. Eine andere ist überzeugt, dass Freiraum und Eigenverantwortung die Motivation fördert und eine dritte sagt sich vielleicht „Glückliche Kühe geben mehr Milch!". Auch die verbreiteten Motiv-Listen gehören zu diesen Menschenbildern. Der falsche und irreführende Leitgedanke ist hier: „Mitarbeiter haben alle dieselben Motive, und diese Motive zeigt uns die Theorie bzw.

Liste!" Ein verbreiteter Irrglaube ist auch, dass das Befriedigen von Motiven, Mitarbeiter automatisch zur Arbeit motiviert. Damit Führungskräfte und Unternehmen ihre Mitarbeiter wirksam motivieren können, sollten sie verbreitete Fehlannahmen und Ideologien durch belastbare Forschungsergebnisse ersetzen.

Viele Stellschrauben beeinflussen die Motivation von Mitarbeitern.
Das Rahmenmodell der Mitarbeitermotivation zeigt die wesentlichen Stellschrauben für mehr Mitarbeitermotivation. Es gibt zahlreiche äußere Einflüsse auf die Motivation von Mitarbeitern, wie das Arbeitsumfeld, motivierende Führung, gut gestaltete Aufgaben, Ziele und Anreize. Dazu kommen innere Einflüsse auf die Motivation, beispielsweise Emotionen, Persönlichkeitsaspekte, Optimismus und Motive. Ein Vergleich der Möglichkeiten, mit dem was in der Praxis tatsächlich stattfindet, zeigt, dass das Motivationspotenzial für die allermeisten Mitarbeiter nicht ansatzweise ausgeschöpft ist.

Mitarbeitermotivation ist nicht zuletzt eine Frage der Kultur.
Für mehr als 85 % der Mitarbeiter wird zu wenig getan, damit sie motiviert sind. Dabei gibt es auch kulturelle Unterschiede. Relativ viel unternimmt man in den USA, Westeuropa liegt hier im Mittelfeld, am wenigsten findet für die Motivation im mittleren Osten und Afrika statt. Mitarbeiter aus verschiedenen Kulturen bringen zudem unterschiedliche Voraussetzungen zur Motivation mit. Gravierende Unterscheide gibt es bei Selbstwirksamkeit (den Glauben, seinen Aufgaben gewachsen zu sein), wie optimistisch Menschen auf ihre Umwelt sehen und bei Selbstregulation (die Fähigkeit aktuelle Bedürfnisse zu unterdrücken, um langfristige Ziele zu erreichen).

Hygiene im Arbeitsumfeld zahlt sich aus.
Ein Arbeitsumfeld kann jede Initiative der Mitarbeiter ersticken oder Motivation fördern – je nach Ausprägung bestimmter Aspekte. In jedem Arbeitsumfeld wirken Motivationshindernisse und Motivationstreiber. Besonders entscheidend sind Angebote für Mitarbeiterentwicklung, klare Rollenbilder, das soziale Klima, eine motivierende Führungskultur und Ressourcen wie Zeit, Informationen und eine schlanke Bürokratie. Ein schlechtes Umfeld bremst die motiviertesten Mitarbeiter, die an den spannendsten Aufgaben arbeiten, aus. Es ist also zwingend erforderlich, zuerst im Arbeitsumfeld für Hygiene zu sorgen, damit motivierende Aufgaben, Ziele und Anreize ihre Wirkung voll entfalten können.

Motivierende Führung kombiniert neue Ansätze mit bewährtem.
Klassische Führung ist transaktional geprägt – Geld gegen Leistung, ein rationales Geschäft. Sie arbeitet mit gut strukturierten Aufgaben, klaren Zielen und festen Anreizen. Moderne Führungsperspektiven, wie transformationale Führung, setzen an den Emotionen der Mitarbeiter an. Es geht darum, die Mitarbeiter zu ideologisieren, zu wirklichen Anhängern von Zielen, Personen und Unternehmen zu machen. Sie wirken auf Mitarbeiter weit über das hinaus, was direkt gemessen und belohnt wird. Nach den aktuellen Metaanalysen können Führungskräfte die stärkste und breiteste Wirkung auf die Motivation der Mitarbeiter entfalten, wenn sie bewährte Ansätze mit den neuen Perspektiven kombinieren.

Motivation funktioniert nicht gegen das Team.
Das soziale Umfeld in Form von anderen Personen im Team wirkt enorm auf die Motivation einzelner Mitarbeiter. Ein wichtiges Thema sind hier die Normen im Team. Wie viel Leistung ist normal? Ab wie viel oder wie wenig Leistung erfährt man Sanktionen? Wie viel Fremdbeschäftigung während der Arbeit ist normal, wie gehen wir mit Kunden um? Diese und andere Normen vermitteln Teams an die einzelnen Mitarbeiter. Neben den Normen sind auch der Zusammenhalt und die Wirkung von Vorbildern in Teams wichtig, damit Mitarbeiter motiviert arbeiten.

Arbeit kann sexy sein.
Forschungsergebnisse zur psychologischen Gestaltung von Arbeitsaufgaben zeigen, dass jede Arbeit psychologisch relevante Merkmale hat, von denen die Motivation abhängt. Diese Merkmale sind identifiziert und können zielgerichtet beeinflusst werden: Motivierend sind beispielsweise Abwechslung, Bedeutsamkeit, Autonomie, Rückmeldung und Zeitdruck bei Arbeitsaufgaben. Damit psychologische Arbeitsgestaltung funktioniert, muss die Ausprägung der Merkmale von Arbeitsaufgaben auf die Mitarbeiter angepasst sein.

Der Fit von Arbeitsaufgabe und Mitarbeiter entscheidet.
Wenn die Anforderungen einer Stelle zu den Fähigkeiten der Mitarbeiter passen, dann können diese in ein Flow-Erleben bei der Arbeit kommen. Dabei gehen sie ganz in der Aufgabe auf, vergessen die übrige Welt um sich herum. Wichtig ist auch die Passung einer Arbeit zur gewünschten sozialen Identität der Mitarbeiter. Bekommen sie mit der Tätigkeit den gewünschten sozialen Status, können sie stolz auf ihre Arbeit sein? Passen die Arbeitsaufgaben zu ihren Werten?

22 Erkenntnisse: Mitarbeiter wirksam motivieren

Ziel ist nicht gleich Ziel.
Wesentliche Erkenntnisse hat die Forschung zu Motivation durch Ziele geliefert. Optimierte Ziele bewirken Richtung, Intensität und Ausdauer für das gewünschte Verhalten, sie ermöglichen Lerneffekte und Belohnungen. Mit einer richtigen Formulierung von Zielen lässt sich die Motivation von Mitarbeitern daher deutlich steigern. Neben expliziten Zielen gibt es implizite Ziele, die nicht offen ausgesprochen werden aber dennoch stark wirken. Auch diese gilt es zu steuern und in Konsistenz mit den expliziten Zielen zu bringen.

Konsequenzen sind wichtig.
Ein mächtiger Ansatz zur Motivation ist die Steuerung der Konsequenzen von Verhalten. Durch Belohnungen oder Bestrafungen als Konsequenzen für Verhalten lässt sich die Motivation zu den Verhaltensweisen nachhaltig aufbauen oder abbauen. Man spricht hier von extrinsischer Motivation. Derartige Konsequenzen gibt es in Form von Anreizen in jedem Unternehmen. Aber sind es die richtigen Anreize? Sind die psychologischen Erfolgsfaktoren beachtet? Und wie handhabt man die unzähligen Konsequenzen, die Mitarbeiter belohnen und bestrafen, die von selbst im sozialen System entstehen und die so von den Führungskräften gar nicht beabsichtigt und geplant sind?

Innerer Antrieb ist der Königsweg.
Eine sehr wesentliche Ergänzung zur extrinsischen Motivation, die sich auf die Konsequenzen von außen von Verhalten konzentriert, ist die Gestaltung eines Verhaltens selbst, so dass es motiviert. Durch die effektive Gestaltung von Arbeitsaufgaben kann das Motivationspotenzial der Tätigkeiten selber gesteigert werden. Man spricht hier von intrinsischer Motivation. Dazu liegen umfangreiche Daten und Ansatzpunkte vor. Dieser Ansatz ist vor allem bei komplexen und anspruchsvollen Tätigkeiten wirksam. Er empfiehlt sich vor allem, wenn es um die Qualität von Arbeitsergebnissen geht. Auch wenn oft etwas anderes behauptet wurde – man kann extrinsische Motivation und intrinsische Motivation in aller Regel sehr gut kombinieren.

Mitarbeiter bringen unterschiedliche Voraussetzungen für Arbeitsmotivation mit.
Einige Merkmale von Mitarbeitern hängen sehr bedeutsam mit der Arbeitsmotivation zusammen. Alle davon sollten bei der Personalauswahl Berücksichtigung finden – viele davon in der Personalentwicklung und bei der Gestaltung des Arbeitsumfeldes. Motivationsrelevante Merkmale sind insbesondere positive Emotionen,

die Mitarbeiter in sich tragen (oder eben nicht in sich tragen) und auf andere ausstrahlen, Selbstwirksamkeit (der Glaube, seinen Aufgaben gewachsen zu sein), Optimismus, Selbstregulation (die Fähigkeit aktuelle Bedürfnisse zu unterdrücken, um langfristige Ziele zu erreichen), Motive und bestimmte Persönlichkeitsmerkmale. Es ist also eine Tatsache, dass Motivation nicht nur am Umfeld liegt, sondern auch vom Mitarbeiter selbst abhängt. Das macht Personalauswahl und Personalentwicklung zu wichtigen Instrumenten, wenn man Motivation am Arbeitsplatz steigern will.

Emotion beinhaltet das Wort „motion".
Es ist überraschend, dass Emotionen so wenig Beachtung finden, wenn es um die Motivation von Mitarbeitern geht. Kaum einer wird annehmen, dass große Menschheitsleistungen, wie der Bau der Pyramiden, der nachhaltige Aufbau des römischen Reiches oder die Mondlandung ohne Emotionen als zentraler Motor abgelaufen sind. Entsprechend zeigen Forschungsergebnisse die große Relevanz von Emotionen am Arbeitsplatz für die Motivation. Interessanterweise sind es aber oft dieselben Firmen, die jede Emotion des Kunden untersuchen, die er am Point of Sale oder bei der Verwendung eines Produktes und einer Marke hat, die sich kaum darum scheren, wie sich ihre Mitarbeiter fühlen – auf dem Weg zur Arbeit, bei der Arbeit, auf dem Weg nach Hause. Das sollte sich ändern, denn mit den richtigen Emotionen kommt nicht nur mehr Arbeitsleistung, sondern auch mehr Innovation, bessere Gesundheit, stärkere Mitarbeiterbindung und mehr Unterstützung bei Veränderungsprozessen.

Nur wer an sich glaubt, kann Berge versetzen.
Selbstwirksamkeit ist der Glaube einer Person, dass sie fähig ist, eine bestimmte Aufgabe in einem bestimmten Kontext erfolgreich zu erledigen. Mitarbeiter mit hoher Selbstwirksamkeit zeigen eine höhere Ausdauer, halten an Zielen fest, wenn sie diese Ziele zunächst nicht erreicht haben und erhöhen ihre Anstrengung, wenn Ergebnisse nicht gut genug sind. Sie geben nicht auf. Es ist also sinnvoll, bei Mitarbeitern auf hohe Selbstwirksamkeit zu achten. Praktisch bei der Personalauswahl ist, dass Selbstwirksamkeit mit anderen Merkmalen von Menschen zusammen hängt – beispielsweise mit emotionaler Stabilität, Extraversion und Intelligenz. Zudem lässt sich Selbstwirksamkeit bei vorhandenen Mitarbeitern systematisch entwickeln – etwa durch Erfolgserlebnisse, Lob und den Aufbau von Kompetenzen.

Gewohnheiten – die Macht im Untergrund.
Gewohnheiten sind regelmäßige Verhaltensweisen, die von einer bestimmten Situation spontan ausgelöst werden und dann vom Bewusstsein weitgehend unkontrolliert gleichförmig ablaufen. Sie bestimmen in etwa die Hälfte des Verhaltens. Weil Gewohnheitsverhalten aber kaum bewusst abläuft, werden Gewohnheiten wenig beachtet – ein Fehler. Viele Aspekte im Verhalten von Mitarbeitern sind gewohnheitsgeprägt: Sozialverhalten (z. B. Zuhören, Ausreden lassen, Höflichkeit und Wertschätzung), Leistungsverhalten (z. B. Umfang, Präzision und Qualität der Arbeitsergebnisse), Arbeitsprozesse (z. B. Widerstand bei Veränderungen, Festhalten an unterlegenen Abläufen – etwa alter Software oder Schreiben ohne Zehnfingersystem), Fremdbeschäftigung bei der Arbeit (z. B. mit Smartphones) oder auch Sicherheit (z. B. gewohnheitsmäßiges Missachten von Vorschriften).

Gewohnheiten sind wegen ihrer Stabilität das ultimative Ziel, um gewünschtes Verhalten „aufzuhängen". So wird das Verhalten immer ganz automatisch in den gewünschten Situationen motiviert. Auf der anderen Seite sind Gewohnheiten häufig im Weg, wenn neues Verhalten geformt werden soll. Sie sind dann oft eine mächtige Barriere, und überschreiben immer und immer wieder das gewünschte neue Verhalten – ähnlich wie bei einem Raucher, der aufhört und immer wieder anfängt. Argumente und Rationalität helfen in diesen Fällen wenig. Wer erfolgreich die Motivation von Mitarbeitern gestalten möchte, kommt daher nicht am Thema Gewohnheiten vorbei. Wer Gewohnheiten aufbrechen und neues Verhalten als Gewohnheit verankern kann, motiviert am nachhaltigsten.

Nur wer richtig misst, handelt richtig.
Motivation selbst lässt sich über mehrere Zugänge messen. Verhaltensergebnisse alleine sind ein eher problematischer Zugang, da Verhalten selbst von vielen Einflüssen abhängt, nicht nur von Motivation. Somit empfiehlt sich für Führungskräfte eine Kombination aus Methoden der Beobachtung von Verhalten (auch der Körpersprache) und Befragung ihrer Mitarbeiter.

Ein geeigneter Zugang zur übergreifenden Messung von Motivation bei vielen Mitarbeitern sind innere Einflüsse auf die Motivation. Dazu gehören Emotionen, Absorption, Optimismus oder Flow-Erleben. Diesen Zugang wird man dann wählen, wenn man bei diesen Aspekten intervenieren möchte. Ein anderer Zugang sind äußere Einflüsse wie die Gestaltung von Arbeitsaufgaben, Teams, Führung, Zielen und Anreizen. Auch hier gilt: Man wird den Zugang wählen, wenn man in diesen Bereichen optimieren will. Möchte man nur den Stand der Motivation erfahren und über Gruppen von Mitarbeitern, verschiedene Bereiche und Zeitpunkte vergleichen, dann ist die Messung mit einer einzigen fokussierten Frage sinnvoll. So kann man mit höherer Frequenz messen und belästigt die Mitarbeiter nicht über Gebühr mit vielen Fragen.

Als **Fazit** lässt sich festhalten, dass die psychologische Forschung viel Brauchbares für wirkungsvolle Mitarbeitermotivation geliefert hat. In der Anwendung ist das Potenzial, das sich daraus ergibt, noch nicht ansatzweise erschlossen. Nur für ca. 15 % der Mitarbeiter gibt es entsprechende Maßnahmen, um sie systematisch zu motivieren (vgl. Crabtree 2013). Noch verbringen zu viele Mitarbeiter große Teile der Arbeitszeit nicht mit ihrer Arbeit oder damit zusammenhängenden Aufgaben. Noch gibt es zu viele Fehlannahmen und verbreiteten Irrglauben bei den Entscheidern über Motivation. Noch gibt es zu wenige Personen, die für diesen wichtigen Bereich (Es geht um die Effektivität der teuer bezahlten Mitarbeiter!) ausgebildet und verantwortlich sind. Dieser Text soll dazu beitragen, dass sich das ändert.

Auf der anderen Seite gibt es natürlich auch noch offene Fragen und Kritik an der bisherigen Ausrichtung der Forschung. Oft wurde zu wenig berücksichtigt, dass ein Großteil des Verhaltens kaum rational ist, viele Verhaltensweisen automatisch aus Gewohnheit oder anhand ganz einfacher Regeln erfolgen. In der Zukunft gilt es also, die Bedeutung von Emotionen und nicht bewussten Motiven viel stärker in die Forschung zur Motivation einzubinden. Dazu sind bereits präzise wissenschaftliche Instrumente verfügbar, mit denen beispielsweise emotionale Reaktionen und deren Konsequenzen auf Motivation abbildbar sind (vgl. Becker 2010). Es bleibt also spannend.

Literatur

Aarts, H., & Dijksterhuis, A. (2000). Habits as knowledge structures: automaticity in goal-directed behavior. *Journal of Personality and Social Psychology, 78*(1), 53–63.

Abramson, L. Y., Seligman, M. E., & Teasdale, J. D. (1978). Learned helplessness in humans: critique and reformulation. *Journal of Abnormal Psychology, 87*(1), 49–74.

Adam, E. E., & Scott, W. E. (1971). The application of behavioral conditioning procedures to the problems of quality control. *Academy of Management Journal, 14*(2), 175–193.

Ajzen, I. (1987). Attitudes, traits, and actions: Dispositional prediction of behavior in personality and social psychology. In L. Berkowitz (Hrsg.), *Advances in experimental social psychology* (Bd. 20, S. 1–63). San Diego: Academic Press.

Ajzen, I. (1991). The theory of planned behavior. *Organizational Behavior and Human Decision Processes, 50*, 179–211.

Alderfer, C. P. (1972). *Existence, relatedness, and growth: human needs in organizational settings*. New York: Free Press.

Amos, A., & Haglund, M. (2000). From social taboo to "torch of freedom": the marketing of cigarettes to women. *Tobacco Control, 9*, 3–8.

Aryee, S., Walumbwa, F. O., Zhou, Q., & Hartnell, C. A. (2012). Transformational leadership, innovative behavior, and task performance: test of mediation and moderation processes. *Human Performance, 25*(1), 1–25.

Asendorpf, J. (2007). *Psychologie der Persönlichkeit* (4. Aufl.). Heidelberg: Springer.

Avolio, B. J. (2010). *Full range leadership development* (2. Aufl.). Thousand Oaks: SAGE.

Babcock-Roberson, M. E., & Strickland, O. J. (2010). The relationship between charismatic leadership, work engagement, and organizational citizenship behaviors. *The Journal of Psychology, 144*(3), 313–326.

Bakker, A. B., & Demerouti, E. (2007). The job demands-resources model: state of the art. *Journal of Managerial Psychology, 22*(3), 309–328.

Bakker, A. B., Demerouti, E., & Euwema, M. C. (2005). Job resources buffer the impact of job demands on burnout. *Journal of Occupational Health Psychology, 10*(2), 170–180.

Bakker, A. B., van Emmerik, H., & Euwema, M. C. (2006). Crossover of burnout and engagement in work teams. *Work & Occupations, 33*, 464–489.

Bakker, A. B., Hakanen, J. J., Demerouti, E., & Xanthopoulou, D. (2007). Job resources boost work engagement, particularly when job demands are high. *Journal of Educational Psychology, 99*(2), 274–284.

Balducci, C., Fraccaroli, F., & Schaufeli, W. (2010). Psychometric properties of the Italian version of the Utrecht Work Engagement Scal (UWES-9): a cross-cultural analysis. *European Journal of Psychological Assessment, 26*, 143–149.

Bandura, A. (1969). *Principles of behavior modification.* New York: Holt, Rhinehart & Winston.

Bandura, A. (1997). *Self-efficacy: the exercise of control.* New York: Freeman.

Bandura, A., & Wood, R. (1989). Effect of perceived controllability and performance standards on self-regulation of complex decision-making. *Journal of Personality and Social Psychology, 56*, 805–814.

Bargh, J. A., & Gollwitzer, P. M. (1994). Environmental control of goal-directed action: automatic and strategic contingencies between situations and behavior. *Nebraska Symposium on Motivation, 41*, 71–124.

Barling, J., Weber, T., & Kelloway, E. K. (1996). Effects of transformational leadership training on attitudinal and financial outcomes: a field experiment. *Journal of Applied Psychology, 81*(6), 827–832.

Barsade, S. G. (2002). The ripple effect: emotional contagion and its influence on group behavior. *Administrative Science Quarterly, 47*(4), 644–675.

Bass, B. M. (1985). *Leadership and performance beyond expectations.* New York: Free Press.

Bass, B. M., & Riggio, R. E. (2006). *Transformational leadership* (2. Aufl.). Mahwah: Lawrence Erlbaum.

Beach, L. R., & Mitchell, T. R. (1978). A contingency model for the selection of decision strategies. *Academy of Management Review, 3*(3), 439–449.

Becker, F. (2010). Die Macht der Emotionen. *Harvard Business manager, 6*, 6–9.

Becker, F. (2015). *Psychologie der Mitarbeiterführung.* Wiesbaden: Springer.

Becker, F. (2016). *Teamarbeit, Teampsychologie, Teamentwicklung.* Wiesbaden: Springer.

Beckers, D. G. J., van der Linden, D., Schmulders, P. G. W., Kompier, M. A. J., van Veldhofen, M. J. P., & van Yperen, N. W. (2004). Working overtime hours: relations with fatigue, work motivation, and the quality of work. *Journal of Occupational and Environmental Medicine, 46*, 1282–1289.

Bennett, N., & Naumann, S. E. (2004). Understanding and preventing shirking, job neglect, social loafing, and free riding. In R. E. Kidwell & C. L. Martin (Hrsg.), *Managing organizational deviance* (S. 113–129). Thousand Oaks: SAGE.

Benware, C., & Deci, E. L. (1984). The quality of learning with an active versus passive motivational set. *American Educational Research Journal, 21*, 755–765.

Berger, J., Cohen, B. P., & Zelditch Jr., M. (1972). Status characteristics and social interaction. *American Sociological Review, 37*, 241–255.

Berkowitz, L. (1954). Group standards, cohesiveness, and productivity. *Human Relations, 7*, 509–514.

Bernard, L. L. (1924). *Instinct.* New York: Holt, Rinehart & Winston.

Binswanger, H. (1990). *The biological basis of teleological concepts.* Los Angeles: Ayn Rand Institute Press.

Bledlow, R., Schmitt, A., Frese, M., & Kühnel, J. (2011). The affective shift model of work engagement. *Journal of Applied Psychology, 96*, 1246–1257.

Bono, J. E., & Judge, T. A. (2003). Self-concordance at work: Toward understanding the motivational effects of transformational leaders. *Academy of Management Journal, 46*(5), 554–571.

Bowling, N. A. (2007). Is the job satisfaction–job performance relationship spurious? A meta-analytic examination. *Journal of Vocational Behavior, 71*(2), 167–185.

Bryan, W. L., & Hartner, N. (1897). Studies in the physiology and psychology of the telegraphic language. *Psychological Review, 4*, 27–53.

Bycio, P., Hackett, R. D., & Allen, J. S. (1995). Further assessments of the Bass's (1985) conceptualization of transactional and transformational leadership. *Journal of Applied Psychology, 80*, 468–478.

Cameron, J., Banko, K., & Pierce, W. D. (2001). Pervasive negative effects of rewards on intrinsic motivation. The myth continues. *The Behavior Analyst, 24*, 1–44.

Casasanto, D. (2011). Different bodies, different minds: the body specificity of language and thought. *Current Directions in Psychological Science, 20*(6), 378–383.

Cerasoli, C. P., Nicklin, J. M., & Ford, M. T. (2014). Intrinsic motivation and extrinsic incentives jointly predict performance: a 40-year meta-analysis. *Psychological Bulletin, 140*(4), 1–29.

Chambel, M. J., & Oliveira-Cruz, F. (2010). Breach of psychological contract and the development of burnout and engagement: a longitudinal study among soldiers on a peacekeeping mission. *Military Psychology, 22*(2), 110–127.

Chandler, T., Shama, D., Wolf, F., & Planchard, S. (1981). Multiattributional causality: a five cross-national samples study. *Journal of Cross-Cultural Psychology, 12*, 207–221.

Chang, E. C. (1996). Cultural differences in optimism, pessimism, and coping: Predictors of subsequent adjustment in Asian American and Caucasian American college students. *Journal of Counseling Psychology, 43*(1), 113–123.

Chang, E. C., Asakawa, K., & Sanna, L. J. (2001). Cultural variations in optimistic and pessimistic bias: Do Easterners really expect the worst and Westerners really expect the best when predicting future life events? *Journal of Personality and Social Psychology, 81*(3), 476–491.

Chen, G., Gully, S. M., & Eden, G. (2001). Validation of a new general self-efficacy scale. *Organizational Research Methods, 4*, 62–83.

Christian, M. S., Garza, A. S., & Slaughter, J. E. (2011). Work engagement: a quantitative review and test of its relations with task and contextual performance. *Personnel Psychology, 64*(1), 89–136.

Colbert, A. E., Kristof-Brown, A. L., Bradley, B. H., & Barrick, M. R. (2008). CEO transformational leadership: the role of goal importance congruence in top management teams. *Academy of Management Journal, 51*(1), 81–96.

Collins, J. (2001). *Good to great*. New York: Harper-Business.

Colquitt, J. A., Conlon, D. E., Wesson, M. J., Porter, C. O., & Ng, K. Y. (2001). Justice at the millennium: a meta-analytic review of 25 years of organizational justice research. *Journal of Applied Psychology, 86*, 425–445.

Comelli, G., & v. Rosenstiel, L. (2009). *Führung durch Motivation: Mitarbeiter für Unternehmensziele gewinnen* (4. Aufl.). München: Vahlen.

Condly, S. J., Clark, R. E., & Stolovitch, H. D. (2003). The effects of incentives on workplace performance: a meta-analytic review of research studies. *Performance Improvement Quarterly, 16*, 46–63.

Conger, J. A., & Kanungo, R. A. (1987). Toward a behavioral theory of charismatic leadership in organizational settings. *Academy of Management Review, 12*, 637–647.

Conger, J. A., & Kanungo, R. N. (1988). *Charismatic leadership: The elusive factor in organizational effectiveness.* San Francisco: Jossey-Bass.

Crabtree, S. (2013). *Worldwide, 13 % of employees are engaged at work.* http://news.gallup.com/poll/165269/worldwide-employees-engaged-work.aspx. Zugegriffen: 5. Mai 2018.

Crawford, E. R., LePine, J. A., & Rich, B. A. (2010). Linking job demands and resources to employee engagement and burnout: a theoretical extension and meta-analytic test. *Journal of Applied Psychology, 95*, 834–848.

Crawford, E. R., Rich, B. L., Buckman, B., & Bergeron, J. (2014). The antecedents and drivers of employee engagement. In C. Truss, K. Alfes, R. Delbridge, A. Shantz & E. Soane (Hrsg.), *Employee engagement in theory and practice* (S. 57–81). London: Routledge.

Csikszentmihalyi, M. (1975). *Beyond boredom and anxiety: experiencing flow in work and play.* San Francisco: Jossey-Bass.

Csikszentmihalyi, M. (1990). *Flow: the psychology of optimal experience.* New York: Harper Perennial.

Deci, E. L., & Ryan, R. M. (1985). *Intrinsic motivation and self-determination in human behavior.* New York: Plenum.

Deci, E. L., Koestner, R., & Ryan, R. M. (1999). A meta-analytic review of experiments examining the effects of extrinsic rewards on intrinsic motivation. *Psychological Bulletin, 125*(6), 627–668.

Derue, D. S., Nahrgang, J. D., Wellman, N. E. D., & Humphrey, S. E. (2011). Trait and behavioral theories of leadership: An integration and meta-analytic test of their relative validity. *Personnel Psychology, 64*(1), 7–52.

Dienesch, R. M., & Liden, R. C. (1986). Leader-member exchange model of leadership: a critique and further development. *Academy of Management Review, 11*(3), 618–634.

Fischer, R., & Chalmers, A. (2008). Is optimism universal? A meta-analytical investigation of optimism levels across 22 nations. *Personality and Individual Differences, 45*(5), 378–382.

Fredrickson, B. (2009). *Positivity.* New York: Crown.

Freud, S. (1923). *Das Ich und das Es.* Leipzig: Internationaler Psychoanalytischer Verlag.

Gardner, B., de Bruijn, G., & Lally, P. (2011). A systematic review and meta-analysis of applications of the self-report habit index to nutrition and physical activity behaviours. *Annals of Behavioral Medicine, 42*(2), 174–187.

Gebert, D., & v. Rosenstiel, L. (2002). *Organisationspsychologie: Person und Organisation.* Stuttgart: Kohlhammer.

Gilliland, S. W., & Landis, R. S. (1992). Quality and quantity goals in a complex decision task: strategies and outcomes. *Journal of Applied Psychology, 77*, 672–681.

Gilson, L. L., & Shalley, C. E. (2004). A little creativity goes a long way: an examination of teams' engagement in creative processes. *Journal of Management, 30*(4), 453–470.

Gong, Y., Huang, J. C., & Farh, J. L. (2009). Employee learning orientation, transformational leadership, and employee creativity: the mediating role of employee creative self-efficacy. *Academy of Management Journal, 52*(4), 765–778.

Gorter, R. C., Te Brake, H. J., Hoogstraten, J., & Eijkman, M. A. (2008). Positive engagement and job resources in dental practice. *Community Dentistry and Oral Epidemiology, 36*(1), 47–54.

Grant, A. M. (2008). Does intrinsic motivation fuel the prosocial fire? Motivational synergy in predicting persistence, performance, and productivity. *Journal of Applied Psychology, 93*, 48–58.

Greene, R. J. (2011). *Rewarding performance: Guiding principles, custom strategies.* New York: Routledge.

Guadalupe, M., Li, H., & Wulf, J. (2013). Who lives in the C-suite? Organizational structure and the division of labor in top management. *Management Science, 60*(4), 824–844.

Hahn, E., Gottschling, J., König, C. J., & Spinath, F. M. (2016). The heritability of job satisfaction reconsidered: Only unique environmental influences beyond personality. *Journal of Business and Psychology, 31*(2), 217–231.

Hakanen, J. J., & Lindbohm, M.-L. (2008). Work engagement among breast cancer survivors and the referents: the importance of optimism and social resources at work. *Journal of Cancer Survivorship, 2*, 283–295.

Hakanen, J. J., Perhoniemi, R., & Toppinen-Tanner, S. (2008). Positive gain spirals at work: from job resources to work engagement, personal initiative and work-unit innovativeness. *Journal of Vocational Behavior, 73*(1), 78–91.

Hakanen, J. J., Schaufeli, W. B., & Ahola, K. (2008). The job demands-resources model: a three-year cross-lagged study of burnout, depression, commitment, and work engagement. *Work & Stress, 22*(3), 224–241.

Halbesleben, J. R., Harvey, J., & Bolino, M. C. (2009). Too engaged? A conservation of resources view of the relationship between work engagement and work interference with family. *Journal of Applied Psychology, 94*(6), 1452–1465.

Hansez, I., & Chmiel, N. (2010). Safety behavior: job demands, job resources, and perceived management commitment to safety. *Journal of Occupational Health Psychology, 15*(3), 267–278.

Harter, J. K., Schmidt, F. L., & Hayes, T. L. (2002). Business-unit-level relationship between employee satisfaction, employee engagement, and business outcomes: a meta-analysis. *Journal of Applied Psychology, 87*, 268–279.

Harter, J. K., Schmidt, F. L., Killham, E. A., & Asplund, J. W. (2006). *Q 12 meta-analysis.* Washington D.C.: Gallup.

Haynes, R. S., Pine, R. C., & Fitch, H. G. (1982). Reducing accident rates with organizational behavior modification. *Academy of Management Journal, 25*(2), 407–416.

Heckhausen, J. (1999). *Developmental regulation in adulthood: age-normative and sociostructural constraints as adaptive challenges.* New York: Cambridge University Press.

Herzberg, F. (1972). One more time: How do you motivate employees. In L. E. Davis & J. C. Taylor (Hrsg.), *Design of jobs: Selected readings* (S. 113–125). Hardmondsworth: Penguin.

Herzberg, F., Mausner, B. S., & Snyderman, B. (1959). *The motivation to work.* New York: John Wiley.

Holland, J. G., & Skinner, B. F. (1974). *Analyse des Verhaltens.* München: Urban & Schwarzenberg.

House, R. J., & Howell, J. M. (1992). Personality and charismatic leadership. *The Leadership Quarterly, 3*(2), 81–108.

Hurtz, G. M., & Donovan, J. J. (2000). Personality and job performance: The Big Five revisited. *Journal of Applied Psychology, 85*(6), 869–879.

Ikard, F. F., Green, D. E., & Horn, D. (1969). A scale to differentiate between types of smoking as related to the management of affect. *International Journal of the Addictions*, *4*(4), 649–659.

Jackson, J. (1965). Structural Characteristics of Norms. In I. D. Steiner & M. Fishbein (Hrsg.), *Current Studies in Social Psychology* (S. 301–309). New York: Holt, Rinehart and Winston.

Jackson, S., & Marsh, H. (1996). Development and validation of a scale to measure optimal experience: The Flow State Scale. *Journal of Sport & Exercise Psychology*, *18*, 17–35.

James, W. (1890). *The principles of psychology*. Bd. 1. New York: Henry Holt and Company.

Ji, M. F., & Wood, W. (2007). Purchase and consumption habits: Not necessarily what you intend. *Journal of Consumer Psychology*, *17*(4), 261–276.

Judge, T. A., & Piccolo, R. F. (2004). Transformational and transactional leadership: A meta-analytic test of their relative validity. *Journal of Applied Psychology*, *89*, 755–768

Judge, T. A., Jackson, C. L., Shaw, J. C., Scott, B. A., & Rich, B. L. (2007). Is the effect of self- efficacy on job/task performance an epiphenomenon? *Journal of Applied Psychology*, *92*, 107–127.

Kanfer, R., Chen, G., & Pritchard, R. D. (Hrsg.). (2008). *Work motivation: past, present, and future*. New York: Routledge.

Kempen, R. W. (1982). Absenteeism and tardiness. In L. W. Frederickson (Hrsg.), *Handbook of organizational behavior management* (S. 365–391). New York: John Wiley.

Kim, H. J., Shin, K. H., & Swanger, N. (2009). Burnout and engagement: a comparative analysis using the big five personality dimensions. *International Journal of Hospitality Management*, *28*(1), 96–104.

Klassen, R. M. (2004). Optimism and realism: a review of self-efficacy from a cross-cultural perspective. *International Journal of Psychology*, *39*(3), 205–230.

Kristof-Brown, A. L., Zimmerman, R. D., & Johnson, E. C. (2005). Consequences of individuals' fit at work: a meta-analysis of person-job, person-organization, person-group, and person-supervisor fit. *Personnel Psychology*, *58*(2), 281–342.

Kubota, K., Shimazu, A., Kawakami, N., Takahashi, M., Nakata, A., & Schaufeli, W. B. (2010). Association between workaholism and sleep problems among hospital nurses. *Industrial Health*, *48*(6), 864–871.

Latham, G. P. (2004). The motivational benefits of goal setting. *Academy of Management Executive*, *18*, 126–129.

Latham, G. P., & Locke, E. A. (2007). New developments in and directions for goal-setting research. *European Psychologist*, *12*(4), 290–300.

LePine, J. A., Podsakoff, N. P., & LePine, M. A. (2005). A meta-analytic test of the challenge stressor-hindrance stressor framework: an explanation for inconsistent relationships among stressors and performance. *Academy of Management Journal*, *48*, 764–775.

Lepper, M. R., Greene, D., & Nisbett, R. E. (1973). Undermining children's intrinsic interest with extrinsic reward: A test of the "overjustification" hypothesis. *Journal of Personality and Social Psychology*, *28*(1), 129–137.

Leventhal, H., & Cleary, P. D. (1980). The smoking problem: a review of the research and theory in behavioral risk modification. *Psychological Bulletin*, *88*(2), 370–405.

Lewin, K. (1936). *Principles of topological psychology*. New York: McGraw-Hill.

Lim, B. C., & Ployhart, R. E. (2004). Transformational leadership: relations to the five-factor model and team performance in typical and maximum contexts. *Journal of Applied Psychology, 89*(4), 610–621.
Lisbona, A., Morales, J., & Palací, F. J. (2009). El engagement como resultado de la socialización organizacional. *International Journal of Psychology and Psychological Therapy, 9*(1), 89–100.
Locke, E. A. (1996). Motivation through conscious goal setting. *Applied and Preventive Psychology, 5*(2), 117–124.
Locke, E. A., & Latham, G. P. (2002). Building a practically useful theory of goal setting and task motivation: a 35-year odyssey. *American Psychologist, 57,* 705–717.
Locke, E. A., Smith, K. G., Erez, M. E., Chah, D.-O., & Shaffer, A. (1994). The effects of intra-individual goal conflict on performance. *Journal of Management, 20,* 67–91.
Luthans, F. (2002). The need for and meaning of positive organizational behavior. *Journal of Organizational Behavior, 23*(6), 695–706.
Luthans, F., & Kreitner, R. (1985). *Organizational behavior modification and beyond.* Glenview: Scott Foresman.
Luthans, F., & White, D. (1971). Behavior modification: application to manpower management. *Personnel Administration, 34*(4), 41–47.
Luthans, F., Paul, R., & Baker, D. (1981). An experimental analysis of the impact of contingent reinforcement on salespersons' performance behavior. *Journal of Applied Psychology, 66*(3), 314–323.
Luthans, F., Fox, M., & Davis, E. (1991). Improving the delivery of quality service: behavioral management techniques. *Leadership and Organization Development Journal, 12,* 3–6.
Lyubomirsky, S., King, L., & Diener, E. (2005). The benefits of frequent positive affect: Does happiness lead to success? *Psychological Bulletin, 131,* 83–855.
Ma, X., & Becker, F. (2015). *Business-Kultur in China – China-Expertise in Werten, Kultur und Kommunikation.* Wiesbaden: Springer.
Macey, W. H., & Schneider, B. (2008). The meaning of employee engagement. *Industrial and Organizational Psychology, 1*(1), 3–30.
MacKenzie, S. B., Podsakoff, P. M., & Rich, G. A. (2001). Transformational and transactional leadership and salesperson performance. *Journal of the Academy of Marketing Science, 29*(2), 115–134.
Maslach, C., Schaufeli, W. B., & Leiter, M. P. (2001). Job burnout. *Annual Review of Psychology, 52*(1), 397–422.
Maslow, A. (1954). *Motivation and personality.* New York: Harper & Row.
May, D. R., Gilson, R. L., & Harter, L. M. (2004). The psychological conditions of meaningfulness, safety and availability and the engagement of the human spirit at work. *Journal of Occupational and Organizational Psychology, 77*(1), 11–37.
McClelland, D. (1961). *The achieving society.* Princeton: Van Nostrand.
Melamed, S., Shirom, A., Toker, S., Berliner, S., & Shapira, I. (2006). Burnout and risk of cardiovascular disease: evidence, possible causal paths, and promising research directions. *Psychological Bulletin, 132*(3), 327–353.
Mezulis, A. H., Abramson, L. Y., Hyde, J. S., & Hankin, B. L. (2004). Is there a universal positivity bias in attributions? A meta-analytic review of individual, developmental, and

cultural differences in the self-serving attributional bias. *Psychological Bulletin, 130*(5), 711–747.

Minton, H. L., Schneider, F. W., & Wrightsman, L. S. (1980). *Differential psychology*. Monterey: Brooks.

Miron, D., & McClelland, D. C. (1979). The impact of achievement motivation training on small businesses. *California Management Review, 21*(4), 13–28.

Moss, S. (2009). Cultivating the regulatory focus of followers to amplify their sensitivity to transformational leadership. *Journal of Leadership & Organizational Studies, 15*(3), 241–259.

Nakamura, J., & Csikszentmihalyi, M. (2002). The concept of flow. In C. R. Snyder & S. J. Lopez (Hrsg.), *Handbook of Positive Psychology* (S. 89–105). Oxford: Oxford University Press.

Neal, D. T., Wood, W., & Quinn, J. M. (2006). Habits—A repeat performance. *Current Directions in Psychological Science, 15*(4), 198–202

Neal, D. T., Wood, W., & Drolet, A. (2013). How do people adhere to goals when willpower is low? The profits (and pitfalls) of strong habits. *Journal of Personality and Social Psychology, 104*(6), 959–975.

Nembhard, I. M., & Edmondson, A. C. (2006). Making it safe: The effects of leader inclusiveness and professional status on psychological safety and improvement efforts in health care teams. *Journal of Organizational Behavior, 27*(7), 941–966.

Norman, P., & Conner, M. (1996). The role of social cognition models in predicting health behaviours: future directions. In M. Conner & P. Norman (Hrsg.), *Predicting health behaviour: research and practice with social cognition models* (S. 197–225). Buckingham: Open University Press.

Parker, S. L., Jimmieson, N. L., & Amiot, C. E. (2010). Self-determination as moderator of demands and control: Implications for employee strain and engagement. *Journal of Vocational Behavior, 76*, 52–67.

Patall, E. A., Cooper, H., & Robinson, J. C. (2008). The effects of choice on intrinsic motivation and related outcomes: a meta-analysis of research findings. *Psychological Bulletin, 134*, 270–300.

Peterson, C. (2000). The future of optimism. *American Psychologist, 55*(1), 44–55.

Petty, R. E., Ostrom, T. M., & Brock, T. C. (1981). *Cognitive responses in persuasive communications: a text in attitude change*. Mahwah: Lawrence Erlbaum.

Podsakoff, P. M., MacKenzie, S. B., Moorman, R. H., & Fetter, R. (1990). Transformational leader behaviors and their effects on followers' trust in leader, satisfaction, and organizational citizenship behaviors. *The Leadership Quarterly, 1*(2), 107–142.

Prins, J. T., van der Heijden, F. M. M. A., Hoekstra-Weebers, J. E. H. M., Bakker, A. B., van de Wiel, H. B. M., Jacobs, M., & Gazendam-Donofrio, S. M. (2009). Burnout, engagement and resident physicians' self-reported errors. *Psychology, Health & Medicine, 14*(6), 654–666.

Reijseger, G., Schaufeli, W. B., Peeters, M. C., Taris, T. W., van Beek, I., & Ouweneel, E. (2013). Watching the paint dry at work: Psychometric examination of the Dutch boredom scale. *Anxiety, Stress & Coping, 26*(5), 508–525.

Reiss, S. (2002). *Who am I?: 16 basic desires that motivate our actions define our persona*. New York: Berkley.

Reiss, S., & Havercamp, S. M. (1998). Toward a comprehensive assessment of fundamental motivation: factor structure of the Reiss profiles. *Psychological Assessment, 10*(2), 97–106.

Rich, B. L., Lepine, J. A., & Crawford, E. R. (2010). Job engagement: antecedents and effects on job performance. *Academy of Management Journal, 53*(3), 617–635.

Rist, R. C. (2000). Student social class and teacher expectations: the self-fulfilling prophesy in ghetto education. *Harvard Educational Review, 70*(3), 266–301.

Rizzo, J. R., House, R. J., & Lirtzman, S. I. (1970). Role conflict an ambiguity in complex organizations. *Administrative Science Quarterly, 46*, 655–684.

Ronis, D. L., Yates, J. E., & Kirscht, J. P. (1989). Attitudes, decisions, and habits as determinants of repeated behavior. In A. R. Pratkanis, S. J. Breckler & A. G. Greenwald (Hrsg.), *Attitude structure and function* (S. 213–239). Hillsdale: Erlbaum.

Rose, J. D. (2011). Diverse perspectives on the groupthink theory – a literary review. *Emerging Leadership Journeys, 4*(1), 37–57.

v. Rosenstiel, L. (2007). *Grundlagen der Organisationspsychologie* (6. Aufl.). Stuttgart: Schäffer-Poeschel.

v. Rosenstiel, L., & Neumann, P. (2002). *Marktpsychologie*. Darmstadt: Primus.

Rosenthal, R., & Jacobson, L. (1966). Teachers' expectancies: Determinants of pupils' IQ gains. *Psychological Reports, 19*(1), 115–118.

Rothbard, N. P. (2001). Enriching or depleting? The dynamics of engagement in work and family roles. *Administrative Science Quarterly, 46*(4), 655–684.

Rothmann, S., & Joubert, J. H. M. (2007). Job demands, job resources, burnout and work engagement of managers at a platinum mine in the North West Province. *South African Journal of Business Management, 38*(3), 49–61.

Russell, J. A. (1980). A circumplex model of affect. *Journal of Personality and Social Psychology, 39*, 1161–1178.

Ryan, R. M., & Connell, J. P. (1989). Perceived locus of causality and internalization: Examining reasons for acting in two domains. *Journal of Personality and Social Psychology, 57*, 749–761.

Ryan, R. M., & Deci, E. L. (2000). Intrinsic and extrinsic motivations: classic definitions and new directions. *Contemporary Educational Psychology, 25*(1), 54–67.

Saks, A. M. (2006). Antecedents and consequences of employee engagement. *Journal of Managerial Psychology, 21*(7), 600–619.

Salanova, M., & Schaufeli, W. B. (2008). A cross-national study of work engagement as a mediator between job resources and proactive behaviour. *The International Journal of Human Resource Management, 19*(1), 116–131.

Salanova, M., Schaufeli, W. B., Xanthopoulou, D., & Bakker, A. B. (2010). The gain spiral of resources and work engagement: sustaining a positive worklife. In M. P. Leiter & A. B. Bakker (Hrsg.), *Work engagement: A handbook of essential theory and research* (S. 118–131). London: Psychology Press.

Schachter, S., & Singer, J. (1962). Cognitive, social, and physiological determinants of emotional state. *Psychological Review, 69*(5), 379–399.

Schachter, S., Festinger, L., Willerman, B., & Hyman, R. (1961). Emotional disruption and industrial productivity. *Journal of Applied Psychology, 45*(4), 201–213.

Schaufeli, W. (2013). What is engagement? In C. Truss, R. Delbridge, K. Alfes, A. Shantz & E. Soanne (Hrsg.), *Employee engagement in theory and practice* (S. 15–35). New York: Routledge.

Schaufeli, W. B., Taris, T. W., & van Rhenen, W. (2008). Workaholism, burnout, and work engagement: three of a kind or three different kinds of employee well-being? *Applied Psychology, 57*(2), 173–203.

Schaufeli, W. B., Bakker, A. B., & van Rhenen, W. (2009). How changes in job demands and resources predict burnout, work engagement, and sickness absenteeism. *Journal of Organizational Behavior, 30*(7), 893–917.

Schaufeli, W. B., & Bakker, A. B. (2003). *UWES – Utrecht work engagement scale: test manual*. Unpublished Manuscript: Department of Psychology, Utrecht University, 8.

Schneider, B., Ehrhart, M. G., Mayer, D. M., Saltz, J. L., & Niles-Jolly, K. (2005). Understanding organization-customer links in service settings. *Academy of Management Journal, 48*(6), 1017–1032.

Schriesheim, C. A., Castro, S. L., Zhou, X. H., & DeChurch, L. A. (2006). An investigation of path-goal and transformational leadership theory predictions at the individual level of analysis. *Leadership Quarterly, 17*, 21–38.

Schwartz, S. H. (2007). Value orientations: measurement, antecedents and consequences across nations. In R. Jowell, C. Roberts & R. Fitzgerald (Hrsg.), *Measuring attitudes cross-nationally – lessons from the European social survey* (S. 161–193). London: SAGE.

Seashore, S. E. (1954). *Group cohesiveness in the industrial work group*. Ann Arbor: University of Michigan Institute for Social Research.

Seligman, M. E. (1989). *Learned optimism: How to change your mind and your life*. New York: Pocket Books.

Shamir, B., House, R. J., & Arthur, M. B. (1993). The motivational effects of charismatic leadership: a self-concept based theory. *Organization Science, 4*(4), 577–594.

Shantz, A., Alfes, K., Truss, C., & Soane, E. (2013). The role of employee engagement in the relationship between job design and task performance, citizenship and deviant behaviours. *The International Journal of Human Resource Management, 24*(13), 2608–2627.

Sheldon, K. M., Elliot, A. J., Ryan, R. M., Chirkov, V., Kim, Y., Wu, C., Demir, M., & Sun, Z. (2004). Self-concordance and subjective well-being in four cultures. *Journal of Cross-Cultural Psychology, 35*, 209–233.

Shiffrin, R. M., & Dumais, S. T. (1981). The development of automatism. In J. R. Anderson (Hrsg.), *Cognitive skills and their acquisition* (S. 111–140). Hillsdale: Erlbaum.

Shimazu, A., Schaufeli, W. B., Miyanaka, D., & Iwata, N. (2010). Japanese workers show low work engagement: An item response theory analysis of the Utrecht Work Engagement scale. *BioPsychoSocial Medicine, 4*(17), 1–6.

Shin, S. J., & Zhou, J. (2007). When is educational specialization heterogeneity related to creativity in research and development teams? Transformational leadership as a moderator. *Journal of Applied Psychology, 92*(6), 1709–1721.

Shirom, A. (2003). Emotional and physiological processes and positive intervention strategies. In P. L. Perrewe & D. C. Ganster (Hrsg.), *Feeling vigorous at work? The construct of vigor and the study of positive affect in organizations* (Bd. 3, S. 135–164). Bingley: Emerald Group Publishing Limited.

Siltaloppi, M., Kinnunen, U., & Feldt, T. (2009). Recovery experiences as moderators between psychosocial work characteristics and occupational well-being. *Work & Stress, 23*(4), 330–348.

Simons, J., Dewitte, S., & Lens, W. (2004). The role of different types of instrumentality in motivation, study strategies, and performance: Know why you learn, so you'll know what you learn! *British Journal of Educational Psychology, 74*, 343–360.

Skinner, B. F. (1953). *Science and human behavior*. New York: Free Press.

Smith-Jentsch, K. A., Salas, E., & Brannick, M. T. (2001). To transfer or not to transfer? Investigating the combined effects of trainee characteristics, team leader support, and team climate. *Journal of Applied Psychology, 86*(2), 279–292.

Sonnentag, S. (2003). Recovery, work engagement, and proactive behavior: a new look at the interface between nonwork and work. *Journal of Applied Psychology, 88*, 518–528.

Sonnentag, S., Mojza, E. J., Binnewies, C., & Scholl, A. (2008). Being engaged at work and detached at home: a week-level study on work engagement, psychological detachment, and affect. *Work & Stress, 22*, 257–276.

Sonnentag, S., Binnewies, C., & Mojza, E. J. (2010). Staying well and engaged when demands are high: the role of psychological detachment. *Journal of Applied Psychology, 95*, 965–976.

Sosik, J. J. (2005). The role of personal values in the charismatic leadership of corporate managers: a model and preliminary field study. *The Leadership Quarterly, 16*(2), 221–244.

Stairs, M., & Galpin, M. (2010). Positive engagement: from employee engagement to workplace happiness. In P. A. Linley, S. Harrington & N. Garcea (Hrsg.), *Oxford handbook of positive psychology and work* (S. 155–174). New York: Oxford University Press.

Stajkovic, A. D., & Luthans, F. (1998). Self-efficacy and work-related performance: a meta-analysis. *Psychological Bulletin, 124*(2), 240–261.

Stajkovic, A. D., & Luthans, F. (2001). Differential effects of incentive motivators on work performance. *Academy of Management Journal, 44*(3), 580–590.

Stajkovic, A. D., & Luthans, F. (2003). Behavioral management and task performance in organizations: conceptual background, meta-analysis, and test of alternative models. *Personnel Psychology, 56*(1), 155–194.

Staudt, E., & Kriegesmann, B. (1999). *Weiterbildung: Ein Mythos zerbricht. Der Widerspruch zwischen überzogenen Erwartungen und Misserfolgen der Weiterbildung*. Berichte aus der angewandten Innovationsforschung, Bd. 178. Bochum: iAi.

Steel, P. (2007). The nature of procrastination: A meta-analytic and theoretical review of quintessential self-regulatory failure. *Psychological Bulletin, 133*, 65–94.

Stogdill, R. M. (1972). Group productivity, drive, and cohesiveness. *Organizational Behaviour and Human Decision Processes, 8*(1), 26–43.

Strozniak, P. (2000). Teams at work. *Industry Week, 249*(15), 47–49.

Sutton, S. (1994). The past predicts the future: interpreting behaviour-behaviour relationships in social psychological models of health behaviour. In D. R. Rutter & L. Quine (Hrsg.), *Social psychology and health: European perspectives* (S. 71–88). Aldershot: Avebury Press.

Sweetman, D., & Luthans, F. (2010). The power of positive psychology: psychological capital and work engagement. In A. B. Bakker & M. Leiter (Hrsg.), *Work engagement: a handbook of essential theory and research* (S. 54–68). East Sussex: Psychology Press.

Thrailkill, E. A., & Bouton, M. E. (2015). Contextual control of instrumental actions and habits. *Journal of Experimental Psychology: Animal Learning and Cognition, 41*(1), 69–80.

Tice, D. M., & Bratslavsky, E. (2000). Giving in to feel good: the place of emotion regulation in the context of general self-control. *Psychological Inquiry, 11*, 149–159.

Triandis, H. C. (1980). Values, attitudes, and interpersonal behavior. In H. E. Howe Jr. & M. M. Page (Hrsg.), *University of Nebraska Press*. Nebraska Symposium on Motivation: Beliefs, attitudes, and values, 1979, (Bd. 27, S. 195–259). Lincoln: University of Nebraska Press.

Twenge, J. M., Campbell, S. M., Hoffman, B. J., & Lance, C. E. (2010). Generational differences in work values: leisure and extrinsic values increasing, social and intrinsic values decreasing. *Journal of Management, 36*, 1117–1142.

Van Beek, I., Hu, Q., Schaufeli, W. B., Taris, T. W., & Schreurs, B. H. (2012). For fun, love, or money: What drives workaholic, engaged, and burned-out employees at work? *Applied Psychology, 61*(1), 30–55.

Vancouver, J. B., Thompson, C. M., Tischner, E. C., & Putka, D. J. (2002). Two studies examining the negative effect of self-efficacy on performance. *Journal of Applied Psychology, 87*(3), 506–516.

Van den Broeck, A., Vansteenkiste, M., De Witte, H., & Lens, W. (2008). Explaining the relationships between job characteristics, burnout, and engagement: The role of basic psychological need satisfaction. *Work & Stress, 22*(3), 277–294.

Vander Elst, T., Baillien, E., De Cuyper, N., & De Witte, H. (2010). The role of organizational communication and participation in reducing job insecurity and its negative association with work-related well-being. *Economic and Industrial Democracy, 31*(2), 249–264.

Vecchio, R. P., Justin, J. E., & Pearce, C. L. (2008). The utility of transactional and transformational leadership for predicting performance and satisfaction within a path-goal theory framework. *Journal of Occupational and Organizational Psychology, 81*, 71–82.

Verplanken, B., & Aarts, H. (1999). Habit, attitude, and planned behavior: Is habit an empty construct or an interesting case of goal-directed automaticity? In W. Stroebe & M. Hewstone (Hrsg.), *European review of social psychology* (Bd. 10, S. 101–134). Chichester: Wiley.

Wang, G., Oh, I. S., Courtright, S. H., & Colbert, A. E. (2011). Transformational leadership and performance across criteria and levels: a meta-analytic review of 25 years of research. *Group & Organization Management, 36*(2), 223–270.

Wang, M., Rieger, M. O., & Hens, T. (2016). How time preferences differ: evidence from 53 countries. *Journal of Economic Psychology, 52*, 115–135.

Watson, J. B. (1913). Psychology as the behaviorist views it. *Psychological Review, 20*(2), 158–177.

Watson, J. B. (1930). *Behaviorism*. New York: People's Institute. revised edition

Wegner, D. M., & Bargh, J. A. (1998). Control and automaticity in social life. In D. Gilbert, S. T. Fiske & G. Lindzey (Hrsg.), *Handbook of social psychology* (4. Aufl. S. 446–496). New York: McGraw-Hill.

Weigl, M., Hornung, S., Parker, S. K., Petru, R., Glaser, J., & Angerer, P. (2010). Work engagement accumulation of task, social, personal resources: a three-wave structural equation model. *Journal of Vocational Behavior, 77*(1), 140–153.

Weldon, E., Jehn, K. A., & Pradham, P. (1991). Processes that mediate the relationship between group goal and improved group performance. *Journal of Personality and Social Psychology, 61*, 555–569.

Welsh, D. H., Luthans, F., & Sommer, S. M. (1993). Organizational behavior modification goes to russia: replicating an experimental analysis across cultures and tasks. *Journal of Organizational Behavior Management, 13*(2), 15–36.

White, R. W. (1959). Motivation reconsidered. *Psychological Review, 66*, 297–333.

Winter, D. G. (2002). The motivational dimensions of leadership: power, achievement, and affiliation. In R. E. Riggio, S. E. Murphy & F. J. Pirozzolo (Hrsg.), *Multiple intelligences and leadership* (S. 119–138). Mahwah: Erlbaum.

Wood, W., & Neal, D. T. (2007). A new look at habits and the habit-goal interface. *Psychological Review, 114*(4), 843–863.

Wood, W., & Rünger, D. (2016). Psychology of habit. *Annual Review of Psychology, 67*(1), 289–314.

Wood, W., Tam, L., & Witt, M. G. (2005). Changing circumstances, disrupting habits. *Journal of Personality and Social Psychology, 88*(6), 918–933.

Xanthopoulou, D., Bakker, A. B., Demerouti, E., & Schaufeli, W. B. (2007). The role of personal resources in the job demands-resources model. *International Journal of Stress Management, 14*(2), 121–141.

Xanthopoulou, D., Bakker, A. B., Demerouti, E., & Schaufeli, W. B. (2009). Reciprocal relationships between job resources, personal resources, and work engagement. *Journal of Vocational Behavior, 74*(3), 235–244.

Zapf, D. (1993). Stress-oriented analysis of computerized office work. *The European Work and Organizational Psychologist, 3*(2), 85–100.

Zohar, D. (2000). A group-level model of safety climate: Testing the effect of group climate on microaccidents in manufacturing jobs. *Journal of Applied Psychology, 85*, 587–596.

Sachverzeichnis

20-70-10 Regel, 128

A
Ablehner, 84
Ablehnung, soziale, 135
Ächtung, soziale, 195
Affektregulation, 174
Aktivierung, 171
America First, 80
Anerkennung, 75
Anhänger, 78, 84
Anreiz, 23, 127
   finanzieller, 132, 142
   immaterieller, 142
   materieller, 132
   sozialer, 132
Anreizsystem
   implizites, 136
Anspruchsinflation, 201
Anwendung, naive, 34
Arbeit, 99
Arbeitsaufgabe
   Abwechslung der, 101, 107
   Anspruch der, 109, 113
   Bedeutsamkeit der, 102, 107
   Ganzheitlichkeit der, 102, 107
   Merkmale der, 101
   Passung der, 101
Arbeitsgestaltung, 99
Arbeitsleistung, 90
Arbeitsobjekt, 99
Arbeitsplatzsicherheit, 72
Arbeitsqualität, 147

Arbeitssicherheit, 90
Arbeitsüberlastung, 135
Arbeitsumfeld, 67
   motivierendes, 67
Arbeitsunfall, 90
Arbeitsverhältnis
   befristetes, 72
   sicheres, 72
Arbeitszufriedenheit, 39
Aufgabe, 76, 99
   passende, 109, 112
Aufwertung, symbolische, 103
Ausdauer, 100
Ausrüstung, 70
   technische, 70
Automatisierung, 192
Autonomie, 103, 107

B
Bedürfnis, 20
   Grund-, 29
   Sicherheits-, 29
   soziales, 29
Bedürfnispyramide, 27, 29
Befragung, 201
Behaviorismus, 128
Belohnung, 127, 128
Beobachtung, 202
Berücksichtigung
   individuelle, 80
Bestrafung, 127, 128, 130
   Typ 1, 130
   Typ 2, 131

Beunruhigung, 111
Bewusstsein, 24
Beziehung, 74
Bin Laden, Osama, 84
Burnout, 68, 162
Bürokratie, 70, 135

C
Commitment, 79
Critical Incident Technique, 57, 64

D
Demotivation, 60
Denkmodell, 80
Differentiation, 128
Disziplin, 159

E
Effekt, korrumpierender, 148
Eigenschaft
 motivationsrelevante, 154
Eigenverantwortung, 103
Einfluss
 idealisierter, 80
Einflüsse auf Motivation
 äußere, 43
 innere, 43
Einflussnahme, 80
Einstellung, 92
Emotion, 156, 169, 170, 194
 ansteckende, 175
 Misch-, 172
 negative, 170
 positive, 170
 -sklassifizierung, 171
Entscheidungsbefugnis, 103
Erfolgserlebnis, 180
Erfolgserwartung, 70
Erleben, emotionales, 172
Ermöglichen, *siehe* Situation
Erregung, 171
Erwartung, 181
Ethik, 83, 84
Extraversion, 160, 179

F
Fähigkeit, 12

Feedback, 103
Fehlannahme, 38
Flow, 109, 111
 -Kanal, 114
Frage, direkte, 206
Führung, 77
 charismatische, 84
 motivierende, 77
 transformationale, 78, 81, 164
Führungskraft
 informelle, 96
Führungskultur, 74
Führungsphilosophie, 4

G
Gandhi, Mahatma, 84, 85
Geld, 5
Gerechtigkeitsgefühl, 73
Gespräch, 203
Gewissenhaftigkeit, 160, 179
Gewohnheit, 166, 185, 188
 -sabbau, 194
 -saufbau, 191
Grundstimmung
 emotionale, 174

H
Hierarchie, 124
Hitler, Adolf, 84, 85
Homo oeconomicus, 29, 128
Hygienefaktor, 58
Hyperloop, 80

I
Identität, soziale, 113
Ideologie, 34, 80
Illusion der Kompetenz, 6
Illusion der Mehrheit, 14
Impuls, 159
Information, 70
Initiierung, 191
Innovation, 125
Intelligenz, 179

J
Job Enlargement, 101, 107

Sachverzeichnis

Job Enrichment, 103, 107
Job Rotation, 101, 107
Jobs, Steve, 85

K
Kick-off, 196
Klima
 motivierendes, 75
 soziales, 73
Kohäsion, *siehe* Zusammenhalt
Kompetenz, 15, 181
Konditionierung, operante, 129, 137
Konfliktniveau, 73
Konformität, 92
Können, *siehe* Fähigkeit
Kontext
 auslösender, 188, 192
 -veränderung, 195
Kontrolldruck, 135
Kreativität, 79, 90
Kreislauf, 113
Kultur, 49
Kundenorientierung, 90
Kundenzufriedenheit, 90

L
Langeweile, 111
Leistungserwartung, 79
Leistungsquantität, 147
Leistungsstandard, 73
Lernen, 90
Lerntransfer, 90
Lob, 75
Löschung, 131
Luther King Jr., Martin, 85

M
Manipulation, 84
Meinung, 92
Menschenbild, 28, 35, 45
Meuterei, 95
Mitarbeiterentwicklung, 69
Mitarbeiterkontrolle, 2
Mitarbeitermotivation, 1, 2, 41, 49
 Irrtümer der, 35
Mitarbeiter-Verhaltens-Modellierung, 129, 131

Mittel
 finanzielles, 70
Monotonie, 101
Motiv, 20, 22, 161, 199
Motivation, 19, 20, 41
 äußere Einflüsse auf, 200
 Entwicklungsstufen, 45
 extrinsische, 141, 147
 ganzheitliche, 46
 Inhaltstheorien der, 27
 innere Einflüsse auf, 200
 inspirierende, 79
 intrinsische, 111, 141, 143, 147
 kontextorientierte, 46
 -smessung, 199, 204
Motivationshindernis, 67, 105
Motivationspsychologie, 4
Motivationstreiber, 67
Motivator, 58
Motivhierarchie, 23
Motivkonflikt, 159
Motivliste, 35
Musk, Elon, 79

N
Norm, 80, 89, 91
 Leistungs-, 94
 soziale, 16, 89

O
Optimismus, 14, 52, 158

P
Partizipation, 122
Personal
 multikulturelles, 49
Personalauswahl, 76, 179
Personalentwicklung, 180
Persönlichkeit, 160, 161
 -seigenschaft, 179
Phasen der Gewohnheitsbildung, 191
Philosophie der Führung, *siehe* Führungsphilosophie
Proaktivität, 100
Probezeit, 72
Prophezeiung, sich selbsterfüllende, 181

Prozess
  kontrollierter, 189
Pull-Effekt, 145

R
Rahmenmodell der Mitarbeitermotivation, 41
Reaktion, 92
Regeneration, 162
Reiz
  negativer, 134
  positiver, 132
Reizkonfiguration, 188
Ressource, 70
Risiko, 86
Rollenkonflikt, 71
Rosenthal-Effekt, *siehe* Prophezeiung, sich selbsterfüllende
Rückmeldung, *siehe* Feedback

S
Salzmarsch, 85
Sanktion, 92
Schwarzer Weg der Motivation, 163, 173
Scorecard, 126
Selbstregulation, 53, 159
Selbstüberschätzung, 179
Selbstvertrauen, 85
Selbstverwirklichung, 29
Selbstwert, 29
Selbstwirksamkeit, 14, 16, 52, 69, 122, 157, 177–180
  Erhöhung der, 179
Shaping, 129
Situation, 12, 16, 86
Sollen und Dürfen, *siehe* Umfeld, soziales
Sozialisation, 89, 91
SpaceX, 80
Stabilisierung, 191
Stabilität, emotionale, 160, 179
Status, 96
Stellschrauben für Mitarbeitermotivation, 42
Steuerung, innere, 147
Stimulierung
  intellektuelle, 80

Störung, physische, 195
Stress, 111
Synergie, positive, 121

T
Team, 89, 94
Teamleistung, 94
Teilprozess, 102
Tesla, 80
Toleranzbereich, 92
Torches of Freedom, 16
Training, 69
Transaktion, 83
Transformation, 75, 78, 83
Transparenz, 195
Treiberanalyse, statistische, 208
Trump, Donald, 80

U
Überforderung, 111
Umfeld, soziales, 12, 73, 90
Unterforderung, 111
Unzufriedenheit, 58, 60

V
Vergleich
  interkultureller, 51
Verhalten, 9
  erwünschtes, 10
  symbolisches, 85
  unerwünschtes, 10
  -sbeeinflussung, 11
  -sergebnis, 144
  -skonsequenz, 144
Verhaltensaufbau, 127
Verhaltensrichtung, 100
Verstärkung, 130
  negative, 130
  positive, 130
Vertrauen, 79
Verwaltung
  schlanke, 70
Verwaltungsaufwand, 135
Vision, 79, 85
Vorbild, 74, 89, 96, 181
Vorbildverhalten, 79

Sachverzeichnis

W
Wahrnehmung, 13
Weißer Weg der Motivation, 173
Weiterbildung, 69
Welch, Jack, 128
Wert, 3, 21, 122
Wettbewerb um Talente, 4
Widerstand, 4
Willenskraft, 159
Workaholic, 173
Workshop, 202

Z
Zeit, 70
Zeitdruck, 104, 107
Ziel, 117
 akzeptiertes, 122
 anspruchsvolles, 122
 attraktives, 121
 explizites, 126
 harmonisches, 121
 implizites, 126
 inkonsistentes, 71
 konkretes, 120
 messbares, 123
 motivierendes, 120
 repräsentatives, 120
 Rückmeldung gebendes, 122
 -formulierung, 119
 -wirkung, 118
Zielsystem, 126
Zuckerbrot und Peitsche, 127
Zufriedenheit, 58, 79
Zusammenhalt, 73, 89, 94
Zwei Wege zur Motivation, 173
Zwei-Faktoren-Theorie der Motivation, 57, 61
Zwillinge, 86

Weitere Titel!

Florian Becker
Psychologie der Mitarbeiterführung
Wirtschaftspsychologie kompakt für Führungskräfte
2015, XI, 49 S., 11 Abb., Softcover
*14,99 € (D) | 15,41 € (A) | CHF 15,50
ISBN 978-3-658-07275-9

Florian Becker
Teamarbeit, Teampsychologie, Teamentwicklung
So führen Sie Teams!
1. Aufl. 2016, XII, 96 S., 22 Abb. in Farbe, Softcover
*14,99 € (D) | 15,41 € (A) | CHF 15,50
ISBN 978-3-662-49426-4

Klaus Moser (Hrsg.)
Wirtschaftspsychologie
2., vollst. überarb. u. ak. Aufl. 2015, XVIII, 383 S., 52 Abb., Softcover
Mit Online-Extras.
*44,99 € (D) | 46,26 € (A) | CHF 56,0
ISBN 978-3-662-43575-5

Xiaojuan Ma, Florian Becker
Business-Kultur in China
China-Expertise in Werten, Kultur und Kommunikation
2015, XI, 48 S., 8 Abb., Softcover
*14,99 € (D) | 15,41 € (A) | CHF 15,50
ISBN 978-3-658-09039-5

Hansjörg Künzel (Hrsg.)
Erfolgsfaktor Employer Branding
Mitarbeiter binden und die Gen Y gewinnen
2014, XI, 308 S., 77 Abb., Hardcover
*54,99 € (D) | 56,53 € (A) | CHF 56,50
ISBN 978-3-642-40534-1

Werner M. Thieme (Hrsg.)
Luxusmarkenmanagement
Grundlagen, Strategien und praktische Umsetzung
1. Aufl. 2017, XXIV, 572 S., Hardcover
*64,99 € (D) | 66,81 € (A) | CHF 67,00
ISBN 978-3-658-09071-5

* € (D) sind gebundene Ladenpreise in Deutschland und enthalten 7% MwSt; € (A) sind gebundene Ladenpreise in Österreich und enthalten 10% MwSt. CHF sind unverbindliche Preisempfehlungen und enthalten die landesübliche MwSt. Programm- und Preisänderungen (auch bei Irrtümern) vorbehalten. Es gelten unsere Allgemeinen Liefer- und Zahlungsbedingungen.

Jetzt bestellen: springer.com/shop

Printed by Printforce, the Netherlands